古代狂想曲

始于**大英博物馆**的13段旅程

〔日〕池泽夏树　著

北吾　译

重庆大学出版社

目录

少女雕像。雅典卫城伊瑞克提翁神庙中
支撑凸出室外的屋顶少女像柱之一。

希腊篇 I
故事的开始和希腊少女
話の始まりとギリシャの乙女

大家都在兴奋个什么劲儿啊？男人有些纳闷。

每当有新的东西出现，人们都兴奋不已、极力吹捧。而这所谓的新，不过都是些微的改良或者顶多算得上灵机一动的发明，哪里可能会有什么全新的东西呢？只要能比竞争对手领先哪怕一毫米，就能立于不败之地。正所谓一个鼻尖的距离决定胜负。整个社会已经化作一个过热的市场，让人难以平心静气地生活。

人被裹挟其中欣然起舞之时且不提，一旦当你猛然惊觉，退后三步看看全貌，兴奋感就会迅速冷却。节日，就是要一年过一次才有气氛。如果每天都过节，早晚会觉得索然无味。人人彷徨在兴奋与无聊之间，日子过得乏味至极。

男人在思考这些问题的过程中，碰巧由于工作关系遇到了一位研究苏美尔文化的女性。从她的讲述中，男人渐渐感到，五千年前美索不达米亚人所做的事情，似乎和如今的人类所为也并无太大差别。她带来的照片上，当时的工艺品看起来比我们现今身边的物品要好看得多。

然而，五千年实在是很漫长。怎样才能实际感受到这段时间的长度呢？女人如果二十岁生孩子的话，五千年相当于跨越了两百五十代人。而如今的我们如此热衷于新鲜事物，三代人之前的记忆也难以传承下来了吧。比方说，你对你的曾祖母知道些什么呢？

人出生，成长，长大成人，与人相恋，成家生子，再将下一代抚育成人。在此过程中，种种相遇、事故和幸运，各种悲欢离合，组成了一段段人生。而五千年之久远，相当于这样的人生重复了两百五十遍。

然而时至今日，人类精神世界的基本形态却并未改变。因为现在的我看到苏美尔的美术作品，依然觉得美丽动人。创作出这样作品的家伙想必十分得意吧——这对于当时的他来说是一种幸福。这种幸福不是因为得到国王的褒赏，或是声名远扬等世俗的理由，而是因为创造出美的东西、创造出让自己满意的东西本身就是幸福。

最重要的事莫过于幸福。生命的意义在于质量，而不是长度。现代社会使长寿成为可能，但其内在却空洞无物。人们单纯地相信，只要能击退不幸之源就能获得幸福，而缺乏追求幸福的积极性。人被眼前的诱饵驱使着去工作，被满足感和饥饿感交替诱引着去购物。仅此而已。看似在增长，实则是缩小再生产。这是一个没有人创造美的东西的时代。

当男人意识到这一点后，他考虑要换一种生活方式了。主动脱离现在的时代，从现代社会这辆"特快列车"上下车，换乘上每站都停的"慢车"，成为一名热衷于无用之物的浪游者。他这么打算着。

幸好，浪游所需的本钱还够。其实只要不碰女人和赌博，浪游的生活也并不十分费钱。而且只要能抛弃出人头地的欲望，时间也有的是。

虽说有些钱，但他也并不打算拿去买苏美尔的出土文物。男人从小性格中就完全没有所谓的占有欲。收藏物品的爱好倒不是没有，但都收在脑子里。即便手头有一份钟爱之物的清单，实物也都"寄放"在各地的博物馆中，这样就不需要自己花精力去管理了。

男人迄今最中意的当属大英博物馆。巨大的建筑物中有着如此多的藏品。人类的过去被高度浓缩，收纳进了那座建筑中。全世界的历史都在那里得以重现。从每间展厅选出最喜欢的一件展品，花一个小时去仔细观赏，将其形态牢牢刻入脑中。展品说明一掠即可。从博物馆商店里买回参考书籍，回到住处再仔细研读。次日再回博物馆细细端详实物。这种学习虽然没有任何实际用处，却自是乐在其中。

当然卢浮宫也不错，但男人不会说法语（英语还凑合）。就因为这个原因，眼看着宝物在眼前堆积成山却无法深入其中，难免心有不甘。不过有大英博物馆足矣。人生短暂，不可贪念。也不知道今后能不能有时间学习法语。

新的东西对男人并没有吸引力。一种文化创造出的作品似乎总要经历这样一个过程，从最初的稚嫩但充满力量，到迎来技术和意念浑然天成的美妙瞬间，最后再发展到只剩技术、没了灵魂。所有的文化都会同样地经历这个过程，真是不可思议。器物本应形意结合，可不知何时"形"却成了主角。其结果就是现代社会。

现代美术品都注重彰显作者的个性。人们创作的目的是为了表现出自己是何许人也。可你是何许人，一百年后谁也不会在意。重要的是留下好的作品。重要的是创作出即使不署名也能凭作品自身的力量千古流芳的作品。

自打人类开始在作品上署名，艺术就变得无聊了。男人不喜欢近代和现当代作品也许正因如此吧。不过或许就是单纯的个人好恶，他对中世纪的作品也提不起兴趣。他只喜欢古代的作品——那时的人类胸怀璞玉活得洒脱粗放。

本性这种东西，只有遇到某个契机自己才会忽然意识到。男人再次意识到自己已完全为古代所倾倒。他回忆起，大正时期的一位诗人（未能查到是哪位大正时期的诗人）也是这样的性格，他玩笑般创造了"古代妄想狂"这么一个词，不是"夸大妄想狂"哦。[1] 这个词完全可以套用在自己身上。用西洋的语言来说的话，是 αρχαίο(未能查到转为拉丁字母的写法，英语中 ancient 之意)mania ？还是 Παλαιό(用拉丁字母写作 pareo，英语中 old 之意) mania 呢？不太清楚准确的应该是什么，不过后者听起来顺耳些，于是决定今后暂用 Παλαιό mania——也就是"古代狂"来自称了。

男人一共去过五次伦敦，每次办完事后都会花上三天去逛大英博物馆，每次也都能收获好心情。这座无限巨大的建筑物有着仿佛博尔赫斯的迷宫一般的氛围，络绎不绝的访客使空气显得尘埃弥漫。这里有手持导游册的游客，专心写生的美术生，吵闹而又可爱的孩子们，还有总能有问即答的工作人员。

当然最惊人的还是展品的数量。一间

[1] "古代妄想狂"与"夸大妄想狂"在日语里发音一样。——译者注（如无特殊说明，均为译者注）

间展厅逛下来，起初只叫人觉得无穷无尽的绝望感会在某个瞬间突然变成幸福感。一件件展品中蕴含着上千年的岁月。不管人世间如何变化，埋在地下的古壶不会变，刻有女神像的石头不会变，镶嵌着宝石的金属工艺品不会变，刻在黏土上的文字也不会变。它们都原样保存到了现代，仿佛是通向古代世界的光缆，横截面散发出璀璨的光芒。

然而，更多东西还是都消亡了吧。1000 件作品里能留存到三千年后的仅有 1 件而已。而谁能留存下来则充满偶然性，即便消亡的 999 件中一定会有更好的作品。只有将这一点也考虑进去，才能看清楚人类历史发展的全貌。从这个角度推想，如今人们的创作中是否有能流传千古的杰作呢？答案显然是否定的。念及此，男人不由得产生了这本书开头的那个疑问："大家都在兴奋个什么劲儿呢？"

当男人决定与这些"兴奋"的世人背道而驰，出发前往伦敦时，对于再往后的打算还没有想好。既然决定要游戏人生，像以往一样光泡在博物馆里三天显然是不行的，还要再往前迈出一步。那么，怎样做才能算又往前迈进了一步呢？

每件藏品都有其背景，有其诞生的土地，被珍视重用的土地，被长期埋藏的土地。被赋予人类意蕴的土地，即为"场所"（希腊语：τόπος）。土地孕育了人类，规定了人类生活的形态，而人类在土地上生产物品。换而言之，这些物品是土地以人为媒介的一种自我表现。通过这一过程土地就成为有特定意义的场所。

在博物馆里找到自己喜欢的藏品，仔细端详，然后动身前往它的故乡。就这样不务正业地浪游一阵吧。这算得上是一种了不起的游戏人生了吧。古代盛极一时的土地大多已经衰败，这番旅行颇具冒险性。抑或这些地方变成了旅游景点，不得不从世俗化的表层中去探寻遗迹的本来面目。

本着这样的目的，男人启程了。

男人决定先去看望"恋人"。

飞抵伦敦，下榻于紧邻大英博物馆的一个小酒店。第二天上午 10 点，步行三分钟就到了博物馆。这时游客还不多。日本游客倒是不少，因为日本旅行团走马观花游伦敦的固定路线一般都是从这里开始。

从正门进入馆内，左拐，经过书店，穿过古代亚述王国有关的展厅，就到了希腊展区。第 7 展厅里侧是小小的海中女神涅内伊德斯神殿，从其背后绕过去就能看到第 9 展厅的入口——她就在进门后的左手边。

她直直站在那里，左膝微微向前探出。由于下面有个底座，男人需要稍稍仰视才能看清楚，但实际上她的身高同男人差不多。看到她一如从前，男人放下心来。

实际上，她的身体承载着建筑物的横梁的重量。但从她轻松自如的举止看来，她全然没有将这当作负担，只是普通地站在那儿。她胸部虽然丰满，但由于肩幅较宽，并不像现代社会所追求的那种身体的某些部位近乎畸形地突出的所谓理想女性体型。她看起来实在是一个健康而有力的少女。

尽管她脸部的细微之处已经模糊（毕竟经历了两千多年的风雨侵蚀），但仍能分辨出那是一副颇具气质的容颜。每次看到她，男人都不禁要感叹她的下颌线条之美。

她头上顶着装有献给诸神供品的篮子。过去，世界各地的女人都常常将东西顶在头顶来搬运，这样的搬运方式要求腰背必须挺直。她为了不让头顶的篮子掉下来，略显紧张地挺直身躯，在男人看来，正是那种紧张感让她愈显美丽。现代的模特们为了练成这样的姿态，往往头顶书本练习走步。

她穿的是极为简朴的毛纺衣物。专业地讲，是将多利亚风格的女式大披肩折起一道来穿，但未系腰带。

再具体一点来讲，与其说这是一件衣服，不如说是一块布，长度比身体稍长，宽度达到臂展的两倍。将这块布从三分之一长度处折叠，再横向对折，然后宽松地包裹住身体，肩部用别针固定。没有袖子，手臂露在外边。纵向开口部分也用别针固定或是针线缝合。

然而，据说处女的衣服不合上这个开口是当地的习俗。如果腰部系上带子尚无大碍，不系的话可就要衣不遮体了。这名少女应该还是合上了吧，男人每次见到她都不由得惦记这个问题。

总之她就穿着这样一件衣服，透过薄薄的布

料，身体的线条依稀可见。胸部的隆起、腰部的线条、腿部的质感都得到完美呈现，这样看起来显得比裸体更加性感。如果与她在路上擦肩而过，一定会让人怦然心动吧，男人仰视着她，为之着迷。

她来自希腊。从前她以身体支撑着雅典卫城的伊瑞克提翁神庙的屋檐。当然她并非孤身一人，而是和五名同伴一道，被称为少女像柱（Καρυάτις，拉丁文写作 Caryatids）。如今身处伦敦的这个男人的意中人，原本在呈 U 字形排列的六名少女中是正面左起第二位。在她前方 40 米处，就屹立着雄伟的帕提农神庙。

在这座神庙中，曾经伫立着 12 米高的雅典娜·帕提农，也就是处女神[2]雅典娜的雕像。大到如此程度，就不可能像女像柱一样由一整块大理石雕刻成形。据说，雅典娜女神像是在木质结构的骨架上用象牙和黄金打造而成。露出的肌肤，也就是脸、脖子、手臂和腿等部

2　处女神：指希腊神话里奥林匹斯众神中发誓保持处女之身的三位女神，雅典娜为其中之一。帕提农神庙（Parthenon）即取意自处女之意。三位女神尤其是雅典娜的名字之后往往会附上表示"处女"之意的表述性词语 parthenos。

位，用象牙贴制，衣服则用黄金制成。

在昏暗的神庙中，女神威严地站立着，用超过一吨黄金打造的伟岸身姿，充分彰显了古代雅典国力之雄厚。过去一般市民要目睹其芳容，仅能在一年一度的大祭典 [3] 之时。

与之相比，少女像柱则置身室外，总是沐浴着阳光和世人的目光。她们想必也非常美丽吧，想必她们是当时雅典年轻女性美的标准吧。也许，当时的男人听到某个美女的传闻时，都会问上一句："是像卫城（Acropolis，意指高处的城市）的少女一样漂亮吗？"

一直以来的问题都是，她为什么会来到伦敦？是劫掠还是保护？众说纷纭。18 世纪末，额尔金伯爵出任英国驻土耳其大使。当时的土耳其是一个国土面积数倍于现在的庞大帝国，版图覆盖如今的保加利亚、埃及、叙利亚、约旦、以色列、伊拉克等国，现在的希腊也曾是奥斯曼土耳其帝国的一部分。

当时的雅典几乎没有城市的样子，卫

3　泛指雅典娜节。古希腊宗教节日。起初每年在雅典城举行一次，后改为每四年举行一次。

城也是一片荒废的景象。额尔金伯爵由此想到，应该赶在帕提农神庙的浮雕遭受更大损伤前将之临摹复制下来。而土耳其对于保护文物几乎漠不关心。对于当时亲英的土耳其政府而言，同意英国人临摹复制自然不是问题，他们甚至还大方地下令允许英国将雕刻实物运走。

额尔金伯爵雇了三百名劳工，耗时四年，终于将帕提农神庙等建筑上的雕刻剥离下来，又花费十年时间将之运到英国。由于英国政府无意为此负担费用，额尔金只得自掏腰包。显然，当时他是被一种使命感所驱使。

后来，这些文物以"额尔金大理石雕"之名被收藏进了大英博物馆。作为回报，额尔金伯爵得到了国库的补偿金，但也不过只有其当年所耗费资金的一半而已。不管怎样，他把这些文物带回了英国，并为此付出了不菲的代价。在他离家期间，出身富裕家庭的妻子有了新欢，最终两人离婚收场。钟爱希腊的著名诗人拜伦将额尔金伯爵称为"窃贼"。彼时拜伦的诗作在英国人气很高，额尔金因此"骂名"而倍受屈辱。真是郁郁不得志的一生。

如今，身处大英博物馆第9展厅、让男人啧啧赞叹的少女像柱，正是经历这番波折才来到英国的。希腊一直在要求英国归还"额尔金大理石雕"，但英国方面迄今尚未做出回应。看来男人的"意中人"暂时还会继续待在伦敦。

那么这尊少女像，还有那些装饰在帕提农神庙的柱间壁和山形墙上的奢华浮雕是否根本就不应该离开雅典呢？希腊要求英国归还的主张似乎也有一定道理。但对男人来说，在伦敦能看到少女像还是一大快事。不管怎样，去伦敦还是比去雅典要容易。况且，这座博物馆里还有不少令人着迷的藏品，它们能齐聚一堂实在是一件幸事。

第二天，男人从伦敦启程前往雅典。年轻时他曾去过一次，当时留下的印象是，希腊作为西方文明的发祥地，实际接触后反倒觉得颇具东方气息。食物和音乐都很像中东。古代希腊像埃及一样也曾遭受过波斯帝国的侵略，最终依靠殊死抵抗和幸运之神的眷顾才将其击退。在此过程中，文物从东方流传到了西方。而在当时，如今的欧洲大国还不见踪影。

深秋的雅典多云天气居多，时而也会下雨，但仍比伦敦要暖和不少。建筑物的高度和伦敦差不多，却总感觉天空显得更开阔一些。

男人抵达时已是傍晚，入住酒店后就出门吃饭，没走多久看到一家小餐馆，进去简单用了晚餐，真是美味。虽然只是几道前菜、一小块牛排和葡萄酒，但每一样都十分美味。烹饪技术好，食材更好。蔬菜和肉都很有风味，香料也足。

如此说来，伦敦的食物也很好吃。早饭尤其不错，印象里应该也是食材的功劳。火腿和培根这类熏肉制品、奶酪和面包的味道都很正。想想日本的早餐，实在叫人无法称赏。日本更近似于美国，与其说是食物不如说更近于工业产品。在欧洲，餐饮仍位居生活中的重要位置，食材都得到悉心培育。

欧洲人顽强地抗拒美国的转基因食品，这种心情我完全理解。简单说来就是，这么奇怪的东西怎么能吃？美国的农业都是工业化生产，只考虑成本和产量。他们大规模生产奇怪的东西，然后凭借政治实力倾销海外。可是，他们自己吃的又是什么呢？

在欧洲，农户自己种植各类农作物，饲养鸡、猪、牛，不仅能获取蛋和奶，连火腿和奶酪都可以自给自足，同时还经营家庭旅馆。所以在农家吃到的早餐的味道，自然不是工厂里生产的汉堡所能比得上的。

那么，日本究竟将走向何处呢？近年日本食品味道欠佳的原因何在呢？男人一边品咂着餐后的梅塔莎干邑一边思考着。

第二天一早，男人登上了卫城。早在远古时代，人类在这片土地上定居之初，便首先选中了山丘。占据高处，防守自然坚固。最初山丘上只是堡垒，随着周边市镇出现，高处的安全得到保障后，便开始修建神庙。可以说其同时具备了抵御外敌与祭祀神灵两方面的功能。总之，文明诞生之初，人类的目标就指向了山顶。卫城在大多数希腊文明辐射的都市中都曾存在。

而雅典的卫城尤为特别。雄伟的帕提农神庙建成于两千四百三十八年前，至今仍然保持着原来的模样，不能不说是一个奇迹。

回到久违的雅典卫城，男人首先还是被帕提农神庙吸引了。登上山丘，穿过山门进入城内，位于右前方的帕提农神庙立即占据了视野。立柱的粗细和间隔、屋顶的倾斜角度、细节部分的比例，从哪个方面看都无可挑剔。就设计而言，可以说到了完全没有改进余地的程度。这种安心感足以打动每位参观者。

神庙并无实用性，里面既不能生活，也不能存放物品，只是凭借其外形唤起人们的尊崇之情。神庙的外观并不是为了遮挡内部，外观就是神庙的全部。尽管雅典娜女神像被安置其中，但日常市民能看到的还是外部。因此其外观需要完完全全地吸引住人们的目光。设计师菲狄亚斯在建筑师的身份之外更是个雕刻家。从这个角度而言，这座建筑本身就是一尊雕刻作品。雕刻作品当然没有内部。

男人看帕提农神庙入了迷，好一会儿，才把目光转向少女像柱所在的伊瑞克提翁神庙。他知道，如今站在那里的六尊少女像柱都是复制品。真品中的一尊去了伦敦，其余五尊则收藏在城中的博物馆。

伊瑞克提翁神庙前因施工禁止靠近，男人无法接近少女像柱跟前。这些像柱用现代技术制成，想必靠近观察也好，用手抚摸也罢，都会让人感觉和真品无异。当然前提是允许让人这样做。

不管怎么说，她在这里一站就是两千多年，始终注视着帕提农神庙。伊瑞克提翁神庙是个奇妙的建筑，最引人注意的、靠近帕提农神庙的这一侧本来只是墙壁，也许建筑师认为这样过于无趣，于是又沿墙面延伸出来建造了一个由少女像柱支撑的虚厅。而由少女像柱和屋顶所构成的内部空间没有任何实际用处。六尊少女像柱接纳了观者的全部视线。

可是，这里离真正的少女们还很远。这里总让人感觉不过是提示少女们过去所在的位置。于是，男人来到展示五尊少女像真品的卫城博物馆。但在这里，他感觉似乎还是少了些什么。与大英博物馆相比，这座建筑不够高。他知道，为了不破坏从下面市区仰望卫城时的天际线，博物馆故意没有建得更高，这却使得五尊少女像不得不挤在很狭小的空间里，并且在玻璃罩中与外界隔离。离开了广阔天地，她们看起来有些难受。

在这座博物馆中，男人更喜欢那些开放陈列的少女雕像。它们诞生于更早的时期，那个时代的风格更为古拙。较之少女像柱，她们显得更样式化，脸型瘦削，面带神秘微笑。两者虽然只相差八十年，但其间雕刻样式发生了很大变化。少女像柱比这些更早期的少女像更写实、更像现实中的年轻女子。脸型上也有明显区别，少女像柱是如今西欧人的脸型，而早期少女像看起来更接近东方人。

男人边想边看，不经意地转到了立像的身后。本来只想看一眼立像的后背，但当视线移到背部更下方一些时，他不禁为雕像的臀部线条所折服。少女并非裸体，但大概一只手正抓着衣服的下摆往前提，于是臀部的轮廓便清晰可见了（然而实际上那只手已经不存在了）。少女的肉体美本是通过衣装的褶皱间接表现出来的，而提下摆这一动作则将身体的局部形状直接展现了出来。

看着少女的臀部，男人深感情欲力量之强大。

在伦敦的大英博物馆中，他也有过同样感受。看着第9展厅的少女像，能感受到自身悄然而生的兴奋感。男人之所以被她深深吸引，其魅力也是来源于性。这不同于赤裸裸的性欲。人的精神寄托于一具具肉体之中，凭借着温暖、柔软、光滑的身体而存在，散发出生存的愉悦。观者不能不从中产生共鸣。

古希腊人通过雕塑想要倾诉的也许正在于此。因此不仅是少女雕像，青年男子的雕像中也蕴含着同样魅力。战斗中的半人马肯陶洛斯像或休憩中的诸神雕像中，甚至全力疾走的战马脸上都洋溢着以肉身存在于世间的欢愉。这种对生的赞美正是爱与渴望[4]，正是希腊精神。

相比之下，现代人衣服穿得太多了，男人看着周围的观众不禁暗自感慨。这样就无法展现出肉体之美。然而，时而又有人会突然脱光衣服炫耀肉体，但这种人往往只是身体局部发达，而缺乏匀称之美。这种肉体看上去更像是工业产品，简言之只是一种商品。

现代社会中，情

4　这里的"爱与渴望"与上文的"情欲"，原文都是エロス，即 eros。Eros 一词既有对异性的爱欲、情欲之意，也可以在哲学意义上表示对理想事物的爱、渴望。此处翻译根据上下文意义的递进选取了不同的义项。

欲已经失去了应有的力量。我们消除了生存的不安，也迷失了生存的目的，在如同巨大的废物处理厂的世界中彷徨。大英博物馆第 9 展厅中少女像所拥有的健康肉体，才是如今人类应该追寻的。男人的古代之旅，正是为了这样的探寻之旅。

当然，情欲并非是古代文明的唯一理念。虽然古希腊人推崇肉体之美，但也应有为数不少的其他古代文明信奉完全不同的理念。

出发吧，把它们都看个遍。看着石雕少女美丽的臀部，男人暗自下了决心。

青年的墓碑。约公元前 350 年，提洛岛。
启程前往冥界的青年（右）与递油瓶给他的小个子侍从。

希腊篇 II
英年早逝的提洛青年
若くして死んだデロスの青年

大英博物馆里，从有少女像柱的展厅再往前走，第10展厅里有一尊表情悲伤的青年雕像。

这是一种典型的、安静的悲伤，多年前第一次看到这尊雕像时，男人就留下了深刻印象。这不是让人痛苦到脸孔都扭曲变形的悲伤。青年并没有哭喊。他已经度过这个阶段，接受了自己不得不领受的残酷命运，因为死心了，悲伤反倒减半。

悲伤的原因很清楚：青年已死。这尊雕像是块墓碑。

只要人有感情，而死亡意味着永别，则死必然伴随着悲伤。年轻人的死由于失去的更多而格外令人伤心。他本人应是比身边的人都更加伤痛吧。他那忧伤的表情，有一种说不出来的魅力。

说是青年，他下颌处又还显露出些许稚气，也就是刚从少年成长为青年的年纪吧。他的身体由于发达的肌肉显得强劲有力，与其稚气未脱的脸庞组合在一起，给观者以性感的印象。他全身松弛，从脊椎到脚的轴线呈 S 型弯曲，愈发增强了这种感觉。

这座雕像不是少女像柱那样的三维立体像而是浮雕，所以没有背面。他身边有一名小个子侍从，正伸出手递油瓶给青年（博物馆的解说词写道）。然而，他的视线并未朝向侍从，而是茫然地望向远方的虚空，眼神中似乎含有一丝怨念。

男人很喜欢这尊雕像。青年被自己已死的悲惨情绪击溃，全身脱力的传神姿态很吸引他。这或许是青年死后即将启程前往冥界前的一幕。多年前第一次看到这尊雕像以来，男人时不时就会想起青年的表情。

不知道青年是死于疾病还是事故，至少他留下的不是濒死前的难看姿态。古希腊人不愿意将不美好的事物展示给外人。青年以健康的姿态在哀叹自己的死亡。未死先叹，这种仿佛让时光倒流的设计，使其悲伤的表情更充满深意。也可以说，死亡的只是肉体，悲伤的则是精神。

青年和侍从的雕像被安放在一个神庙样式的有屋顶的四方形框架里。这是公元前 4 世纪墓碑的基本样式，大多雕刻的都是死者和生者告别的场景。往往死者身形更大，像这名青年一样望向虚空，很容易辨别。

那油瓶有何作用呢？和现代人一样，古希腊人已经开始食用橄榄油。他们认为吃黄油是野蛮的习俗，其他动植物油也极少使用。瓶中装的也许是橄榄油。但死者并非家庭主妇，而是青年。因此恐怕不是为了食用。橄榄油也可以用作化妆品涂在肌肤上，或是用作灯油，但总觉得还是不大对劲。

油瓶出现在墓碑上表现死者生平的场景中，应该有其象征意义。实际上这块墓碑上最关键的手的部分已经不在了，也看不到油瓶。之所以研究人员知道递给他的是油瓶，是因为这种做法已经形成惯例。如果死者是年轻男子，则必然会出现油瓶。那么，年轻男子和油之间究竟有何联系呢？

男人推测可能与某种体育运动有关。于是在博物馆的商店里搜寻了一番，发现一本很不错的参考书——《古代奥林匹克》。买回酒店一读，果然发现古希腊运动员在竞技比赛前要在身上涂抹橄榄油。在摔跤比赛中，由于抹上油身体会变滑，在其上还要再拍上粉（现在主要用的是滑石粉或树脂粉，不知道当时使用的是什么样的粉末）。果然油是与体育有关的，也许青年是一名优秀的运动员。

可他为何如此悲伤呢，虽然多次造访大英博物馆，男人始终无法释怀。古希腊人认为，悲伤是一种值得通过雕刻来表现的情感，男人对此深为赞同。

这名青年是在怎样的地方度过了怎样的一生呢？博物馆的解说牌上只写了："约公元前350年，提洛岛"。那就去看看吧。在离开伦敦之前，男人就已决定要在造访卫城少女像柱后前往提洛岛。

提洛岛几乎位于爱琴海的正中央，地处雅典和斯巴达所在的希腊和现属于土耳其的小亚细亚的中间位置。

虽然周边有不少岛屿，但提洛岛自古以来地位就比较特殊。提洛岛面积比较小，不像临近的纳克索斯岛和希俄斯岛有能力宣布独立和对外扩张。但正因为其小，反而充当了抽象意义上的核心角色。在古希腊的国际社会中，提洛岛的地位类似于现在的联合国总部和梵蒂冈的综合体。在希腊文化盛行的时代，该岛作为自由贸易都市盛极一时。

现在游客不能在提洛岛上过夜。整个岛上都是遗迹，白天游客很多。只要天亮着，就可以随便在岛上闲逛，但天黑前必须乘船离开。岛上居住的只有一些研究人员，此外别无居民。

紧邻提洛岛的是因风车闻名的米克诺斯岛，很多去提洛岛的游客都会选择在米岛住宿。两岛之间乘船只需半小时，并且每天有多趟船只往返。

男人选择在米岛高处的一家小旅馆住下，从这里可以俯瞰山下的市镇。旅馆只有五十来间客房，在日本这算少的，但这种规模最舒服，工作人员的长相也容易记住。整栋建筑的地板都是大理石，看起来有些奢华。但在这个国家，石材应该比木材要便宜。

到房间放下行李已是傍晚。男人决定散散步并顺便吃晚饭，出了旅馆沿着旁边的坡道下山，向镇子走去。路边的小广场上孩子们在踢足球，看样子年纪应该在 8 岁到 12 岁之间。这种光景在日本已经很少见了。说起来，在日本街头连孩子都很难见到。虽然不记得希腊在世界杯上表现如何，但看不见孩子在街头踢球的国家，足球运动不可能真正兴盛。然而在日本，即便街头打棒球的孩子少了，却也一样产生了跻身美国职业棒球联赛的优秀球员。这又是为何呢？

大概自己只是对日本这个国家厌倦了吧，男人想。实在难以忍受那种闭塞感。之所以踏上这次旅途，也是因为在日本感觉窒息，想要呼吸外面的空气吧。

看了会儿孩子们踢球，男人继续朝山下走去。狭长的石板路穿针引线般蜿蜒穿梭在白色石灰墙的石头房子中间，有些路段连地上的石板也涂上了白色石灰，似乎是刷墙的势头太猛，停不下来，非常有趣。

虽说是景区，由于旺季已过，人并不多。路边纪念品商店一间接着一间，偶尔夹杂着面包房和杂货店，不乏生活感。面包房中飘出阵阵香味。纪念品中高档货居多，商店橱窗里的银饰价格不菲。

欧洲人喜欢来这里度假，住在小旅馆里，整整一个月无所事事。兴之所至，白天去海边晒晒太阳或是参观古迹，晚上三三两两去海边的餐馆悠闲用餐。年轻人可能还要去夜总会，上年纪的人则怡然自得地一醉方休。

运气好的话，也许会邂逅一场恋情，如同契诃夫的小说《带小狗的女人》中那样。（也可以说是运气不好。毕竟小说中的两个主人公在度假地邂逅，动了真情，最终几乎毁了各自家庭。）

所谓度假，就应该是无所事事地消磨时间，玩厌了再重新振作起来，回归原来的生活。

晚餐颇为丰盛，前菜是少许贝类和小虾，接着是许多沙拉，最后是用大量橄榄油和各种香草煎制的鱼。松脂风味的白葡萄酒便宜但味道不错，沉甸甸的面包也很美味。

这些食物中，两千三百年前在世的希腊青年没吃过的有什么呢？贝类、虾和鱼自古以来就可以在眼前的海里捕到，橄榄油和葡萄酒也都有。据说古

代直接饮用纯葡萄酒被认为是很粗俗的行为，不知
是不是会兑水喝呢？那时小麦也有了，面包自然不
在话下。沙拉中的莴笋、西红柿和红色柿子椒虽然
没有，但黑橄榄是有的。沙拉调料是用葡萄酒做成
的醋、橄榄油和盐调制而成，这些在古代也有了。
这么说来，那时候几乎和现代没有什么区别嘛。太
阳底下本没有什么新鲜事。

　　第二天，终于要向提洛岛进发了。

　　从米克诺斯岛向西 30 分钟行程处有两座岛屿，
小的是提洛岛，大的是雷尼亚岛。

　　提洛岛真是很小。全岛面积仅有 3.5 平方公里，
从一头走到另一头只要一个小时。可在公元前 2 世
纪作为自由贸易都市繁盛的时期，岛上居民数曾达
25000 人，人口密度堪比现在中国的香港。

　　岛屿地形狭长，中部有一个简易的码头，上岸
后陆地分别向左右延伸。往左是曾经神庙和公共建
筑集中的区域，往右途经住宅区可抵达剧场。剧场
后面耸立着岛上唯一的山——金托斯山，但其海拔
不过 113 米。

男人心想晚些再去看公共建筑遗址。据说当年的神庙都只剩了基石，柱子虽然还有，但屋梁早已不复存在。中世纪以来，这座岛长期荒芜，直到 19世纪法国人来开始重新发掘和修复，但也不过是把倒塌的雕像重新立起来而已。

男人决定先去看看过去曾有人居住的地方，于是向右走去。沿着狭窄的道路左拐右拐顺着坡道往上走了一小段，就看到几栋住宅。房屋保存状况良好，看来修复过了，从中可以实际感受到两千年前这座城市的居住状态。

每户房子都有名字，走进牌子上写着"狄俄尼索斯之家"的院子，发现这曾是一座带有中庭的建筑，规模与如今的独栋别墅相仿。

中庭铺着马赛克，图案是骑在豹子身上的狄俄尼索斯，这座房子即因此而得名。

走近一看，发现马赛克光亮如新，像是最近才贴上的。当年，这家的主人一定是和建筑师商量之后决定了马赛克的图案，然后从远方请来工匠，运来材料，每天满怀期待地看着豹子和酒神的形象逐渐清晰。这么一想，仿佛这座房子刚建成不久。

或许是因为这里是住宅的原因，雅典的帕提农神庙虽然气派，但规模太大，超出了人类的大小。它所展现的是伟大帝国的雄姿，人在其面前不由感到压迫，不敢直视。而那里的少女像柱保留了人类的大小，因此才会如此吸引我吧，男人想。

相比之下，这户人家正是适合普通人的。想到以前的住户也像我们一样七步踱过中庭（实际上现在拉起了绳子无法入内），生活的气息扑面而来，似乎两千年来什么都没有改变。人的身高一样，生活也不会差太多。男人真想建一栋一模一样的房子，住进去感受一下。

再往前走，还有一处有趣的房子，名叫"克莉奥帕特拉之家"，与著名的埃及艳后同名。在古希腊，这个名字并不稀奇。这个房子的主人是雅典一对富裕的夫妻。妻子名叫克莉奥帕特拉，丈夫名叫迪奥斯库里德斯。之所以没用丈夫的名字，这恐怕是重建这所房子的法国人的喜好所致吧。

院子深处有两座雕像。碑铭上介绍说，这是公元前 2 世纪拥有这栋房子的夫妇的雕像。遗憾的是两人的脸都没了，但身体很有真实感，尤其是妻子的身型很有分量，甚至让人觉得考古学家用妻子的名字为这所房子命名也是应该的，毕竟丈夫太不显眼了。克莉奥帕特拉不像卫城少女那般年轻，腰腹部很厚实，胳膊也粗。似乎为了突出胸部，她的右臂顶住乳房往上推着。她身上有一种完全不同于卫城少女的成熟风味。

男人想，这也太像真人了，如果在聚会上遇见这样的女人，自己肯定会被她的气势压倒吧。相比之下，卫城少女多少有些理想化，那些少女介于普通人和女神之间，而这个克莉奥帕特拉像则是以更为写实的标准制作的。

当然两者的诞生时代不同。少女像柱制作于公元前 420 年左右，而这对夫妻像则诞生于公元前 137 年。相隔的两百八十年间，美的标准发生了变化，艺术家的视线开始从神转向人，风格从理想主义转向现实主义，即所谓的世俗化。

话说回来，在古典时期，希腊人大概都不会制作过了 30 岁的女人的雕像吧。这家人把自己的雕像放在庭院里，说不定会被看成是低级趣味吧。这对夫妻失去的脸庞到底长什么样子呢？

尽管如此，古希腊风格还是在其身上留下了印记。这座克莉奥帕特拉像展现出了独特的魅力。男人坚持认为，进入古罗马时期，雕刻就变得平庸无奇了。罗马人过于现实，会仔细观察现实存在的东西，却不会去想象应该有而看不到的东西，所以才有人说美国与古罗马帝国很相像。

至于那个悲伤的青年，他于公元前 350 年前后去世，就其所处的时代而言，比起这对夫妇更接近卫城少女，因此其既是写真肖像，也是青年的理想化形象。

制作墓碑时，虽说会无视模特进行理想化创造，但似乎一般还是会在一定程度上参考死者的长相。据说，能清楚分辨出死者人种的墓碑并不少见。不管怎样，那个雕像可真不简单，男人脑中回想着在遥远的伦敦见到它时的印象感叹道。

大英博物馆的解说词中写道，青年墓碑雕像来自提洛岛，但这岛上哪儿有墓地呢？乘船时拿到的导游图里并未标出像是墓地的地方，只能再找人打听了。

沿着狭长的道路往上走，不久就到达了剧场。中央的圆形空地是舞台，环绕着一圈钵状的观众席，属于典型的古希腊圆形剧场。规模很大，目测可以容纳约两千名观众。

这个地方也充满了生活感。男人想从观众席上观察整个剧场，于是在最上方的座位坐下俯瞰舞台。此时此刻，男人感觉自己仿佛化身为公元前 2 世纪的希腊市民，正在兴致勃勃地观赏著名演员演出的欧里庇得斯和阿里斯托芬的戏剧。

当年没有照明，戏剧都是白天上演。差不多正是这个时间吧，男人抬头看着微阴的天空浮想联翩。就在两千多年前的此地，就像现在这样，不过是和其他许多观众一起观赏《伊菲姬尼在图利德》或是《吕西斯特拉忒》，然后一边聊着感想一边走下山坡回家。的确跟如今没什么两样。

如果吃的食物、住的房子甚至娱乐都是一样的话，两千多年的历史又意味着什么呢？如果说有进步的话，那也不是质的提升，只是量的增加，过上富足自由生活的人大大增多了。实际上，现代人的生活品质逐渐空洞化，形式重于内容。当今我们的生活比不上古希腊人那样充实。至少，现代人死了，不会再有人为其制作出希腊青年那样精美的墓碑了。

从剧场上方左转，有几座小型神庙和寺院。这里曾是国际都市，多民族混居，他们在这里各自祭祀自己故乡的神灵，结果使这里形成了宗教博览会似的氛围。走着走着，就能看到类似"叙利亚诸神圣域"这样的遗址。它们能够在此共存，一方面是因为这些宗教彼此宽容，可能也缘于它们都是大同小异的多神教。

继续往前走下平缓的坡道，有一座博物馆。其中保存的都是不能经受风吹日晒的珍贵文物。

听说博物馆里有研究人员，男人进去找到这位名叫哈吉达克斯的专家，询问大英博物馆中青年墓碑的事。

然而得到的回答却是："这里没有墓地。这座岛屿是女神勒托生出阿波罗和阿尔忒弥斯这两个希腊神话中最受欢迎的神的地方。为了避免不洁，所以没有建造墓地。"

哈吉达克斯先生看上去只是个普通大叔，却学识渊博，说话也很风趣。

"（古希腊历史、地理学家）保塞尼亚斯写过——庇西特拉图（古希腊雅典僭主 [1]）根据神嘱，对提洛岛进行了驱灵，也就是将从神庙可以看到的所有区域里埋葬的遗体挖出来，转移到其他地区。"这是公元前 6 世纪的事，从那以后人们就被禁止在这座岛上死亡和出生。岛民临死前或临产前都会被转移到其他岛上去。

"那个青年的墓碑是怎么回事呢？"

"是旁边雷尼亚岛的吧。有段时期这座岛叫小提洛岛，雷尼亚岛叫大提洛岛。青年的墓碑可能是近代从雷尼亚岛运出去，几经辗转进了大英博物馆吧。"

如此说来，倒也不至于令人失望。连附近的岛屿也包含在内，那个时代青年在这里留下的印迹依然清晰可循。岛上留存的稍晚时期的房屋遗址和克莉奥帕特拉像也佐证了这一点。

英年早逝也许令人悲伤，但你的存

[1] 僭主，是指通过政变或其他暴力手段夺取政权的独裁者。

在，不是流传至今仍未被忘记吗？而你的悲伤，却
为我们带来了慰藉，这也很了不起啊。如此想着，
男人一直在岛上流连到最后一班渡船才离开。

装有棺材的送葬船模型。
船上有一口棺材、两名女性遗属和神官。

埃及篇 I
穿越尼罗河的玻璃棺材
ナイルを渡るガラスの棺

大英博物馆里的埃及美术藏品相当丰富。进入正门大厅，经过左侧的书店再右转就到了第 25 展厅。这个长长的房间里摆满了古代埃及的大型雕刻。

这些全部看完后从西侧楼梯上到 2 层，从第 60 到 65 展厅依然都是古埃及展品（第 66 展室里有稍晚时期的科普特教派——埃及基督教的文物）。

这里的埃及展品不仅数量众多，而且人气很旺，总是熙熙攘攘。相比之下，古希腊展品里最有名的额尔金大理石雕所在的第 8 展厅反而游客稀少。为何埃及展厅如此受欢迎？从老师带领的小学生到世界各国游客，可谓游人如织。男人总是感到有些不可思议。

他并不反感埃及艺术，反而觉得它们很了不起。埃及艺术品的概念明快，简单易懂，且具有现代风格。

男人决定这次在伦敦要好好看看埃及展品，于是赶在博物馆刚开馆时就进去了。大型展品放在后面，先从二楼的小件展品——坟墓出土的陪葬品开始看起。

男人这时脑子里突然闪念，想起以前见过的一件中意的展品，似乎是可爱的玩具般的模型。到底是什么呢？从围着木乃伊叽叽喳喳的小学生中间挤出来，男人直奔玻璃展柜。

看到了，是几只船的模型，其中有一艘是船中央位置装着棺材的送葬船。男人在第 63 展厅北侧的玻璃展柜里看到它时，立马明白自己在找的就是它，同时也想起自己下意识寻找它的理由了。

这艘船上有一口棺材和三个人。其中两人身穿裹胸的白色服装，应该是女性。另外一人裸露上身，肤色黝黑，坐在船尾的大型桨架下。解说牌写道，两名女子是遗属，黑皮肤的男人是神官。棺材为了装木乃伊有好几层厚，大体呈人体形状。船的模型只有 50 厘米长，但据推测，实物有 8 米长。男人看着这小巧的模型不禁有一种在看日本的雏人形玩偶[1]一样的感觉。

男人寻找这只船模的动机很复杂。埃及展厅里有关船的模型并不少，但装载棺材的仅此一个。因此男人之前参观时就曾留下了些许印象，但后来也逐渐将之淡忘了。

最近男人刚好读了亚历山大大帝的传记。亚历山大出生于马其顿，后来去了埃及，在亚历山大城打下根基，之后东征亚洲，屡战屡胜，征服了中亚，最后在返程途中卒于巴比伦。

他的遗体依照正确方法制成木乃伊后要运回马其顿，途中却被埃及国王托勒密劫持，运回了埃及。遗体即将被埋葬在孟斐斯之际，遭到神官们的反对，最终又被装在玻璃棺材里顺着尼罗河而下，抵达了繁荣的亚历山大城，在那里建造了神庙。如今那座神庙在亚历山大城已不复存在。历史上想要挖掘亚历山大大帝遗体的野心家不下数十

---

[1] 日本三月三日女儿节会摆放在家里为女儿祈福的人偶。按照传统，全套雏人形由七层台阶、15 个人偶和其他饰品组成。

人，却始终没有人能得逞。

男人清楚地记得这位英雄的最后时光，因此潜意识里将在大英博物馆看到的棺材船和亚历山大大帝联系起来了吧。亚历山大大帝的木乃伊也是用这种方式运输的吗？

两段记忆，在这里联系在了一起。男人决定前往埃及看看。

男人关于埃及的知识仅限于河流。这个国家的国土大部分是沙漠，一条尼罗河贯穿其中，大多数人居住在河流两岸的狭长土地上。河流从南到北贯穿国土，最后在下游形成一个三角洲。男人决定从河流最上游、与南苏丹接壤的阿斯旺开始游览。希望那里有顺流而下的船可乘。

从伦敦直接飞抵阿斯旺，发现尼罗河在这里比想象中的更窄，水量也不大。城市在河的东岸。沿着河岸，很多船只停靠在中等规模的酒店旁。听说游客可以乘坐这些船顺流而下游览古迹。这样一来，游览尼罗河就非常方便了。

在乘船前，男人犹豫要不要先去阿斯旺市区看

看。而河中间的沙洲上也似乎有可看之处，男人正
在岸上发呆远眺时，一名身穿埃及传统长袍的男子
走过来搭话：

"坐 felucca 吗？"

"felucca？"

"就是那艘。可以到对面的大象岛去。"

男人看到河下面停着挂有三角形帆的船。古埃
及的船都是四角形帆，这种船是后来从阿拉伯传
来的。

"岛上有什么？"

"博物馆。古迹。还有尼罗河丈量仪。"

"什么是尼罗河丈量仪？"

"就是测量尼罗河水位的仪器。以前用来测量
每年一次的洪水水位。如果水量少，农作物收成也
少，税就会减少。它在古代还起到农耕历的作用。"

作为一名船夫，这人知道的真不少，看来还是
个兼职导游。

在狭窄的河道里驾驶帆船并非易事，但他动作
娴熟，手上操纵着帆和舵，嘴里还说个不停。

"尼罗河每年都要发一次洪水。水中富含养分，

有利于谷物生长，这是大自然赐予的肥料。"

"这个我知道，全世界的孩子们在学校都会学到这课。"

"毕竟这是人类最古老的文明啊。可是在 20 世纪初大坝建成后，这个历史也就终结了。"

原来，如今尼罗河上游修建了两座阿斯旺大坝用于调节水量。每年一度的富含养分的洪水已经不能再灌溉埃及的农田了。养分都沉积在了大坝的坝底。

大象岛的尼罗河丈量仪像是一个没有天花板的地下室。通过暗渠引入河水，水位高低可根据墙上的刻度测出。如今刻度已不复存在，大坝的出现也使水位不可能再达到高处。现在的埃及已不复从前了。

说到尼罗河，男人过去经常听一位好友讲述他游览尼罗河上游水源的经历。

据他讲，尼罗河是一条奇怪的河流。埃及这个国家几乎不下雨，河水全部来自上游的水源。来自遥远他方的恩赐总会如约而至。上游的水量很稳定，每年固定在 7 到 9 月发一次大水。尼罗河上游实际上有两条支流，在苏丹合流后形成埃及的尼罗河。一条发源于 5 000 公里之外的维多利亚湖，水量稳定，被称为"白尼罗"。另一条源自埃塞俄比亚高原，水量以年为周期发生大幅变化，被称为"青尼罗"，富含养分的水流就来源于此。

男人的朋友曾乘坐火车和船溯白尼罗河而上，一直走到维多利亚湖附近，据说路上花了一个多月。

他说："那次旅行可不简单。河流到了苏丹南部后分为很多细小支流，在湿地中如网状流淌，船是唯一的交通工具，只能在细细的河道中摸索前进。河道经常会发生变化，之前走过的水路下次可能就走不通了。"

"我去之前查了托马斯·库克旅游公司的时刻表，上面写着到最南端的朱巴需要 11 天。乘定期运行的公共交通工具要花 11 天，那可比西伯利亚铁道走完全程的时间还要长啊。我实际上花了 14 天，听说最长纪录是 21 天，最后粮食耗尽，非常艰苦。"

"苏丹南部有湿地的话，就不是沙漠地区了。"

"对，不是沙漠，全是纸莎草地。"

"是在埃及当纸用的纸莎草吗？"

"对，就是那个的原料，一种可以长到两米高的草，根茎直立向上，头部是蒲公英头顶绒毛状的绿色叶子。那种植物一望无际地延伸到地平线尽头，除此以外别无他物。船在其中开了一个星期，感觉我都快疯了。"

男人当晚住在阿斯旺的便宜旅馆里，第二天去参观了菲莱遗址。正如其名所示，遗址本在菲莱岛上，后来因为修建阿斯旺大坝要被水淹没，整体被转移到了旁边更高的岛上。那里摆渡游客的小船把码头挤得满满当当，简直跟大英博物馆的埃及展厅一样拥挤。

遗址很大，男人用来比较的参照物是希腊的雅典卫城。不仅建筑物的高度，整个区域面积看上去也差不多。这里最重要的建筑是女神伊西斯的神庙。

这是一座由列柱和厚实墙壁构成的敦实建筑，

柱子和墙壁表面布满众神和人物的浮雕以及著名的古埃及象形文字。石材使用的不是希腊那样的大理石而是花岗岩，颜色有些发黑。由于柱子很粗，墙壁很厚，建筑整体给人以笨重而非考究之感。不知道是古埃及工匠对于纤细建筑结构的强度缺乏自信，还是认为这样更有美感。

神庙内部分隔为多个小房间，这也不同于希腊。每个小房间的每面墙壁上都没有空白，不是布满文字就是浮雕，如同贴了考究的壁纸。看来，这里建筑的一个原则是墙上不能留白。

看到这些浮雕和象形文字，第一感觉是以前照片上看到的东西终于真实地呈现在眼前了，除此之外并无更多感慨。见多则不怪，恐怕这里的游客都是这种心情吧。毕竟一说到埃及，首先想到的就是这些。

所有浮雕都极为格式化。明明是侧脸，但眼睛却是正面看到的样子。上半身是正面，但露出乳房的时候却有一边是侧面看到的样子。腰以下也是侧面形态。从解剖学的角度看，这种身体衔接让人感觉别扭，但看习惯了也就见怪不怪了。总之古埃及的浮雕都是这种样式。

象形文字毕竟是文字，到处都一个样。看到所有墙壁上都布满这种文字时，不由让人感觉压迫，甚至有点喘不上气。

男人决定不再单独闲逛，而是混入团体游客的行列中行动。站在广场上侧耳倾听，导游说的话有英语、法语、德语、意大利语、西班牙语还有埃及语（阿拉伯语的一种）等，各式各样。男人站到说英文的导游身旁，偷听他的解说。

"天空之神努特和大地之神盖布生的孩子是奥西里斯、伊西斯，还有赛特和奈芙蒂斯。古埃及的众神和王族多在兄弟姐妹间通婚，伊西斯成为奥西里斯的妻子，赛特娶了奈芙蒂斯。奥西里斯成为埃及统治者。"

导游说得兴奋，游客也听得兴致勃勃。

"可是赛特嫉妒奥西里斯，既因为自己没能成为埃及统治者，也因为奥西里斯曾因误会睡了奈芙蒂斯。由于这段关系，奈芙蒂斯生出了狼首人身的神灵阿努比斯。"

男人心想，这种事在神话世界里并不罕见。

"赛特杀了奥西里斯，把尸体藏了起来。奥西里斯的妻子伊西斯拼命寻找丈夫，终于找到后，帮助丈夫复活并有了身孕，生出了荷鲁斯。"

荷鲁斯是那个鹰头人身的神。

"但是，愤怒的赛特又将奥西里斯杀死，切成十五块，散落在了整个埃及。伊西斯哭着寻遍整个埃及，在妹妹奈芙蒂斯和既是继子又是外甥的阿努比斯的帮助下，找到了十四块。"

哭泣着彷徨在整个国土上寻找丈夫遗体的女神，既浪漫又性感，可这里浮雕上的女神完全没有表露出任何感情。

"伊西斯最终没能找到丈夫的阳具，也就是身体缺失的最后一部分。奥西里斯没能复活，成了冥界的统治者。他的儿子荷鲁斯向叔父赛特复仇那就是另外一个故事了。这个菲莱岛，就是伊西斯找到丈夫左腿的地方。"

听到这里，男人下意识地摸了摸自己的左腿。

"下面，我们前往那边那幢建筑。"

英语导游带着大家开始移动。

神话中充满情感，愤怒和哀叹，嫉妒和复仇。

然而，这里的艺术并不表现情感，这又是为何？

游船很舒服，船舱比酒店房间要狭小，但不至于让人难受。男人在哪里都很容易入睡。

本以为欧美游客居多，可同行的乘客半数以上都是埃及人拖家带口出行，有些让人意外。询问了才知道，原来恰逢埃及学校一周连休，这时候正适合带孩子出门旅游。

登船当天的下午 1 点，船启航了。如果当时正好在船舱里昏昏欲睡的话，恐怕都不会感觉到有动静，船在整个行程中几乎没有摇晃。坐在船最高处的甲板上看着眼前流淌过的岸上风景，男人才想起船在河里行驶本来就不应该有太大颠簸。

男人所住的房间的窗户离水面仅有 30 厘米，与外面相隔的并非圆形的坚固舷窗，只是普通的大玻璃窗。如果是在海里的话，恐怕稍有风浪，这个位置的窗户早就破掉，船只也会因进水而沉没了。

令人愉快的是船上的餐饮很棒。当然不指望是每餐送到座位前的豪华套餐，而是自助餐，但烹制水平相当高。

炖牛肉里只有一点调味汁，但由于牛肉本身味道醇厚，很美味，吃得简直停不下来。还有煮西红柿和秋葵，炸蔬菜丸子，鹰嘴豆、扁豆、白芸豆等各种豆类菜肴，以及青豌豆焖饭和各种甜点。

离开阿斯旺的当天傍晚，男人顺道去了康翁波神庙。这是紧挨着河岸的一处不大的遗迹。这座神庙同样不算太高，但柱子却很粗，房梁也粗，显得很敦实。

这里是祭祀鹰神荷鲁斯和鳄鱼神索贝克的神庙。荷鲁斯就是伊西斯和奥西里斯的儿子，索贝克则不知从何而来。男人偷听了一会儿英语导游的讲解。原来这里曾经崇拜鳄鱼、饲养鳄鱼，并且将其制成木乃伊。

神庙和周围的古建筑中本应有的神圣遗物和宝藏之类的东西已经荡然无存。在漫长的岁月中，多数藏品都已被盗，剩下的也被收进了开罗的博物馆。不仅是神庙，王族墓穴里也都有大量奢侈的陪葬品，但都已被从古至今的盗墓贼洗劫一空。甚至连木乃伊也会被磨成粉当作药物变卖，木乃伊到底可以治什么病？

到了近代，不少大件文物也被运出了埃及。大英博物馆第25展厅正中央陈列的巨大的拉美西斯二世花岗岩雕像，是由意大利人乔万尼·巴蒂斯塔·贝尔佐尼从卢克索西岸的拉美西斯陵庙群中运出来的。实际上，在大英博物馆和卢浮宫中，来自埃及的大型文物数不胜数。

每提起这个问题，总有人辩解说这么做是为了防止文物消亡。现代埃及的奠基人穆罕默德·阿里完全不认为这些古代的石块有什么价值。有证据显示，当年很多文物成为建工厂时的基石，甚至作为水泥原料被送进了窑炉。

埃及为什么会有这么多文物呢？夜深人静之时，男人躺在船舱迟迟无法入睡。是因为古埃及很富裕吗？的确，文献里有此记载。

博学的古希腊历史学家希罗多德说过："与其他民族和其他地区的埃及人相比，这个地区（尼罗河沿岸）的居民的确少劳多得。他们不需要像一般农民那样挥锄扬锹，付出艰辛的劳动，河水会自动前来灌溉他们的农田，又自动退去。把种子撒在田地里后，放猪进来踩踏一番，之后静待收获即可。"

不知是否真能如此轻松，但水的确会自动前来灌溉田地，又自动退去，这一点就非常难能可贵了。日照也有保证。这里甚至没有阴天，也绝不会缺水，真是占尽了天时地利。

到了近代，埃及修建了大坝，主动放弃了农业的天时地利。取而代之的是大坝发电，用其生产化学肥料，否则将无法养活迅速增长的人口。阿斯旺大坝虽然被称为现代的金字塔，而实际上现代埃及没有产生任何神圣的遗产。不仅是埃及，其他任何国家都没有能造出三千年后还有鉴赏价值的建筑。现在的建筑也许一百年后就不值一提了。人类已经在日常生活中堕落了。

此外，男人认为，古埃及艺术还有一项绝好的形成条件，那就是有着其他文化无法企及的漫长历史。

作为现代人，我们可以尽可能去回想远古的历史。就日本史而言，大化改新至今不过一千四百年。就世界史而言，从耶稣基督诞生至今不过两千年。古希腊文明的鼎盛期至今不过两千五百年。而再往前，历史的面目就显得模糊不清了。

而此时，古埃及的历史已经进入了折返点。世人皆知的法老胡夫的金字塔建造于公元前 2500 年！就如同我们如今看亚历山大大帝觉得很遥远，当时亚历山大大帝看胡夫感觉同样遥远。历史如此之漫长，自然会形成深厚的积淀。

话说回来，亚历山大大帝之所以想要征服全世界，正是受到埃及神灵的教唆和煽动。他在亚历山大城站稳脚跟后，访问了西边的锡瓦绿洲。在那里的太阳神神庙里，他获得了自己是神之子的神谕。就这样，一个来自马其顿的乡下人，被拥有超越两千年历史的文明认定为天神之子。

此后，他开始一心想要征服世界。他相信神谕，相信伟大的命运安排。随着年龄的增长，他愈加伟大，魅力日增，已非凡人可比。

他征服世界之心起于埃及，因此死后没有葬在故乡马其顿，而是运到了埃及的亚历山大城，这自有其道理。他四方征战，曾将所到之处的十六个城市命名为亚历山大，但繁荣至今的只有埃及的亚历山大城。

盛放他的木乃伊的玻璃棺材又是怎样的呢？即便当时已经有了透明的玻璃板，但不可能有能覆盖整个棺材那么大。也许是安装了能露出脸部的一块玻璃，或是用几块玻璃拼成了格子状，抑或仅仅镶嵌了几块用作装饰。

第二天，在规模宏伟的伊德夫遗址，男人发现一面有很多船只图案的墙壁。

"都是船啊。"身后有人说道。

回头一看，原来是和自己同船而来，在食堂和甲板上不时碰面打过招呼的印度夫妇笑眯眯地站在自己身后。他们来自果阿邦，三十年前移居到了加拿大。丈夫不紧不慢，性格温和，妻子非常熟悉埃及文化，在社区大学教授古代文明。

"是啊，毕竟这个国家是由河流和船舶组成的啊。"

"里面还有花岗岩的船只模型呢。"

"嗯，见到了。"

"那是仿制品，真品在开罗的博物馆里。"

"现在也还在靠河流运送各种货物呢。"

"对对，我也见过装着石头、牧草之类的船。"丈夫插话道。

"我在找的是装载棺材的船，古代的那种。我在大英博物馆见过。"

"墓地大多在河西岸，尸体是用船运过河的。以前也流行过用船载木乃伊的朝圣之旅。"

"古代这条河上应该有更多船只来来往往，热闹得很吧。"

"这里的神庙祭祀的是荷鲁斯，他的妻子是哈托尔，出身于下游的丹德拉。每年这里会举行一种仪式，很多船只会花上两个星期时间在这里和丹德拉之间往返一趟，再现当年荷鲁斯迎娶哈托尔的盛况。"

"当年肯定很奢华吧。"

男人边说边想象着遥远的古代。只有这条河流亘古未变，千百年来河水静静流淌。

造船工匠雕像。

高 65 厘米的花岗岩雕刻。制成于公元前 2650 年前后。

埃及篇 II
四千六百五十年前的造船人
四千六百五十年前の船大工

第二天早晨，一觉醒来，船已行至卢克索。船只平稳行驶在安静流淌的河上，半夜靠岸时，男人居然没有发觉。

于是趁早前往卡纳克神庙。这一带地名比较繁杂，不习惯的话容易引起混乱。刚才提到，这座城市叫卢克索，而在古代，包括尼罗河两岸在内的这整片区域都叫底比斯，享有"百门之都"的别名，是个具备相当规模的大城市。

然而底比斯本是古希腊波奥蒂亚州的城市，因俄狄浦斯王而闻名。不知希腊人为何要给埃及的这座都城起同样的名字。古埃及人曾将底比斯称为瓦赛特，或是意为太阳神阿蒙之城的奴阿蒙。而将底比斯誉为"百门之都"的是古希腊大诗人荷马。

这里有卢克索和卡纳克两大神庙群，规模都很大，且仅相隔3公里，说不出主次之分。举行祭礼之时，运送神像和祭品的队列往返于这两座神庙之间。（男人突然地意识到，日语中居然没有表达祭祀队列的词语。典礼中的"神舆""山车""花魁道中"[1]等说的都是走在路上的是什么，却唯独没有对应得上英语中"procession"一词的词语。冲绳话中倒是有类似的表达。）

卡纳克神庙群很大。不仅有祭祀底比斯三柱神——太阳神阿蒙拉、其妻子穆特以及他们的儿子月神洪苏的神庙，还有很多其他神庙。这些巨石垒成的宏伟建筑让人景仰，林立的柱子都很粗大，神像也很巨大。面积也非常广阔。这个规模本身就让人感觉自有其非同寻常的意义。日本奈良的寺庙群虽大，但不会给人以无穷无尽的印象。可能这就是木文化与石文化的区别吧。

这里的石头表面

1　神舆，祭典上供奉神的牌位游街的轿子。山车，祭礼上用的人拉彩饰花车。花魁道中，日本高级艺伎去往男客指名的茶店的行走路程。

同样密布象形文字。看久了，竟变得忧郁起来，对于自己看不懂的文字感到烦躁，也反省了是自己格局太小。但同时也不得不说这种文字的压迫力太强，像是喊着"这你也不怕吗"扑面而来。

总感觉有些违和。用巨石打造的宏伟神庙本是为了彰显体量，但上面却密布文字这一记号，不免让人感觉有些自相矛盾，难以释怀。按说如此大量的文字只适合印刷，在这里却被刻在石头上，远超过铭文应有的数量，也就是说铭文覆盖了整个雕刻的表面，比例严重失调。

男人怎么看都觉得很奇怪。记号是不需要厚度的。甚至连一张纸的厚度都不需要。因此从物质载体中解放出来的文字早已轻盈地活跃在互联网世界里。

古希腊人深知记号的分量轻，雕刻上最多只记录人物的姓名。而古埃及人则总是竭尽所能地到处书写。这容易让人感觉不大好，不知是应该去感受石头的质感还是去阅读石头表面的文字，选择困难时就容易产生混乱。

打个比方，就好比一个绝代美女终于在你面前脱下了衣服，但没想到她全身都是文字刺青。结果注意力不能不被这些文字所转移，美女的裸体也不像裸体了。

这些建筑物既有神庙的功能，同时似乎也是石碑，石头表面刻满了文章。不管在什么时代，立碑的目的无非是出于政治需要。神是多么伟大，帝王与神灵是多么紧密相连；神灵通过怎样的仪式享受无限赞美，而帝王又是怎样地参与其中。神庙正是为了强化君权神授这个说法的精神控制设施，因此刻下的文字自然是政治性的信息。

或者，这些文字可能只是装饰。前去参拜卡纳克神庙群的老百姓是不识字的。处理文字的都是经过专门训练的书记员。如此一来，对老百姓而言，神庙墙上的就只是与神有关的图案而已。如果硬要更进一步去探寻其含义，这些图案才会被解读为神圣文字。这可谓是一种双重构造。

古埃及的象形文字作为图形设计已臻化境。与汉字一样都是将具体事物抽象化表达，但比起汉字更加具象化。单看字就多少能明白是什么东西，鸟之类的字更可谓一目了然。从书写角度而言，则完全缺乏实用性（写不快），因此除了正式的圣刻文字（Hieroglyph）外，还有稍微草书化的神官文字（Hieratic），以及更加草书化的通俗文字（Demotic）。

但圣刻文字真是很美，即使读不懂，看着就很舒服。可以说已经超越文字，成为一种设计。这真是精巧的设计，又能与壁画中的人物完美调和。人物的脸是侧面，上半身是正面，下半身又成侧面，这种不符合透视法的抽象人物画与象形文字很是般配，或许这也是一种设计上的处理。

一旦意识到这一点，就会发现古埃及的文物并非艺术家的作品，而是图案设计师的劳动成果。

不需要雅典帕提农神庙的雕刻群那样精致的情感表达，不需要十人中只有一人才能感知到的高深内涵，需要的只是十个人看了十个人都会发出感叹的简单明快的信息。而媒介就是石材和象形文字，以及雕刻的设计，就像哈特谢普苏特法老墓入口处的老鹰雕像那样简单易懂。

也许是古埃及缺少天才吧，没有古希腊菲狄亚斯那样杰出的艺术家。天才的出现需要一个遴选机制，而古埃及没有从百万人里选出一个艺术家来培养的机制。但古埃及却有大量优秀的工匠。工匠创造不出杰出的艺术品，但能保持相应的技术水平。古埃及工匠的水平相当之高。

设计师的工作要面向大众。如果只是为了迎合资产阶级，或是面向知识分子，这种姿态是不对的。为此要尽可能做到简练并单纯。不重理论而讲感觉。就此而言，古埃及的设计师是优秀的，他们设计的图案至今仍不过时。

男人想，正因为古埃及的文物简单易懂，大英博物馆埃及展厅里才总是人头攒动吧。现代人从孩童时代就经过了熏陶，对这类图案设计能下意识地做出反应，就好像人们看到奔驰车的三叉星标志，就会联想到高档和安全。单纯又直接。埃及的神庙和象形文字里也有类似的特点。

他们是怎样造出如此单纯而又美观的文字的呢？虽然对于神庙满墙刻满文字的做法难免有些反感，但无法否认文字本身之美。

就建筑而言也是同理。与古希腊相比，古埃及的神庙柱梁都显得太粗，墙壁更是厚得没道理，看起来土里土气，而且上面还写满了文字。可是，如果没有看过希腊建筑的话，依然会觉得古埃及的建筑很了不起吧。

至于金字塔，世界上没有比这更加简单而又美观的设计了，看过一次就绝对不会忘怀。其斜面的角度让人觉得已臻完美。方尖碑也同样漂亮。

单纯而简练。这可能是源于这个国家的地形吧，男人在从卡纳克前往卢克索的车中想道。这里沙漠一望无际，只有一条河流贯穿南北。除了河流两岸的绿地外，满眼的风景都是沙丘。

要在沙漠建造显眼的建筑，只能依赖高度。既要高，还要稳定。其终极形态就是金字塔吧。这也决定了日后埃及的面貌。

走出神庙，男人又遇见了那对印度夫妇。妻子熟知古埃及情况，丈夫总是笑呵呵地听着妻子说话。

"古埃及人真是优秀的设计师啊。"男人指着神庙的墙壁说，"这么想来就好理解了。"

"的确，可能真是这样。"妻子说。

"我们也雇个埃及人吧。"丈夫悠闲地说道。

"您家吗？"

"我们是广告代理商。"

"原来如此。那能雇个古埃及人就太好了。"

"只有最早期的古埃及人才称得上是好的设计师。"妻子说，"这些建筑样式在古埃及第五王朝时已经成形，那是距今四千三百年前。此后这种样式被继承下来，两千多年都没变。"

"原来是这样。"男人说，"希腊变化那么大，而埃及却在任何时代都几乎一样。"

"所有好的东西一早就出现了。只要维持下去，就能维持这个世界的秩序。这才是彻底的保守主义。"

"果然这里不是艺术家的国度，而是工匠之国啊。"

与印度夫妇告别后，男人走向神庙群深处，看到一座亚历山大大帝捐建的小神庙，于是又在一旁偷听英文导游的讲解。等旅行团离开，顺着导游刚才所指，能看到满墙的文字中间有一小块方框，里面也同样写着字。男人知道这个方框叫作"cartouche"，是用来提示王或是神的名字的。

上面的文字是读作"亚历山大"吗？男人仔细端详了许久。手头的导游手册上说，两千三百年前亚历山大大帝曾来过这里，写下了如下碑文："我为父神阿蒙拉建造了白色石碑，安装了阿蒙霍特普三世在位时可见的镶嵌了黄金的金合欢木门。"可见，当年亚历山大大帝在这里是以埃及统治者自居的。

单看象形文字，不免会产生疑问，为何如此简明的文字却看不懂。从古代某个时期开始，世上就没人看得懂象形文字了。直到19世纪初，法国人商博良才首次解读出象形文字的含义。

他通过对罗塞塔石碑上用古希腊语、象形文字、通俗文字写成的同样内容进行对照翻译，终于破解了象形文字之谜。这已传为美谈。

可是，曾经广泛使用的象形文字为何会成为不解之谜呢？它没有像苏美尔文明那样独自存在、独自消亡。古埃及和古希腊、古罗马同时存在的时间并不短。其间难道没有通晓两地语言的人编写出字典或是语法书吗？相关文献为何没有一本能留存至今？男人满腹疑问，看来只能再去问那对印度夫妇了。

从卢克索返回船上吃午饭的途中，男人透过车窗看着前面的车。来到这个国家之后，一直对数字很好奇。目前通用的算术用数字也叫阿拉伯数字，但埃及使用的阿拉伯语的数字却并非人们所说的阿拉伯数字。看过一些实例即可发现，埃及用的数字从有零、有进位的意义上来说的确是算术用数字（不像汉字数字和罗马数字），但从 1 到 0 的字形都与阿拉伯数字不同，所以看不懂。

下意识地看着前面的车牌，突然发现上面同时印着阿拉伯数字和埃及用的数字。一个个对照过来，发现"·"是"0"，"。"是"5"。再看别的车，又看懂了几个数字。

原来车牌就是对译的文本啊。虽然只是很小的尝试，但想到自己在做与当年商博良一样的事情，男人觉得有些好笑。如果能有更多资料，就可以完全读懂埃及人的数字了。这时他想到了换汇的单子，那上面也同时写着两种数字。据此，就能做出十个数字的对照表了。做完这个小小的商博良游戏吧。

0	1	2	3	4	5	6	7	8	9
٠	١	٢	٣	٤	٥	٦	٧	٨	٩

下午去了尼罗河西岸的帝王谷。古代生活在卢克索的人，死后都要被装上船送到河西岸去。男人想象着大英博物馆里见到的运棺船在河上漂流的景象。

墓地都建在河西岸，但不在靠近河岸的肥沃地区（因为这里有宝贵的农田，洪水也可能冲走坟墓），而是在更远的沙漠里。早期尸体估计都是直接埋入沙中。沙漠里没有水分，尸体自然就会变成干尸。如果机缘巧合见到露出地面的干尸，还能看出其生前的面容长相，让人恍惚产生死者仍以某种方式活着的幻觉。

从此，古埃及人开始热衷于制作木乃伊。如果是身份高贵的死者，为了避免在沙漠中被野狗撕食，尸体会被装进气派的棺材中。但这样的话，尸体就不容易干燥，无法顺利变成干尸。于是有人想出了制作木乃伊的办法，例如用钩子从鼻孔中钩出脑髓，从侧腹部取出内脏，用苏打进行处理，用布带包裹密封，等等。古埃及人的工匠精神在这里也得到充分发挥，技术日益精湛。或许木乃伊的由来就是这样吧。

帝王谷位于干燥的山里。沿着斜坡伸进地底的墓穴有数十个，是古埃及历代法老的墓地群。那个时代已经停止建造金字塔，可能是当时的法老发现金字塔耗费太大，已难以为继，也可能是因为王权衰落，统治者无法再强求人民承担苦役了。

还有个原因可能是为了防盗墓贼。埃及法老的墓穴里都有很多陪葬品。古埃及人相信死后生命还会延续，所以下葬时要为来世备齐生活用品。

对盗墓贼来说，死者来世与其无关，重要的是自己的现世幸福，所以必然会垂涎法老们奢侈的陪葬品。而建造了金字塔等于对外宣称里面有宝物，即便费尽心机设计复杂通道防止盗贼入内，盗贼也会绞尽脑汁想对策。这就如同门锁和小偷、黑客和密码的关系，一般来说防守的一方终归要落败。因此，古埃及后来的法老们不再建造金字塔，取而代之的是隧道形的墓穴。如果分散开来的话可能就无处可寻了，于是形成了墓地群，共同管理。神官们负责日常维护和上供的同时，也可盯防盗贼。

尽管如此，盗墓贼还是取得了最终胜利。毕竟现世的利益还是要强于来世的安宁。毕竟人一死，墓葬只能依靠别人来守护，必然会陷于被动境地，而盗墓贼的行动则事关自己的切身利益，所以，最终帝王谷的几乎所有墓穴都被盗了个遍。这也是人类的正常行为吧。男人走在隧道里，一边向着墓穴最深处的木乃伊安置室走去，一边这样想到。

唯一幸免的是第十八王朝法老图坦卡蒙的墓，这已为世人所知。英国考古学家卡特和卡纳冯勋爵打开了图坦卡蒙的墓穴，看到了无数的奇珍异宝，也唤醒了死亡诅咒。看到这片区域游客太多，男人没有进去，直接踏上了归途。

充当旅馆的游船停靠在尼罗河的东岸。要到西岸帝王谷，需要乘车通过上游的桥。要是能坐小船往返于河两岸，可能更有古代的感觉。

男人回想起刚才看到的几个墓穴里面都是空荡荡的，神庙里也看不到古代人的身姿。仔细想来，来到这个国家后，除了肖像化的众神侧脸外，完全没有看到过以前人的脸。古埃及人长什么样子呢？

心中不免充满好奇。

不过，男人总觉得在哪里见过谁，记忆中有一张印象深刻的脸。对了，是在伦敦，是一尊花岗岩雕刻。回到船上，男人翻开随身携带的大英博物馆导游手册，原来是"造船工匠雕像"。雕刻的是一名长发男子，长着一张正直而帅气的脸庞，肩上扛着工具，大概是锛子，这代表了他的职业吧。在船舱里看着照片，男人想起了在博物馆里与他正面相对时的亲切感，有一种面对真实生命的温情。

造船工匠。正是这样的普通工匠造出的船，装载着盛放亚历山大大帝遗体的玻璃棺材渡过了尼罗河。可仔细一想，好像时间不吻合。这座雕像出现在第三王朝或第四王朝，也就是公元前 2650 年前，而亚历山大大帝来到埃及已经是两千三百年后了。我又被古埃及亘古不变的艺术特征骗到了。

男人想多看看古埃及人的长相，于是从卢克索下船，乘飞机前往开罗。听说墓穴和神庙中的文物都在首都的博物馆。在繁华而嘈杂的开罗，男人住进了国立博物馆前的酒店，接连逛了三天博物馆。

伦敦的"造船工匠雕像"不过是古埃及肖像雕塑的一个样本。开罗的藏品数量是伦敦的上百倍。

所有雕塑都有一张漂亮的脸。全身像的比例也和希腊不同。头更大，显得比较可爱，更有真实感。所有人都是圆脸，长着大眼睛，肤色微黑（多数雕刻上了色），给人以亲近感。让人觉得混进他们之中生活也挺不错。

可是，为什么所有人的表情都如此正经呢？既然已经雕刻得如此逼真，何不给他们加上喜怒哀乐的表情呢。这些人的感情完全没有表现在脸上，就好像证件照一样。

男人心想，可能这也没什么不对。自己不自觉地又同古希腊进行对比了。古希腊人喜欢将情感表现在人物雕塑上，热衷于表现人物内心的彷徨和苦恼。古埃及可能认为这样做是没有教养没有品位的表现，人不应该被一时的情绪所左右，只表现出相貌的本质就好。也有一种观点认为，对古埃及人来说，肖像是为了让死而复生的人来确认自己的长相，所发挥的正是证件照的作用。

站在古埃及的人物雕像前，男人产生了共鸣，感觉自己能和这些人一起生活。就好像面对提洛岛悲伤的青年，看着吉萨的夫妻雕像，男人内心也希望能同他们成为朋友。看着从卡纳克走出来的女神穆特灿烂的笑脸，男人也曾心动，想着要有这样一个妻子该多好。这些雕塑竟然蕴含着如此非同寻常的力量。

男人对神殿建筑并未心动，布满墙壁的象形文字以及诸神和法老的身姿，也没有给他留下太多印象。但博物馆里的人物肖像雕刻却实在动人。果然艺术高于设计，人性高于政治。前者才是更有价值的。

在开罗的博物馆连逛了三天，总算得到了满足。男人决定再换个地方，看了导游手册，发现首都开罗居然也有尼罗河丈量仪，就是每年定期测量发洪水时河流水位的装置。这在大象岛、康翁波、埃德夫都见过。既然开罗也有，那就去瞧瞧。

开罗的丈量仪很气派。在河流中间的拉瓦达岛南端有座阿拉伯风格的建筑，中间有口大的深井，中央立有一根八角形的柱子，上面刻有刻度。河流水位上涨了，通过刻度就能观察到。如今建起了阿斯旺大坝，河流水位一年到头几乎没有变化，丈量仪也一直干晾着，与河流联通的水路已经关闭了。

听说外面有正在使用的尼罗河丈量仪，于是来到河岸边，看到岸壁刻有显示水位的刻度，仅此而已。度量单位是米，一看就知道是现代的东西。

男人正看得入神，背后传来打招呼的声音。

"哈哈，又遇见了。"

回头一看，是那对印度夫妇。

"想说真巧，不过应该是我们兴趣相近，所以游览的地方都一样吧。我连去了三天博物馆，今天刚来这里。"

"我们去了亚历山大城。"

"那里怎样？"

"并不那么浪漫，就是个普通的阿拉伯城市。遗迹和博物馆里都是古罗马时代的东西。"

"她期望太高了。有人居住的城市怎么可能跟古代没有变化呢。"

"话虽如此吧。"妻子显得有些不悦。

"我一直在想，如果再遇到你们，一定要好好再向埃及通的夫人请教一些事。"

"什么事？"

"为什么象形文字的解读会长期失传？这种文字曾被广泛使用，其间与古希腊文明的鼎盛期也有重合，难道就没有人编写过字典或是语法书吗？"

"象形文字一直用到古罗马时期。埃及被罗马帝国吞并后，文字全面受禁。人们日渐忘却象形文字的书写方法，再往后连阅读它的技能也失去了，结果使古埃及象形文字成了一种无人能解的文字，直到一千五百年后，商博良才重新解读出象形文字。"

三人站在岛的尽头面向尼罗河上游，看着河水缓缓流淌。男人错觉，逆流而上似乎就能回到古代。这里的历史是如此漫长。但通过那尊造船工的雕塑，就能遇见四千年前生活在这条河边的人们。

男人再次感慨，在古代一切就业已完成，之后人类的历史不过是不断重复和扩大。要不要把这个想法告诉印度夫妇呢，男人犹豫着，长时间地看着河流，一动不动。

印度东南部阿马拉瓦蒂佛塔上的雕刻群。雕刻于公元 2 世纪。

印度篇 I
释迦牟尼身旁的两名美女
シャカの隣に美女二人

从大英博物馆背面，面朝蒙塔古广场的后门进入馆内，上了台阶就是东亚展区，包括中国、南亚和东南亚的文物。要大致了解这个地区的艺术，这里是很好的去处。

这个东西向延展的巨大展厅是第 33 展厅，其左侧最里面还有一个神秘的展室，标号 33a，什么时候去都关着门。根据博物馆地图，里面收藏的是"阿马拉瓦蒂雕刻群"。由于和 33 展厅间隔的是玻璃墙，能看见里面陈列的都是白色石雕。问了工作人员才知道，原来由于人手不足，这个展厅每天下午 4 点开放一个小时。男人决定等到这个时间再来。

当天下午 4 点，男人穿过长长的 33 展厅来到了 33a 室。里面很壮观，石灰岩浮雕整齐排列着，其中半数是群像，刻画的似乎是佛祖释迦牟尼生涯中的各个片段。此外，还有许多刻有花纹的圆鼓状石头。

石灰岩的硬度比不上大理石。这些诞生于公元 2 世纪的雕刻的细节部分已经风化，人脸几乎都已看不清。每个人像原本就只有二三十厘米大小，相貌本就容易模糊。虽说如此，这批雕像的规模和水平还是让人惊叹。

男人回过神来，开始阅读介绍。阿马拉瓦蒂是地名，位于印度南部。当地曾有一座大的佛塔，这里陈列的雕刻都是佛塔上的装饰物。后来佛塔倒塌埋入地下，这批雕刻在 18 世纪末被发掘出土，其中部分被运到了伦敦。

男人突然冒出几个疑问。如今印度主要信奉印度教，也有部分伊斯兰教徒，但几乎没有佛教徒。何至于此呢？公元 2 世纪还有过如此壮观的佛塔，佛教传统到底去哪儿了呢？

男人心想不能草率下结论，于是重新开始认真观察石雕，总觉得哪里不对劲。这些雕刻和男人所知道的一般意义上的佛教美术存在根本性的不同。总体看，这批雕刻给人以异常丰满和热闹的感觉。

比如说，"悉达多王子离开迦毗罗卫城"这一场景。悉达多就是后来开悟成佛的释迦牟尼。他作为释迦族王子本来过着悠闲自在的生活，后来出城看到老人、病人、死者和修行者后，精神上受到很大冲击，决定走上修行的道路，于是偷偷溜出了城。这个故事男人也听说过。

可是，悉达多骑上白马犍陟准备出发的场景中，其右侧站着两名女子，像是宫廷侍女。这两人体态丰满，大胸细腰，身板挺直，站姿呈 S 形。其中一人还将一只手放在脑后，姿态颇具诱惑性。两人脚腕上戴着很多圈饰品。一名小个子侍从跪在跟前，似乎正在检查脚饰的状况。

这两个女子出现在这里显得有些不合时宜。不只这里，这个展厅里的佛塔雕刻或多或少都存在这样一种情欲的气氛。还有一处是悉达多出生前，他的父母初遇的场景。浮雕为圆形构图，他的父亲净饭王站在中间靠右处，母亲摩耶夫人坐在左侧的寝榻上。周围照例是众多侍从。其中站在夫人背后的一名侍女似乎故意要显示其丰满的胸部，将胳膊架在肚脐上方，下腹部私处的线条竟然清晰可见。这么看来，这与克久拉霍性爱神庙的欢喜佛也差不太多了。

相比之下，日本寺庙追求的是彻底清净无欲的氛围，同为佛教，两者为何如此不同？

男人决定去阿马拉瓦蒂一探究竟。

可这并非易事。首先，阿马拉瓦蒂这个地方在地图上就很难找到。男人在一本很大的地图册上终于找到这个极小的村镇。它位于印度南部的东侧，在流入孟加拉湾的克里希纳河右岸，距离河口大约130公里远。附近的大城市有往西200公里的海德拉巴，向南400公里的马德拉斯。马德拉斯因盛产格纹棉纺织品而闻名，前些年改名为金奈。

不知道能不能坐火车去。多年前曾经坐过印度的火车。如果是头等座，从早茶到正餐都有专人送过来，会是一次很愉快的旅行。但阿马拉瓦蒂并不在火车线路上，看来只能在最近的车站下车，再雇辆汽车过去。这样的话，还不如全程都坐汽车。

在印度这样的国家无法自己租车开。路上行驶的车辆都是由专业司机驾驶，几乎没有私家车。驾驶员都使出非凡技术把车速开到极限，不时有猛烈的超车。而且路上几乎没有交通标志和信号灯。非专业司机根本无法上路。

在伦敦，男人找到熟悉印度的朋友了解情况。"印度路况很糟糕，司机开得又快，事故率可不低。尽量雇一辆大车和值得信任的司机吧。"他如此建议道。

"明白了。"

"马德拉斯，哦不对，是金奈，那里我有朋友，我让他帮忙找辆车。"

这种不务正业的旅行本来不想麻烦别人，既然有缘，男人也就顺水推舟地接受了。于是定下行程——从金奈坐汽车出发，途经阿马拉瓦蒂，再去海德拉巴看看。沿途的风景也要好好看个够。

于是几周后的一个夜晚，男人降落在了金奈的机场。

印度很辽阔，应有尽有。高山上有冰川，南方又有白色沙滩和珊瑚礁。这里常被称为次大陆[1]，居住着十亿多人口，民族争端也从未间断。这个地区可以说本身就是一个独立的世界。

在印度遇到不少预料之外的事。在德里的酒店，洗澡水太烫，打开冷水想兑些凉水，结果出来的还是热水。世上到处都有不出热水的浴室，但只出热水的还是第一次遇到。没办法，只能等到水凉下来再去泡澡。真让人无奈！

接着从德里前往金奈的航班又突然不飞了，说是因为客人太少被取消。但两个小时后有一班飞往班加罗尔的航班，说是最终会在夜里抵达金奈，无奈之下又只好改了航班。

好不容易终于等到上飞机，所幸机舱里遇到两件值得高兴的事。首先是空乘无一例外都是俊男美女。印度本来就是一个颜值很高的国度，人人都腰板挺直，容貌端正。进入这个国家以来，男人对此一直深感叹服，这架飞机更是突出。（因为是小而新的航空公司，可能是为了吸引客人专门

1　次大陆（subcontinent），指一块大陆中相对独立的较小组成部分。

选拔的空乘吧。）

另外就是机内食物非常美味。印度料理分为素食和非素食。一般来说素食比较好吃，男人在飞机上也选了素食，果然十分美味。茅屋奶酪咖喱和豆子咖喱，还有叠好端上来的那种印度薄饼。

不使用肉类熬出的高汤，仅靠蔬菜、奶酪和香辛料就能做出如此美味，男人一边觉得疑惑，一边吃得很香。看来在这个国家，不用为吃饭的事操心了。

金奈的博物馆里也有阿马拉瓦蒂的佛塔雕刻，而且保存状况比伦敦的还要好。

男人坐在博物馆的中庭，打开书本，开始认真学习阿马拉瓦蒂历史遗迹的相关知识。

阿马拉瓦蒂因佛塔而闻名。在伦敦和金奈所见的雕刻都是原来镶嵌在佛塔表面的浮雕。

佛塔出现比佛像还要早。释迦牟尼圆寂前，曾主张大力修建佛塔，以引导更多人的信仰。佛教的真髓不是对释迦牟尼的个人崇拜或是偶像崇拜，因此，早期的佛教美术中并没有佛像，释迦牟尼的存在只是通过菩提树、足迹、法轮、台座等象征性地表现出来。佛像的出现是在很久之后了。

当初的佛塔也并非五重塔那样的高塔，而是半球形的土山，其表面用石灰定型，裙边处嵌有细密的石刻。男人在伦敦见到的正是这部分的石刻。据说佛塔中存有舍利，也就是释迦牟尼的遗骨，但似乎实际上里面填满了土，并无空间。佛塔周围装有栅栏，东西南北都有门，每边立有五根柱子。

佛塔兴起的背景是当时的经济发展。从公元前2世纪起，古印度凭借同西欧的贸易而繁荣起来。与古罗马帝国的发展交相呼应，印度也诞生了丰富的产业，香料、宝石（斯里兰卡至今仍是宝石产地，海德拉巴凭借其以珍珠为首的宝石交易市场而扬名）、丝绸和棉花等大量出口。沿海地区不管是西边的阿拉伯海岸还是东边的孟加拉湾沿岸都建有许多港口，其中马苏利帕特南港所在的是克里希纳河的河口，阿马拉瓦蒂就在这条河边。

在繁荣中，一个皈依佛教的王国登场了，不仅建造了佛塔，还建立了研究机构。从那时起，寺庙也是大学。这就是建立在阿马拉瓦蒂的萨达瓦哈纳王朝。

男人停下了学习，又回到博物馆里欣赏雕刻。他觉得自己并不是好色之徒，可目光总是不由自主地转向女性雕像。

这里的母夜叉（Yaksa）像只能用丰满来形容，除了身上装饰的腰带和多重手镯、脚镯外几乎全裸，大胸和细腰氤氲出充满情欲的氛围。腰带可能模仿的是蛇神那伽吧。这个女神虽然后来汉字写作"夜叉"，但在早期显然是丰收女神。

此外还有不少男女成对的欢喜佛像。男性正面朝外，女性则身着薄衣背部冲外，扭着上身给男性递饮料，构成一幅充满诱惑的画面。

伦敦的朋友介绍的是在金奈做服装生意的青年，名叫约根德拉。见面交谈后发现，他是一个诚实而又聪明可靠的人。

他非常细致地给男人安排了车辆。首先将车开到酒店让男人过目，是印度国产品牌 TATA 旗下的"SUMO"，跟早先的丰田陆地巡洋舰一样结实的大车。"SUMO"取的就是日语中相扑（sumo）的意思。

　　然后他叫来租车公司的销售员同男人谈价格。一天行驶 200 公里之内算 2000 卢比，超过的里程按每公里 9 卢比算。这是规定价格，不容砍价。

　　然后再谈付款方式。租车公司要求男人按大致算出的金额先支付全款，这无法接受，至少应该让人保留部分中途解约的权利，而且作为概算依据的行程总距离也有问题。约根德拉让下属买来地图算出了行驶距离，告诉对方同意先支付全款的三分之二，剩下的等到了海德拉巴后，根据车仪表盘上的行驶里程算出精确距离，再结算余款。燃油和路桥费都由租车公司负担。最终双方谈了快一个小时才达成协议。

　　男人对这个结果很满意，约根德拉细致的工作也令人感动。双方达成的协议可以说是毫无漏洞，彼此都能接受。所谓交易，必须是这样才算完美吧，印度商人的心气从中可见一斑。

　　第二天一早就上路了。司机名叫罗曼，是一位收拾得干干净净、值得信赖的人。尽管早有心理准备，印度式的驾驶还是太过非同寻常。几乎所有车都没有后视镜，只是在车后写着"请鸣笛"。也就是说，后车要超前车时，要先摁喇叭。如果同意超车，前车会主动靠边，有时司机还会将手伸出窗外示意可以超车。

这样一路超车疾驶，超过的多是大型车，车体较长。由于道路双向各只有一条车道，超车过程中经常会遇到对面来车，罗曼可不会因此而退缩，而是先打大灯警示甚至是威吓对面来车，同时加速赶在最后一刻插到前车前面去。不单是他，大家都是这样开车的。

这些专业司机的技术固然过硬，可也并非不死之身。当天 400 公里的行程中，男人看见了四起大型卡车相撞的事故现场。平均每百公里就有一起，都像是刚发生不久，怎么看都是超车时发生的事故。真是要命。

当晚住在了贡土尔。虽说是大城市，最好的旅馆也只要 500 日元一晚。房间里有淋浴和卫生间，但没有卫生纸。印度人的习惯是便后在一个小容器里取水用左手清洗，所以吃饭只用右手。男人逐渐回想起了印度旅行的注意事项。

晚餐在房间楼下的餐馆，只要 55 日元就可以放开肚子随便吃。铝制的餐盘上盛有几道辣菜，一个小钵装着酸奶。米饭被配餐员堆成了小山，上面又被"啪"地拍上了两种蔬菜咖喱。刚吃了一会儿，就有服务员来问："还要加吗？"勺子之类是没有的。男人久违地体会到了用手吃饭的快感。

第二天一早，终于启程前往阿马拉瓦蒂。从贡土尔出发后，在舒适的林荫道上行驶了一个小时。这天的道路比较窄，也没有其他车辆，罗曼似乎也开得比较从容。男人看着车窗外，心想树木在印度真是很重要。不管是昨天宽阔的街道还是今天的小路，有没有树木给人的印象真是截然不同。

读佛祖传记时，记得释迦牟尼一生中的关键节点总是会出现树木。幼年的王子随父亲参加农耕时，在阎浮树下观看农耕仪式，看到虫子被鸟啄食，小鸟又被老鹰叼走，开始认真思考死亡的含义（树下观耕）。后来开悟成佛是在菩提树下（降魔成道）。摩揭陀国的频婆娑罗王为了留住释迦牟尼，修建了"竹林精舍"供他修行。释迦牟尼入灭之处自是在众所周知的"沙罗双树"之下。

行驶在印度南部，阳光非常炙热。人们聊天、买卖东西、理发、喝茶、逗孩子或是无所事事地坐着，一切都在树下进行。前人也许是为了留下功德所以才栽种了路边这些大树吧。可以说，没有大树就没有印度。

阿马拉瓦蒂是个小城，有河流，有印度教的寺院，稍远处有佛塔基座，近处有博物馆。

佛塔基座很大。为了让人实际感受原来的大小，当地专门用砖石搭起了与人肩一般高的墙，中间填上土，形成微微凸起的圆拱状。我想象着这座塔原本的样子，比这要高很多，装饰有浮雕石板（这种装饰行为在佛教中称为"庄严"），四周安装有叫作"栏楯"的围栏。稍微离远了看，可以在想象中描绘出公元 2 世纪佛塔建成时的雄姿。当然，所有的一切都要以经济为基础。当年这里生产的商品被跨洋运到古罗马，交易成别的商品运回，再通过贩卖产生利润。城市周边的平原给生产商品的工匠等城市居民提供粮食。据说，这里的克里希纳河底曾出土过古罗马的钱币。这座佛塔正是建立在当年的繁荣基础之上。

这座塔到底有多大呢？男人在佛塔和栏楯间被称为"绕道"的通道上走了一圈。如果再诵着经的话，都可以感受到当年僧侣的心境了。但天实在是太热了。男人唯一知道的佛经是《般若心经》，但无心诵念，只是默默数着步数。汗不停往外冒。走一圈下来247步。这样走完男人就觉得自己似乎参悟了些什么。

塔基座边也有一棵大树。茶色的豆荚形状的果实落了一地，是某种豆科植物吧。跟男人知识范围里最接近的是刺槐，但这棵树树干更短，树枝分叉更低，末端树叶几乎要碰到地面。

树下有个学生模样的年轻女孩在边看书边念着什么，难道是佛经？也可能只是为了期末考试在背诵课文吧。

在印度，有树的地方，树下就会有人。或者说，为了躲避酷热阳光，人只能待在树下。人要在室外干点什么，首先需要种上树。所以印度森林很多，独自挺立的大树也有不少。文明始于种有树木的地方。释迦牟尼的一生总是与树有关，也是源于此吧。

博物馆小而整洁，给人感觉不错。至少屋里不会被晒。这里的主要藏品是阿马拉瓦蒂佛塔的雕刻，它们比伦敦和金奈的保存状况要好，群像雕刻的细微之处都能看得很清楚。

看来这批雕刻中风化最严重的被送到了伦敦，好一点的去了金奈，最好的留在了这里。当地人还真有一手嘛。

博物馆中有一件浮雕名为："悉达多在众神引导下，在歌舞中走向森林"。这与男人在伦敦看见王子悄悄出城的浮雕画讲的是同一个故事。不过本来应该是半夜悄悄溜出城去修行，为何又有人载歌载舞相送呢？

男人逐渐想通了。这些佛教美术作品并非是在某个拥有绝对权威的艺术家或是监制人统一指挥下完成的。当时人们的各种情感、复杂的思想、多样的表现形式都体现在了这些环绕佛塔的雕刻中。即便与教义存在矛盾，多种多样的思想都各自占据了一席之地。毕竟，从释迦牟尼圆寂到建造该塔，中间隔了很长时间。

那么，伦敦保存的王子出城浮雕中两名丰满的女性是谁呢？那个由侍从帮忙整理一圈又一圈脚饰的女子又是谁呢？根据伊利亚德[2]编著的《世界宗教史》，决定出家修行的悉达多半夜被神叫醒，"给他看到熟睡的妻妾们悲惨的裸体"，这是为了"使他放弃现世的决心更加坚定"。而阿马拉瓦蒂的雕刻家们可能没有办法表现出"悲惨的裸体"。

所以，他们反而刻画出了丰满的裸体。简直是背道而驰。但在一般人看来，面对如此具有诱惑性的美女，悉达多能够毅然拒绝前去修行，自己肯定是难以做到的，也会叹服吧。也算是留下了从这个角度进行解释的余地。

印度人既喜欢抽象难解的思考，也喜欢具体且充满情欲的现世快乐。如同印度次大陆由北到南幅员广阔一样，人们的思想也没有设限，其中既有禁欲也有放纵。

悉达多在即将"降魔成道"之前也遭遇了强烈的诱惑。"降魔"指的就是击退这次诱惑。魔既指死亡，也指爱欲甚至是情欲。扮成美女的恶魔想要引诱释迦牟尼，却被他击退。这个故事很

2　米尔恰·伊利亚德（Mircea Eliade，1907年3月9日—1986年4月22日），西方著名宗教史家。

像基督教中圣安东尼的诱惑。

　　这个时期，本是一种难懂哲学的释迦牟尼思想里混入了很多婆罗门教和印度教的民间传承。新宗教在与旧宗教诀别之际，往往也会取一部分为己所用。佛教美术中之所以有如此之多的情欲要素，是因为没能完全摒弃印度自古就有的情欲主义吧。

　　博物馆中有一座佛塔模型，比例尺是 1:10。从中可以清楚地了解浮雕石板和整座塔的关系。这座佛塔当年真是很雄伟壮观。塔周围还有很多建筑，可能是僧院或者叫精舍，想必当年有很多僧众在此日夜苦学钻研佛法吧。对他们来说，母夜叉的丰乳细腰难道不会成为烦恼的根源吗？不过也许这里只是面向俗众的宣教设施，真正的修行场所另有他处吧。

　　站在这里，可以轻松穿越回两千年前的古代。思想的力量、造型的力量真是很了不起，男人站在佛塔模型前想道。

大英博物馆西侧楼梯处安放的佛像，
贴身穿着极为纤薄的衣服。

印度篇 ^{II}
要出家先要忘掉妻子
出家のために妻を忘れる方法

看完阿马拉瓦蒂的佛塔，男人继续西行。克里希纳河的上游还有一处大型佛教遗址，叫作纳加尔朱纳康达，时间上稍晚于阿马拉瓦蒂，同样也有佛塔，有僧侣们研习教义的设施。

男人已经深深沉迷于佛教美术。他想更详细地了解为何印度佛教如此充满情欲要素，因此这片土地上能看的他都要看个遍。

汽车开过了一段狭窄的乡村道路，两边都是农田，看上去很肥沃。昨天路上几次遇见满载农作物的拖拉机。准确地说，是带有拖斗的牵引式拖拉机，拖斗上的农作物几乎占据了两车道的大半空间。

刚开始车上是木材，后来变成干草，最后是装在麻袋里的棉花（可以看到白色棉花从麻袋中露出来）。

还有一种装在麻袋里的东西，外表看不出是什么。后来经过一个交通事故现场才知道。刚开始看到袋子破开洒了一地血红色的东西，吓了一跳，仔细一看才发现是辣椒。这也是昨天发生的事。

然后，今天从阿马拉瓦蒂来的路上，男人看到了收获辣椒的场景。路边铺着竹席，上面晒满辣椒，数量惊人。红色看上去很美，但只是看着嘴里就不由地涌出一阵辛辣感。如果有人让你抓一把吃下去，简直无异于酷刑。

都说印度料理辛辣，实际并非如此。或许各个地方口味不同，南部比较清淡吧。当然还是辣的，辣味就来自这些辣椒。

想到种了这么多辣椒，大家都要吃光吗，男人感到嘴里又有辣气涌上来。不过又想到要满足 10 亿人口，恐怕几千辆拖拉机都装不下吧。

汽车经过一个村落。

男人看到小广场上有很多人，前面是乐队，后面是身着盛装的人群，正中间是新娘新郎，原来是在举行婚礼。场面十分热闹喜庆。印度人就是这样结婚成家，生儿育女，农耕劳作，生生不息。虽然只是乘车路过，男人仿佛已经看到印度人的基本生活形态。

都说印度很穷是为什么呢？外国人和印度人都认为印度很穷，可果真如此吗？如果说大人小孩都没有手机、吃不到地球另一端捕获的冷冻鱼或村里只有十辆车是贫穷的话，印度人的确很穷。

那么，村庄里的勃勃生机又做何解释呢？农田里作物获得丰收，孩子们在嬉笑玩耍，老人在路上散步……烈日当空，但清风习习。路边的大树在地上投下凉爽的阴影，人们聚在树荫下聊天，看起来一片安宁。

有农田就能让人安心。只要有充足的食物，生活中就没有不安。只要不与他人攀比，就不会觉得贫穷。如果不与日本、美国比较的话，印度谈不上贫穷。贫穷只是相对的概念。

可是，前一天在贡土尔看到的当地人就没有

如此悠闲安逸。城里的民众似乎都面带杀气。城市不生产农作物，食物都来自农村。如果停止粮食供给，城市居民将陷于饥饿。都市生活总是潜伏着这样的不安。

在城市，只要有钱，就可以获得充足的粮食，只要比别人多买些存起来即可。这样一来自然就开始与邻人比较财富多少，贫穷感就产生了。

当然，农村也存在贫富差距。如今，只要是在农村就可以安心这种朴素的农本主义已经过时。如果是依靠单一农作物为生的话，一旦价格崩盘就会陷入悲惨境地。虽说如此，人还是离土地近些，自己生产食物最能安心。城市生活总有一种挥之不去的不安。

这种不安已经不再表现为单纯地祈求农作物丰收，而是由此产生了复杂和具有高度哲学内涵的宗教。佛教产生于古印度的商人阶层。佛教的基本思想是人生是苦，与基督教和伊斯兰教的末日审判基本思想一样，都是缘于内心缺乏安全感。

城市居民离开土地越远，内心越需要信仰，必然会与神和佛接近。由此产生了具备缜密教义的世界性宗教。基督教诞生于犹太地区，最终是由古罗马人将其发展壮大。所谓文明就是城市化，城市居民内心的不安造就了优秀的宗教文化。而在农民看来，宗教信仰本是可有可无之物。

车子开过这片田园风光，驶上名为萨特泰纳帕尔莱的城市的宽阔道路。以为终于能平稳地开快车了，谁知高兴得太早，前方道路正在施工，车子驶上了还未完成铺设的宽阔路面。施工计划是要将单向一车道拓宽成两车道，可路面全被扒掉，从路基开始修起。车速不到 20 公里，而且尘土飞扬，只能颠簸前行。看来今天是到不了目的地了。

尽管如此，看着眼前的工地，还是让人感觉到了希望。只要道路建成，马上就能为当地的生产生活发挥作用。反观日本，道路已经完备，如今的公共设施建设已经沦为为了施工而施工。

让人惊讶的是，施工工地上有不少女性的身影。她们与男性一起默默搬运着土石。孩子们就在不远处玩耍，好像她们是带着孩子来打工挣钱的。这该做何解释呢？

一种解释是，这里穷得连女性都不得不从事辛苦的体力劳动。可是，无论什么劳动在某种意义上都是辛苦的，但同时也能让人开心。干农活也是一样。相比之下，男人对这种现象反映出的一个事实很感兴趣，那就是这是一个女人能出来抛头露面的社会。

女性能否抛头露面，在不同社会中答案也是不同的。伊斯兰社会喜欢将女性藏起来。不小心将视线落在女性身上可能都会是件失礼的事。有些国家的女性甚至用肥大的衣服裹住全身，脸上也要蒙上面纱。女性魅力是不允许对外表露出来的。

印度与此相反。女人们身穿鲜艳的纱丽，像是刚从派对出来，又来优雅地从事体力劳动。乌黑的长发编成一条三股辫，再插上鲜花（市场里就有这种花卖，不能果腹的鲜花在市场售卖，这本身就体现了这个社会的宽裕）。这里的女人个个身姿优美，单是看到她们，都感觉整个社会的氛围变得更加明快、愉悦。

也许，印度文化中自古以来就没有束缚女性的传统，而是赞美美和性感。反映在神像上，他们创造了母夜叉、多罗观音、蒂娃妲等肉体丰满的女神。这是一个离不开女性的文化。

男人享受地沉浸在遐想之中，但现实是一路颠簸，赶不上计划，当天已来不及去纳加尔朱纳康达，只能直接赶往当晚住宿所在地海德拉巴。

抵达旅馆已是晚上 8 点。印度的道路不可小觑，地图上看着近，实际很远。海德拉巴是座大城市，从进城开到入住的酒店又花了一个小时。

行驶在拥挤的马路上，突然听见了唤拜声。男人这才想起来，这座城市在印度也算是伊斯兰教徒集中的地方。唤拜就是清真寺高耸的尖塔上传来的呼唤信徒做祈祷的声音。最近已经不使用真人呼唤，而是改成播放录音。尽管如此，男性浑厚的歌声还是很有韵味。过去，为了防止从尖塔上窥视别人的私生活，都是由盲人来进行唤拜。

街上的女性穿纱丽的也少了，取而代之的是连衣裙配细腿长裤。也有不少蒙着面纱身穿黑袍的女性。酒店餐厅里提供啤酒和葡萄酒，但房间的迷你吧里只有清凉饮料。据说这是为了照顾伊斯兰戒律而做出的小小让步。

第二天一早，再次出发前往纳加尔朱纳康达。全程约有 150 公里，从这儿过去路况不错，估计 3 个小时能到。

行驶在这里的道路上，终于有了身处德干高原的感觉。从阿马拉瓦蒂过来一路是肥沃的原野，克里希纳河提供了丰富的淡水，实在不像是在高原。而海德拉巴海拔已达 500 米，通往纳加尔朱纳康达的道路穿过干燥酷热的棕色大地，穿过两旁稀稀拉拉的灌木，一直延伸到远方。

导游书上说，如今纳加尔朱纳康达是一座岛屿。本来是在河边的山丘上，后来克里希纳河上建了大坝，出现了一个大湖，山丘变成了岛。一些沉入湖底的遗迹被匆忙发掘了出来，但留下来的也不少。

中午前抵达了登岛的渡船码头。下班渡轮要到下午 1 点半才出发，男人坐在树下的凳子上无所事事地等着。日晒非常强，但在俯瞰湖景的大树底下却时有习习凉风，十分惬意。

人在旅途，经常会需要等。因为行程只能依据当地的情况，迟到的话就会很麻烦，男人习惯了去哪儿都提前过去等候。等待的时间可以用来思考，而旅途中总能收获大把可供思考的素材。"人遇到自己不知道的事情，就会拼命想去了解它的意义呢……"想着想着，男人就睡着了。从车上一路颠簸而来的疲惫身躯在树荫下的凉风中实在是太舒服了。

过了一阵，男人被周围的喧闹声吵醒了。一群看上去像是高中生的孩子乘大巴抵达，吵吵嚷嚷地等着上船。有人在扔球，有人在大音量播放收音机，男生女生吵吵闹闹乱作一团，着实热闹。

走到栈桥有 200 米远，一路上晒得脑袋发晕。船上更热。日晒最强烈的午后，坐在通风不畅的船舱最里面，自然是酷热难耐。高中生们也吵闹着上了船，占满了附近的座位。本期待船开后能进些凉风，但根本没有变化。孩子们的吵闹声之外又多了引擎的噪音。

在忍受酷热和噪音的过程中，男人竟然感觉心情好了起来。回想起来，这趟旅行一路兴致都很高。每天没有缘由地就很开心，现在这种感觉更强烈了。

30 分钟后船靠了岸。码头正在施工，这里也有身穿纱丽的女人在搬运石头。纱丽这种衣服就是一块长布卷在身上，但不管动作如何剧烈，衣服似乎都不会走样。

岛上有博物馆。一进门，就有一位白发黑脸的老者迎了上来。

"我是导游，陪您一起参观吧。"

要在平时，男人肯定要婉拒。倒不是舍不得花钱，而是不希望自己静静欣赏文物时旁边有人在说个不停，分散自己的注意力。但在这里，有人能主动为自己答疑解惑，倒是值得庆幸。

博物馆里宽敞而舒适。虽然没有空调，但到处放着大型电风扇。开始参观前，男人先到风扇前收了收汗。

"哈哈，很热吧。"老者笑着说。

展品多是刻有浮雕的长条形石板，与阿马拉瓦蒂看到的是同一种样式。内容多为佛祖传记，也就是释迦牟尼的生涯中的一些片段，还有本生谭里的内容，讲的是释迦牟尼成佛之前几世转生的故事。

各个不同场景在石板上由柱子隔开，但柱子往往不是一根，而是两根，柱子间又有一些小浮雕，明显看得出是欢喜佛，也就是有着情欲诱惑关系的男女雕像。这到底是为何呢？

"这个啊，因为这是非常重要的事啊。"导游的老者说。

"话虽如此吧。"男人还是有些不解。

一个女子背对着从后面搭话的贵公子，但她的背散发着诱惑的气息。丰满的乳房、肥美的大腿、深深的肚脐窝。还有的画面是女子扭着身子给男子供奉饮料，看上去更像是在供奉自己。

老者指着一幅雕刻说："看这个，难陀回心转意的故事。"

画面上首先看到的是右上侧从天而降似的浮在半空的释迦牟尼，其背后有一个雕刻得很小的男子（是难陀吗？），下面有四名女子，有的在跳舞，有的在休憩。释迦牟尼正下方有一只猴子。

"难陀是释迦牟尼的同父异母弟弟。"

这个男人知道。释迦的母亲摩耶夫人生下释迦后就去世了，所以不可能有同母弟弟。

"难陀听从了释迦牟尼的教诲出了家，但却无法忘怀新婚的美貌妻子。于是释迦将弟弟带去了天界，那里有很多美女。就是这个。"老者指着画面中的四名女子。

"在归途中，遇到了一只瞎了一只眼的母猴。"老者又指着端坐在四方石头上的母猴说。

"难陀发现，跟天界的美女比起来，自己的妻子简直跟这只猴子一样难看，于是不再犹豫安心出家了。"

男人心想，难陀的新婚妻子也太可怜了。而且，用美女来引诱才肯出家，这个难陀也真是不争气。

当然，劝诱的一方可以说，天界的美女只是一种解脱的象征，并非有着凡人肉体的女人。但象征这个词，是用具体事物来引诱、用抽象概念来逃避，是一种具有欺骗性的把戏。爱欲是烦恼，会妨碍出家。这么说来，这幅图里的烦恼根源不是太多了吗，老爷爷？

男人更在意的是释迦牟尼的形象。画面上只有释迦和难陀的身体是倾斜着的，非常显眼。释迦一眼就能认出，不是佛祖传记中人的形象，也不是用树、伞或足迹等指代的象征表现，而是身后有圆形光环，身穿多褶的长衣、留着满头小卷的大佛发型的完整形象。

"这是什么时代的雕刻？"

"公元 3 世纪或 4 世纪。"

"当时已经有这样的佛像式样了吗？"

"有啊，想不想看更大的？"

"更大的是什么？"

"跟我来。"

男人跟着老者出了博物馆，在酷热中走了 15 分钟，途中经过好几处遗址，既有原来就在那儿的，也有赶在被大坝湖水淹没前转移过来的。

有一处是被低矮砖墙围着的大型佛像。从长相、头型、发型、半闭眼睛的冥想表情，到薄衣上的褶痕、手的位置，无论从什么角度看都是标准的佛像，和在日本常见的完全一样。佛像的式样已经完备了。

"这是什么时候的？"

"这是复制品，原来的真品不清楚是什么时代的，反正相当古老了。"

"和博物馆里的差不多时期？"

"也许吧。博物馆里浮雕上的释迦也已经有具体形象了吧？"

"是啊，就是那个难陀回心图上的样子。不是树，不是伞，也不是足迹。"

"从那时起，开始流行用人的形象来表现佛。当然，是根据被称为三十二相的释迦牟尼的身体特征来绘制的。"

"三十二相就是那个，足底是平的，身体是金色的，眉间长着白色软毛之类的那个？"

"是的。雕刻家必须把这些口口相传的特征都表现出来。"

老者的口吻不像是导游，更像是一个退休老教师。日晒依然强烈。

"是谁最早制作了佛像？"

"这个嘛，"老者笑着岔开话题，"释迦牟尼不是神。他是最完美的人，但没有神格。他自己说过不能崇拜人。应该崇拜的是真理，而不是真理的发现者。"

"这话没错。就好像不小心把碗摔碎了，不应该怪牛顿一样。"

"就是这个道理。一开始这个规矩得到了遵守，但后来随着信徒增多，俗众的声音越来越大，更多人不是为了修行，只是为了寻求精神寄托，这时就需要一个用来崇拜的偶像了。"

"原来如此。"

"正是那个时候，从西边的犍陀罗地区传来了高超的人像制作技艺。据说不光是技术，连希腊的雕刻家都来了。"

"原来是希腊啊。那衣服上的褶子的确是希腊风格。"

"通过薄布上的褶子来表现肉体，释迦牟尼像才有了身体。初期的佛像连长相都像西方人，后来才逐渐印度化。"

"可是，也有不穿带褶衣服的佛像啊。"

这时，男人想起了大英博物馆西侧楼梯处放置的佛像。发型虽然一样，但佛像微微低着头，衣服很薄，贴在身上。表情中似乎有些羞愧，让人想到后来的高棉佛像。那是哪里的佛像呢？

"那是印度对于希腊风格的佛像作出的一种回应吧。有个地方叫马图拉，那里的工匠大概是受到犍陀罗的刺激，也开始制作佛像，然后很快就扩展到整个印度。"

"大家都开始拜佛了吗？"

"历经重重修行，悟出深奥的哲理，这不是普通大众能做到的。所以取代修行，产生的是皈依的想法。"

"这就是所谓的大众化？"

"佛教不拯救大众拯救谁？如果只是为了让精英开悟，佛教不可能得到如此发展。"

"的确如此。所以人们才需要佛像。"

"佛塔也是同样道理。看到庄严的建筑，听到悦耳的诵经声，闻到香炉里升起的烟，都会让人感动。这些都能成为救赎的契机。丰满的女性身体能用的时候也会用。"

"您说的是欢喜佛吧。作为导游，您不光对历史，对教义也很清楚啊。"

"我？我只是个导游而已。为了证明这一点，正准备跟您要导游费呢。"

"这样啊，那这些给您。"男人掏出三张 100 卢比的纸币，心想这些应该够了。

"嘻嘻，还要再来一张。"老者笑着窥探男人的钱包，手指着里面的纸币。没办法，男人只得再掏出一张。

老者嘿嘿一笑，转身消失了。

男人孤零零地留在大太阳底下，转身找到附近的树荫坐下。

印度人自古就喜欢肉体，热衷于男女关系，对此并不避讳。这也表现在了雕刻上。印度或许至今都喜欢讴歌女性身体吧。

与之相反，佛像带来的则是完全不同的法则。超越肉体的精神性，要通过人体雕刻这种最接近肉体的手法来表现。他们取得了成功，创造出了集禁欲的法则和极端的情欲于一身的佛像造型。

但是，中国人讨厌情欲（至少是不喜欢将其表现出来），佛教传到中国后情欲那部分被舍弃了。而且，东亚人的体格与印度人不同，可能不适合通过雕刻来表现性感吧。

这多少还是让人感到遗憾，男人想到。他站起身来，马上要到登船的时间了。

古代波斯的钵。
制作于 12 世纪下半叶的伊朗卡尚。

伊朗篇 ^I
霍梅尼忘记抹消的女人
ホメイニが消し忘れた女

与那只盘子的邂逅很偶然。

　　男人本不知道那间展厅。因为频繁造访大英博物馆，以为重要的藏品都看过了，却不知道还有一个悄然藏在博物馆背面的第 34 展厅。这个展厅位于博物馆的背面，也就是从蒙塔古广场一侧进门后的左侧。这间屋子与其他任何展厅都不相连，不注意就容易错过，里面陈列的都是伊斯兰美术精品。偶然有一天，男人仿佛被一根无形的绳子牵着，走进了这个展厅，被一件件藏品深深触动。

　　其中有一只很好看的盘子，直径约 30 厘米，大小和图案都适合日常使用。白底上用简洁明快的线条画着五个孩子、两棵树和鸽子之类的东西，其中有三个孩子都骑在马上。

另外还有一只大小和色调都完全相同的盘子，上面画着七个孩子，其中一个像是国王，还有两人的身体装扮成狮子还是什么动物，剩下的像是侍从。看着像是孩子们在玩扮国王的游戏，也有可能是故意采用孩子形象的一种表现手法。画面上的孩子们都很逼真，看起来很开心，简单的笔法显得动感十足。根据解说牌，这两个盘子都是 12 世纪下半叶产于伊朗卡尚的作品。

伊朗就是古代的波斯。大英博物馆中古代波斯的藏品陈列在二楼第 52 展厅，男人去看过多次，苏萨的上釉琉璃瓦士兵像、波斯波利斯的带翼人面狮身像等展品都给他留下了深刻印象。可这个第 34 展厅之前却完全错过了。

令男人赞叹的是这只盘子表现出的市井气息。如果是王侯贵族在仪式上使用的器具，图案应该更加精致讲究，恐怕需要最高等级的工匠花费数十天来制作。可这样制作出来东西反而可能成为自我炫耀的物件，缺乏品位。

这两只盘子并没有那么高档，也就是普通富商家庭用来招待宾客的档次。文化总是呈金字塔形，顶点越高越需要宽厚的底座。在某种意义上这两只盘子也反映出当时波斯王国财政稳定，文化上有深厚积淀，是个富裕的国家。当时人们日常使用的餐具就有如此品位，可见是个奢侈的国度。

波斯是一个难以捉摸的国家。从历史年表上看，一个豪奢的大帝国突然出现，不久又消失于无形，其历史可谓波澜起伏。而如今的伊朗，同样不时会传出各种新闻。

波斯到底是怎样一个国家呢？翻开有关波斯文化史的书籍，发现卡尚这个地名频繁出现，好像曾经是著名的陶器产地。在伊斯兰国家中，陶器不仅是日用器皿，也是装饰建筑物的重要材料。如今去卡尚还能见到什么呢？文化因时代而变化，虽然现在的卡尚有可能什么都不剩了，但不去一趟是不会知道的。男人决定说走就走。

没想到令人吃惊的事从飞机上就开始了。男人从伦敦希思罗机场登上伊朗航空的 710 航班，根据座位号很快找到了座位、放好行李坐了下来。环视机舱内，突然觉得哪里不对劲。好像缺了什么。哦，是没看到空姐的制服。

不对，那边在帮乘客往头顶行李箱里放包的不就是空姐吗？但她头包围巾，身着深蓝色长袍，脸上也没有化妆。这和平时见惯的空姐形象相差也太大了。

唯一可以辨别她身份的是长袍袖口印着的两道金色绲边——飞行员制服袖口上也有同样设计。这是权威的象征。所以她真是这个航班上的空乘了？连航空公司都如此严守伊斯兰的服装戒律。我真要去这样的国家吗？男人心里有点犯嘀咕。

飞机上很舒适。餐饮像头等舱一样一道一道送过来，居然还有鱼子酱，味道也很棒。只是没有酒类，完全没有。看来今后得过一阵子禁酒生活了。

吃完饭，男人陷入了沉思。这些空乘没有穿欧美式的制服，是因为伊朗对自己的一套做法有自信。空乘的工作是在机舱内照顾乘客，紧急情况下保障安全和引导乘客，只要能完成以上工作，也不一定非要穿欧美式的制服。

重要的是她们在飞机上工作。如果严格对照伊斯兰原教旨的话，女性是不能从事与异性接触的工作的。这样航空公司只用男性空乘就好了。她们还是在飞机上工作，虽然用围巾包着头发，但并没有挡住脸。这从一个角度反映了霍梅尼领导的伊朗伊斯兰革命二十多年后伊朗的现状。

抵达德黑兰机场后，男人发现自己的推测是对的。尽管已是半夜，机场负责查验护照的都是女性。她们同样包着头发，很认真地工作着。看来伊朗作为现代世界的一员，并非不明常理的国度。男人意识到，自己已经习惯根据女性参与社会的程度来评判一个国家。

首都德黑兰有些令人失望，是一个显得过于实用主义的粗糙城市。两伊战争（虽然并不只是这两个国家的错）中失去家园的民众流入城市，形成贫民窟。战争导致五百万伊朗人无家可归，政府为了给他们提供住宅，建造了很多钢筋水泥住宅。完全见不到绿色、毫无情趣的灰色街道一望无际。男人从来没有见过如此缺乏色彩的城市。萨达姆·侯赛因的野心和阿亚图拉·霍梅尼的意气，美国的谋略和欧洲的算盘，这些都通过战争带来巨大的不幸，最后形成这种落寞的城市风景。

　　到了伊朗最先发现的是，这个国家并不穷。由于通货膨胀，伊朗货币里亚尔看起来很不值钱，100美元可以兑换80万里亚尔（汇率因不同时间和兑换场所而不同）。男人在机场想兑换300美元，结果柜台的人说太多花不了，只给换了100美元，拿到八十多张10000里亚尔面额的纸币。好像没有比这面额更大的了。结果钱包里放不下，只好鼓鼓地塞入腰包。

　　后来得知，在这里，比如出租车司机在路边茶馆里喝杯茶要1000里亚尔，相当于15日元。等在酒店供游客包租的出租车一天要15万里亚尔，也就是2250日元。因为司机能说英语，价格还要贵些，要是雇佣街上的普通出租车，会更便宜。也就是说，里亚尔并不是那么不值钱，汇率并没有反映出里亚尔的实际购买力，因此伊朗对外国游客来说是个很划算的旅游目的地。

　　就整个国家而言，感觉伊朗远比印度更为富裕。男人在伦敦有个朋友是伊朗人。他说伊朗国内兼具了各种气候，粮食能自给自足，工艺品也很精美，是个物产丰富的国家。当然，最重要的是产石油。

另一方面，伊朗的政治状况却不佳。巴列维王朝过于独断专行，被霍梅尼发动革命推翻，又走向了另一个极端。本以为可以消停一会儿，伊拉克又挑起了战争。美国（一到外交上这个国家就有点歇斯底里）至今仍视伊朗为敌国，不肯解除进出口禁令。但那个国家真是不错，男人记得那个伊朗朋友眼睛看着远方最后这么说。而实际上，他已经二十年没回过伊朗了。

通往卡尚的道路一直都在沙漠中。这个国家竟能如此干燥，不能不让一个从潮湿国度来的人心生感叹。沿途海拔一直都在 1000 米以上，属于高原沙漠。天空蓝得发黑，日晒强烈，风也是热的。休息时洗了手，未及掏出手帕，手已经干了。吐口唾沫，还没落地就蒸发了。站着撒尿，没到地面就……当然这是不可能的，但干燥得真让人有这种错觉。这里简直不需要湿度这个说法，改用干度来表示好了。大家整天都在不停地喝水或是喝茶。

在沙漠中，卡尚这座城市突然间就出现了。导游书上说这是一座"绿洲之城"。本以为绿洲只是有一口泉，旁边长着五棵椰子树的地方，现在才知道原来能养活几十万人口的也叫绿洲。能供应多少淡水，就有多少人聚集在周围。这里从公元前就有人居住，12世纪以后因陶瓷和瓷砖、织物、绒毯、丝绸等而闻名，成为一座手工艺城市。

男人走在酷热的街道上，随便找了家店进去吃了午餐，然后继续走。遗憾的是，如今的卡尚值得一看的东西不多。男人寻找的是那个盘子的影子，希望看到更加精练的样式，可惜并没有发现。市中心有几座建于19世纪初的宅邸作为博物馆对外开放。四方的建筑围着一个带池子的中庭，形状比较有意思，但也就仅此而已。

本想看看墙上的绘画，但本应有画的墙壁都被涂过了。

"那里本来有画吧？"男人问售票处的大叔。

"是啊，原来墙上全都是画，画着宴会、跳舞的女人什么的。"

"怎么没了呢？"

"革命时被涂掉了，说是不符合伊斯兰教义。"

啊，霍梅尼，原来是你干的啊。

"哪儿都不剩了吗？"

"菲恩花园里还有一幅王子头像吧。"

于是马上步行前往郊外的菲恩花园。花园好像宫殿一般，比市内的宅邸大得多。水池里有喷泉，很漂亮。但这里也几乎没有壁画，好不容易找到的王子头像的确画得不错，可总觉得缺了些什么。男人还想多看些人像画作，毕竟波斯人本就擅长绘画。

不过这个要求可能有些过分。伊斯兰教是彻底反对偶像崇拜的，连清真寺中都没有真主阿拉、先知穆罕默德和圣徒们的像。只要严格执行穆斯林教义，社会上的一切肖像都会消失。所以宴会、舞女等很不严肃的画像，肯定最先被抹消掉了。

这也不难理解。一个国家遵循自己的主义，异国来的游客也无从置喙。只是，满大街都能看到霍梅尼和拉夫桑贾尼的肖像，这又是怎么回事呢？

光发牢骚也不是个办法，继续向前走吧。德黑兰没什么可看的，卡尚也不行了，那就只能向南走了。南方意味着更加遥远的年代，从伊朗走向真正的波斯王国。

孩提时代，听到伊斯法罕（Esfahan）这个地名，总觉得很好听。要念好这个词，关键是要将"fa"和"ha"这两个音分别发清楚。

这座城市过于漂亮，因而得到了"伊斯法罕半天下"的美誉——"Esfahan nesf-e Jahan"。意思是说看了这个城市，相当于看了半个世界。这句话需要念出声来，才能表现出韵味（刚好日语中的"半"也发作"han"）。

这句话实际上反映的是从乡下进城的游客的心境。从阿富汗一带荒无一物的沙漠一路奔波数十天，好不容易看见这座城市的壮丽景观，心中自然会生出见到半个世界的感慨。在那个时代，伊斯法罕是整个中东最为繁华的都市，这句话可谓当之无愧。

男人认为，城市是一种表演。除了满足居住者的生活需求外，城市中心要有能让来访者感到震撼的壮丽景观。比如巴黎的协和广场，伦敦的白金汉宫门前的广场。至于雅典，当数宪法广场。这种多是在建筑密集的闹市区突然出现的开阔空间。至于东京，相应的区域是从日比谷到大手町一带的皇宫旁的区域，但那一带给人的印象比较分散，缺乏视觉的中心。千鸟渊一侧虽然美丽，但比较散漫。关键还是因为皇宫像个巨大黑洞。在这一点上，有点像柏林的蒂尔加滕公园的大片空白区域。

伊斯法罕市中心也有广场。男人抵达后在酒店放下行李，马上打车前往伊玛目·霍梅尼广场。出租车从宽阔马路驶入狭窄巷子，在最深处停了下来。司机说："前面得请您走过去。"男人心有疑虑地走了 20 米，突然发现自己已经站在了广场的一角。

眼前一下豁然开朗的感觉，很是爽快。长达数百米的狭长广场的中央是草坪，四周铺着石板。草坪上有几处喷泉，透过水花可以看到远处清真寺的圆顶。

广场周围的建筑物的高度几乎一致，这一点很重要。从中可以了解广场设计者的意图：这里是城市的中心，这里是世界的中心。

广场喷泉上方出现了一道淡淡的彩虹。看着彩虹，男人想起在德黑兰和卡尚都曾见到过喷泉。波斯人看来很喜欢喷泉，大概是因为周围都是沙漠，所以水才尤其受欢迎吧。

但这些喷泉是什么时候就有了呢？如今有了电动水泵，喷泉很好造，以前人只能利用水流的自然落差，将高处的河水或是泉水通过密闭的暗渠引过来（也可以在高处建个水槽，利用奴隶或马将水运上去，但考虑到需要耗费的劳力，这种办法太不实用了）。

这种技术虽然很厉害，但伊朗早在两千年前就有了被称为"坎儿井"的地下灌溉系统。最长可达70公里的地下水渠全靠人工挖成，工程十分巨大，伊朗地下实际上已经形成纵横交错的水路。这也使得伊朗可耕种土地的面积扩大，成果显著，进而又促使人们不断改良技术。印度河流域文明的摩亨佐达罗就因拥有完善的排水系统而著称。如果农村灌溉技术发达的话，将之应用到城市，建造排水系统应该不是难事。

走进广场，右侧是巨大的马斯吉德哈基姆清

真寺。这座建筑在伊斯兰世界里堪称奢华至极。虽然在其他地方也见过清真寺，但这座实在是非同寻常。走进昏暗的入口，中间广场里有个四方形的池子，对面是一个洋葱头型的圆顶寺院，其左右延伸的走廊上方也有些小型圆顶。建筑形状很简单，值得一看的是表面瓷砖上的阿拉伯风格装饰图案。除了植物和抽象花纹，还有极度公式化的文字布满整个建筑外表，非常漂亮。

在伊斯兰教的祷告空间里，正面不会有任何祭坛之类的物件，不会让你看到真主阿拉，而是指明其所在方位，除此以外不会做多余的事。神明存在于每个信徒的心中。因此，装饰也会尽可能抽象，让人站在这样图案面前心里就会自动想要祷告。

男人心里突然产生一个奢望——要从这数十万枚瓷砖中选一块据为己有。当然，不是要偷一块带回家，这种傻事不会干，只是选出一枚，在心中偷偷据为己有。今后每隔几年都要排除万难来看它。

为此先要选出一枚。男人花了半小时终于选好了。从正面大圆顶右侧的圆顶下进入寺院内，右侧袖壁最下方有两个并排的图案，其中右边图案最下方从左数的第三块瓷砖。上面绘有不规则的"人"字形图案，还有金色的粗线条（大概是藤蔓吧）和两朵花。这正是男人中意的瓷砖，尤其是蓝色背景很漂亮。

既然选中了，今后还得来，以确保自己对其的所有权。如果也有别人抱着同样想法选中这块砖的话，那男人跟那个人就有了看不见的羁绊，虽然两人可能一辈子也不会见面。

男人在清真寺里待了很久，又回到了广场。心中很是满足，但他清楚自己要找的东西并不在这里。自从在伦敦见到卡尚的那个盘子以来，一直有个东西在牵动着男人的内心。

1998 年春天，大英博物馆举办了伊斯兰细密画展。来自奥斯曼帝国、伊朗萨非王朝、印度莫卧儿帝国等地的画家们的杰作汇聚一堂。那次画展给人的印象极为深刻。印度穆斯林领袖阿迦汗收藏的一百几十幅作品中，萨非王朝的作品最有意思。不过话又说回来，既然那批藏品都是从波斯风格发展而来的，当然还数本家伊朗的最为正宗。

正因为有了那次展览，对于遇到那个卡尚的盘子时的冲击，男人其实早已有了心理准备。那是一种不用透视，画面上挤满各种东西的构图方法。像插画一样，似乎肩负着讲故事的使命（有的画上还有文字说明），但又比插画更具装饰效果。

而且每幅画都很小。在一本普通书封面大小的纸上密密麻麻地画满了东西。当然，这与在两三厘米的象牙或是骆驼骨上绘制服装和毛发纤毫毕现的舞女的微型画不同。但就密密麻麻的画风而言，这种画与清真寺墙上的图案风格相通。在沙漠之国，要对抗沙漠的空虚，只能画出这种填满所有空白的画。现在的伊朗，即使没有当年那样优秀的画作，难道连一幅女人的肖像也没有留下吗？不可能整个国家的画都因为霍梅尼一声令下被抹消了吧。

面向广场的建筑里几乎都是纪念品商店。一群身穿灰色制服、头包着白巾的小学女生聚集在店前。纪念品从高级波斯绒毯到廉价的明信片，应有尽有。

男人边看边逛，什么也没买。看到有家卖食品的店，好像是甜品，于是走了进去，跟着别人买了一个。小塑料杯里装的是冰果露，有着奇妙口味的甜冰露中混有许多细脆干面条一样的东西。口感挺好，但完全不知道吃的是什么。问了人也只知道这叫"faloodeh"。味道的确不错。

再往前走是阿里卡普宫。比广场周围一圈的回廊要高不少，但绝对说不上奢华，比清真寺要朴素很多。进到里面，沿着狭窄陡峭的螺旋状楼梯走上去，来到一个能俯瞰广场的大型露台。据说以前国王就是在这个露台上观看广场上的马球比赛。

在这个露台上，有个美女在等他。她虽然身着宽松长衣，但难以掩盖丰满的体型，身体曲线很美。头向右倾，微微向下的视线严肃而又性感。男人就是冲着这幅画而来，现在终于得到满足，在画前徜徉了许久。

与建造这座王宫几乎同一时期，当时长期旅居波斯的英国人写了部小说《伊斯法罕的哈只巴巴》。主人公是一名波斯理发师，作者通过他的冒险经历描写了当时的波斯社会，像民间故事一般滑稽有趣。

小说中有一个场景：主人公爱慕的美女任娜波

故意让面纱掉下，使主人公能看到她的脸——"再次看到她的脸，比想象中还要美。眼睛大大的，眼珠黑黑的，浅染过的长睫毛黑得发亮。她诱惑的眼神像瞄准目标的箭一般射中了他。"壁画中的女子正是这个姿态。

男人边想着这个故事，边纳闷为什么这幅画没有在伊斯兰革命中被销毁。这可是在伊斯法罕最有名的建筑中最显眼的地方，不可能是被遗忘了。也许是这幅画的力量过于强大，使得想要销毁的人也不敢下手吧。也许有一天，带着灰泥桶和刷子的一帮人来到画前，准备根据伊斯兰教义抹消这幅画，但画中女子过于美丽，最终这帮人败下阵来，沮丧地走了。这幅画不能不让人产生这样的联想。

男人在壁画前足足发了几个小时的呆，然后才心满意足地离开了宫殿。

据说出自波斯国首都波斯波利斯的斯芬克斯浮雕。

长着男人的脸，狮子的身体，老鹰的翅膀。

伊朗篇 II
咬住公牛的狮子
牡牛に噛みつく獅子の図

看过伊斯法罕的美女壁画，男人心满意足。卡尚的盘子上的艺术传统的确流传至今。这个地方的绘画风格让人赏心悦目。

下一站要去更加久远的古代。如今这里虽然叫伊朗，在历史上可是经历过诸多王朝更迭的大波斯帝国，值得一看的名胜古迹不少。

大英博物馆第52展厅中摆满了古代波斯的文物。其中就有据说来自阿契美尼德王朝时期波斯帝国都城波斯波利斯的斯芬克斯。

发白的石头上刻着浅浅的浮雕。细节部分也清晰可辨，锐利的刀法给人以爽快感。雕像平面而符号化，也就是说完全不具有写实性，长着男人的脸、狮子的身体和老鹰的翅膀。因为这种组合，所以为了方便被叫作斯芬克斯，但它与古希腊神话中那个喜欢让人猜谜的女怪物以及埃及的狮身人面像并无直接关系。雕像虽然是侧脸，但眼睛以正面示人的雕刻手法像是埃及风格。这么一想，就觉得这个浮雕受到了古埃及很大的影响。如此说来，波斯雕刻与古埃及一样全是侧面像。

浮雕中的人脸从鼻子往下都是胡子，头上戴的像是王冠。左前足像狗一样抬起，很是可爱。

这是波斯历史上最伟大时期的作品。当时以伊朗高原为中心，从印度到埃及都在波斯帝国的统治之下。他们攻入希腊却铩羽而归，这段历史被古希腊历史学家希罗多德详细记录了下来。他在书中不仅记述了战争，作为背景介绍还用不少篇幅描写了波斯帝国的国情。男人决定去波斯波利斯看看。

那个时期，波斯人似乎将对外宣传工作交给了希腊人。关于当时的波斯帝国，除了希罗多德的《历史》，还有色诺芬的《万人远征记》，都是古希腊人的作品。

　　如今我们只能通过被希罗多德加工后的历史来了解波斯帝国。因此，男人要去的城市名已不再是波斯语的原名"Parsa"，而是希腊语的"Persepolis"，意思是"波斯之城"。

　　波斯波利斯并非波斯帝国唯一的都城，而是继埃克巴坦那、苏撒、巴比伦、帕萨尔加德后的第五个都城。当时王宫冬天设在苏撒，夏天迁到埃克巴坦那，在帝国版图中定期移动。所以并不清楚波斯波利斯到底是个什么性格的城市。甚至直到亚历山大大帝放火烧城时，希腊人才知道这座城市的存在。考虑到当时有很多希腊人在波斯工作，这难免让人感到蹊跷。

　　男人觉得，波斯波利斯这个名字虽不如巴比伦、苏撒那样有着异国韵味，但也不乏魅力。

　　如今的波斯波利斯仅存遗址，并没有人居住。游客只能从附近的设拉子过去，乘车约需 1 个小时。大家都是如此，因此遗迹附近没有旅馆可住。

　　从伊斯法罕前往设拉子的路上，男人遇到一件奇怪的事。巨大的牵引卡车上的货物掉了下来。这个国家的卡车都出奇巨大。可能是因为沙漠地区道路宽阔和笔直的缘故，装货卡车变得越来越大，5轴18轮的拖车成为标配，在道路上呼啸而过。

男人乘坐的车司机是一名中年人，名叫塔黑里。从伊斯法罕出发开了约30分钟，时速已达到120公里。当时紧跟着前面一辆大卡车，想要超车，但对方车辆实在太长，塔黑里一直在寻找时机。这时，从卡车货架上突然有货物掉下来，男人的车惊险地从旁边开过。再往前看，无盖拖车上仅仅搭了一块布的货物已经快向右侧崩塌了。

"太危险了。"

"而且司机还没发现。"

"啊，又掉了。"

又一个不知装满谷物还是肥料抑或是水泥的袋子从车上掉落下来。塔黑里赶紧加速超过卡车，按着喇叭并打手势提醒卡车司机，让卡车停了下来。

塔黑里下车告诉卡车司机货掉了，卡车司机这才下了车，看着卡车货厢和身后的公路，抱着头不知所措。车上的货物已快散架，掉下来的货物在后面路上撒了一地。数十吨的货物必须重新装车，这可不是司机一人能够搞定的。

"都怪仓库的人没有好好装车……"

"谁让你出发前不好好检查呢。"

"怎么办啊?"

"前面有个养鸡场,可以雇人来帮忙。"

"只能这样了,真没辙。"

这个忙只能帮到这儿了,男人的车又重新上路了。

"真危险啊。货掉在路边还好,要是掉在路中间,后面的车会撞上的。"

"太马虎了,这个国家的人啊。"塔黑里用流利的英语批评着自己的同胞,"这儿可同美国那样的国家不同。"

"你在美国待过?"

"我曾经是战斗机飞行员的培训生,想看照片吗?"

他从手套箱中取出一扎老照片,递给了后座的男人。照片上是年轻的塔黑里在美国各地空军基地参加训练的样子,年轻而有活力,充满朝气。

"后来呢?"

其实没有必要问这个,既然他现在是司机,显然没能当上飞行员。

"我当培训生时还是巴列维王朝。霍梅尼发动伊朗革命后，一切都变了。我被赶出空军，做过各种工作，最后当上导游兼司机。人生啊，就是这样无常。"

"你不会想开飞机吗？"

"不时会梦到啊，但都是噩梦，比如着陆前轮子出不来，在空中失去控制，或是被敌机追赶之类的。但醒来后还是觉得开心。想到自己开过飞机，就挺开心的。人就是这么奇怪。"

设拉子是个大城市，可看之处不少，但男人一心要去波斯波利斯，没有在设拉子停留。

波斯波利斯规模之大令人惊叹。男人根据先入为主的印象，本以为波斯波利斯地处广阔沙漠的中央。实际上遗址背靠一座小山，周边绿色也不少。

整个遗址坐落在一个巨大的基座之上，如今大部分建筑已只剩基底，但依然可以想象当年众多建筑鳞次栉比的壮观景象。

一开始完全摸不着东南西北。建筑的基本样式原本是用林立的大石柱撑起广大的空间，但如今只剩石柱堆积在地上，到处都是。它们在强烈的阳光下闪闪发光，留下浓重的影子。鲜艳的色彩早已褪去，只剩下白色的原石。在这里转了一阵，竟感觉有些眩晕。

所有的建筑都很巨大，也很密集。古代来访者在城里怎么也走不到尽头，肯定会为这里的建筑群感到震撼吧。雅典卫城里建筑物分布虽广，但整体上比较均匀，给人以美感。这里却不一样，给人的感觉是大帝国想要通过建筑物的密度来展现自己的强大。

男人还注意到这处遗址没有城墙。在古代，城市是需要优先得到保护的，外敌入侵时可以避守城中，在长期包围战中才能坚持下来。例如，雅典卫城建在悬崖峭壁之上，罗马城曾有好几重城墙。而波斯波利斯地处平地，也没有城墙环绕。

也许是波斯人过于自信了吧，相信没有人能攻打到大帝国的中心。如果这座城市建于波斯帝国最鼎盛时期，国境的确离它很遥远，也难怪波斯人会认为不可能有强敌能攻到这儿。波斯战争结束一百二十年后，亚历山大大帝焚毁了这座城市。根据长期流传的说法，这是亚历山大大帝醉酒后的冲动之举，但最近通过对遗址进行细致调查，发现各个屋内都堆积过可燃物，可见放火焚城是经过精密策划的。其原因众说纷纭，莫衷一是。

帝国总会灭亡。如果波斯人认为到那时候有没有城墙并没有多大区别的话，这也没错。从长远看，所有的城市，不管有没有城墙，最终都会走向灭亡。

如今波斯波利斯剩下的只有柱子。将柱子重新树立起来，也无法还原当年建筑的全貌，幸好低处墙面的浮雕还保存较好。它们是与男人在大英博物馆看到的斯芬克斯像相同样式的浮雕。虽然刻的很浅，但层次分明，多是士兵队列等单调的图案。

通往被称为"阿帕达纳宫"的大型建筑的台阶侧面，雕刻着运送各国贡品的使者队列。整个台阶的墙面被分成二十三块，每块上面刻着一名不同民族的使者带着贡品来朝贡的场景。

使者都手捧装有贵重物品的容器，或是牵引着家畜，在皇帝前恭敬侍立。波斯是统治多个小国（行省）的大帝国，波斯皇帝是至高无上的"诸王之王"。为了表明忠诚，各行省会派使者在新年带着贡品来参见皇帝。这些行省西至如今非洲的利比亚一带，东至印度河河口，北至黑海西岸的色雷斯，南至埃及中部，分布极广。行省拥有一定程度的自治权，是波斯独有的行政机构，首长被称为总督。为了彰显帝国威严，来自各行省的使节团进贡图被刻在了阿帕达纳宫的石阶上。

从某种意义上说，这就像是联合国总部里的世界地图，各成员国一目了然。因此，图案不能光考虑美观，还要有外交上的考量。尽管如此，这些浮雕内容还是很有趣。单说使者牵来的动物，有马、驴、牛、瘤牛、单峰驼、双峰驼、霍加狓、羊和狮子等，多种多样。

换个角度看，这种浮雕也可以说是缺乏诗意。像在大英博物馆中见到的徒有其形的斯芬克斯那样，有神话渊源的图像不是没有。来访者首先要穿过"万国门"，门两侧石柱上也雕刻着跟伦敦一样的斯芬克斯像，但更为立体。不少立柱的顶端是身体像马嘴像鹦鹉的双头动物，希腊人称之为"格里芬"。这类奇形怪状的东西真不少，但背后并没有什么特别的传说。波斯神话给人的印象多是东拼西凑借来的故事。这大概说明波斯人非常务实，缺乏诗意吧。

另一方面，波斯人却喜欢八卦。如果说神话是有关神灵言行的八卦的话，没有神灵的地方就会产生有关王族的八卦，来代替神话起作用。希罗多德写过不少这样的故事。

有一个是关于本是波斯邻国、后来被吞并的吕底亚国国王坎道列斯的故事。坎道列斯非常喜欢炫耀妻子的美貌，甚至想让部下巨吉斯看一看妻子美丽的身体。当然是瞒着妻子的。巨吉斯一再推辞，但经不住坎道列斯坚持，只好躲在国王的卧室。原本打算是偷看王妃脱衣后，趁其背对自己时溜出去，但不小心被王妃发现了。王妃内心充满屈辱感和对丈夫的蔑视。后有一天她叫来巨吉斯，表示你既然看到了我的裸体，那必须做出选择，要么被处决，要么篡夺王位。巨吉斯最终下定决心杀死国王，娶了王妃，建立了新的王朝。

还有一个关于米底王国的故事。米底也是波斯邻国，当时比波斯还要大得多。国王梦见自己的女儿撒尿使整个亚洲洪水泛滥，认为这是一个凶兆，于是将女儿嫁到了当时的小国波斯。在出嫁当晚，国王又梦见女儿阴部长出的葡萄藤覆盖了整个亚洲。

于是国王找人去杀掉女儿刚刚出生的孩子，但杀手没能狠心下手，而是将自己刚刚夭折的孩子的尸体拿给国王交了差。幸存下来的孩子茁壮成长，后来成为波斯国王，也就是日后统一各国建立波斯帝国的居鲁士大帝。

居鲁士统一各国时还有一则逸事。邻国吕底亚的国王克洛索斯想要出兵攻打波斯，在此之前派人去德尔斐（当然是在希腊）请求神谕。神向克洛伊索斯预言道："一个帝国将会灭亡。"

克洛索斯听后为之一振，遂向波斯发起进攻，可最终却失败了。失去一切的他去德尔斐质问为何预言有误，女祭司回答道："神谕只说了一个帝国会灭亡，但没说是波斯帝国。"原来灭亡的是吕底亚。后来居鲁士大帝还建立了波斯帝国。德尔斐的神谕总是充满讽刺意味。

居鲁士大帝的墓就在波斯波利斯附近的帕萨尔加德。由于天色已晚，男人决定第二天再去看。帕萨尔加德距离设拉子有 2 个小时车程，沿途两侧都是低矮山丘，怎么看都只有这条路可以通行。也许从古代开始人就在这条路上往复奔波了吧，国王出行的时候更是前呼后拥的大队列在这条路上行进吧。

但反过来想，在这种地形的国家，如果在山丘背面行进，就可以掩人耳目。对于游击队或是反政府武装来说，这是最好不过的地形。如果各个要冲都设有哨所的话，可以选择昼伏夜出（反正白天也很热），慢慢接近大城市，翻过山丘就能发动突袭，突袭结束翻过山丘逃走就行。这就是阿拉伯的劳伦斯游击战术。

男人并非想要留在伊朗投身反抗哈塔米政权的运动，只是这里的地形太容易让人产生这种联想。如果这里像日本一样人口密集，想躲在山里打游击可不容易。

总的来说，这个国家的人都很亲切，彬彬有礼。德黑兰人还显得比较粗鲁，到了乡下，人们的态度都变得温和了。伊朗人本来就是眼角下垂的长相，给人以温厚的印象，实际接触后也还是这种感觉。

整洁的城市也让人对这个国家印象不错。这要归功于伊朗人喜欢打扫卫生。到哪儿都看到有人在清扫，让人觉得如此干净的街道恐怕再也找不出第二处了。真是不可思议的人们。

男人一般都会喜欢上自己的所到之处，这种性格对旅行者来说不会吃亏。但伊朗这个国家还是让他感觉尤为舒服。低湿度的炎热也让人愉快。坐在车上，打开车窗吹着热风，男人感觉情绪高昂。

接着就到了帕萨尔加德。这片区域散布着诸多小型遗址。各个遗址间虽然步行也可以到达，但坐车还是方便些。这里最让男人心动的还是居鲁士大帝的墓。那个差点被扼杀在摇篮里的婴儿，成为一个神话帝国的缔造者。

墓的造型很简单，六层高的台阶上有一个四方形的石屋，顶上是山形屋檐。作为帝王之墓，规模不大，也并不华美。上面也没有碑文之类的雕刻。

这座墓孤零零地伫立在干涸大地的正中央，任凭风吹日晒，远处可见连绵起伏的沙丘。

大帝国缔造者的帝王墓竟如此简朴，男人很喜欢。他们没有修建金字塔那样的东西，说明波斯人对死看得很淡。男人觉得这种风格更合自己的口味。

这座居鲁士墓本来要更高些，还有专属的祭司每天杀一只羊献祭。这也算得上是一种奢侈（这意味着相关人士每天都可以吃到一只羊）。

居鲁士大帝曾想在帕萨尔加德建一座宫殿，但未能完工。在他之后两代的大流士一世建造的波斯波利斯则规模巨大，汇集了来自帝国广阔疆域的贡品。两千五百年后的今天，走在波斯波利斯的遗址上，人们依然能够感受到它昔日的宏伟。

居鲁士之后，波斯先后经历了冈比西斯二世、大流士一世、薛西斯一世、阿尔塔薛西斯一世等君主的统治，帝国空前繁荣（他们的墓都修在断崖上，位于附近的纳什洛斯坦）。最后波斯帝国被亚历山大大帝所灭。然而，虽然亚历山大帝国版图远大于波斯，但在亚历山大大帝死后却很快烟消云散。当然就文化角度而言，亚历山大帝国在很多地方留下了深刻印记。另外值得一提的是，居鲁士大帝死后两百年，亚历山大大帝曾到过帕萨尔加德，面对居鲁士的遗骸。

男人又返回了波斯波利斯，那里还有他想要好好看一看的东西——遗址里常见的一种雕像。在缺乏神话色彩的波斯，这种雕像能让人联想到神话的背景。

那是狮子咬着公牛腰部的图案。狮子凶狠地露出牙齿，咬住公牛腰部，牛回头露出惊慌的神色。两个动物都睁大了眼睛。图案虽然符号化，却带点幽默的气息，公牛好像在说："别这样，别咬那儿啊！"

同样的图有好几处，男人选了一处，在强烈阳光下坐下来，盯着图看了起来。狮子伸出两只爪子趴在公牛腰身上，牙齿深深地咬进了公牛的腰椎处。狮子左前足肌肉隆起的样子很写实，但那更像是人或是马的肌肉。公牛则完全是图形化的设计，身上布满各种花纹。

在当时，这一带有狮子吗？根据古希腊哲学家亚里士多德的记录，公元前300年时希腊还是有狮子的。事实上，狮子的栖息范围局限于非洲中部是进入20世纪之后的事。直到近代，狮子在中东到印度一带都并非稀有动物。过去猎狮作为王室运动广为人知，备受推崇。狮子没有经过同老虎、棕熊的决斗，就能成为"百兽之王"，正是因为猎狮者是帝王而已。

波斯波利斯的狮子为何要咬住公牛腰部呢？一定是有什么符号学上的意义，有神话作背景。为了搞清楚此事，男人去了博物馆里的书店，找到能解答疑惑的书后又回到了狮子雕像面前。

书上说，在当时波斯的天文学中，狮子是夏季星座，公牛是冬季星座。因此，波斯波利斯在春分时节举行新年仪式时，喜欢使用太阳的夏季吃掉下雨的冬季的图案。也就是说，这是祈祷季节正常轮回的图案。其他说法也有很多。波斯人的神话观念繁杂，吸取了周边民族的很多要素，有些混乱。

这也反映了他们的性格，就是偏爱实用性的文化。他们不是希腊人那样的创造者，而是罗马人那样的整合者。波斯帝国不是高密度的小国，而是松散的辽阔帝国。这里不适用排他性原理，而是需要兼容并蓄。借用今天的国家来打比方，波斯不是法国，而是美国。

男人心想，正是这两种思想的碰撞和竞争，人类才能发展到今天。世界不可能仅靠全球化而发展。公牛不会任由狮子咬，它凭借头顶的一对尖角完全有机会展开反击。

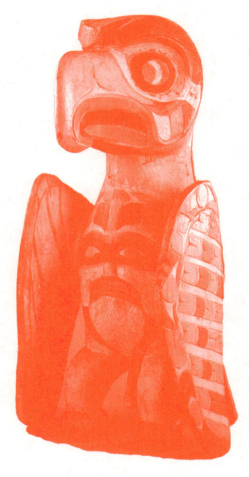

雷鸟木雕。北美原住民的神话主人公之一。
产自加拿大阿勒特贝岛。

加拿大篇 I
在雷鸟的指引下
サンダーバードに導かれて

男人以古代狂自居，以大英博物馆为基点前往世界各地探寻古迹。可是，古代的定义到底是什么呢？不能因为距今时间久远就是古代吧。

男人对于沸沸扬扬的消费主义感到厌烦。消费主义自以为能够代表现当代而自我感觉良好，认为只要是新事物就有价值，充满狭隘和自以为是，同时也过度依赖于现世的利益和现代的技术。

在男人看来，古代意味着反现代。或者说是以岁月为界与现代隔离开的领域，那里远离了今天以欧美的物质主义为中心的文明，以及商品就是一切的社会氛围。

从这个意义上讲，仅仅一百年前的北美西北部地区，就存在着男人所追寻的古代。如今它以雷鸟木雕的形式收藏在大英博物馆中。这里所说的雷鸟英文叫"Thunder bird"，并非日本那种不会飞的松鸡科动物，而是北美原住民的神话主人公之一。它是非常强有力的大鸟，能够在高空纵横翱翔，扇动翅膀就能引起雷声轰鸣，睁开眼睛就能放出耀眼的闪电。

大英博物馆里不仅有古代文明遗产，还有很多文化人类学的珍品。它们曾被收藏在皮卡迪利附近的人类博物馆，后来被转到了大英博物馆主楼里。于是这个雷鸟木雕就来到了大英博物馆的33d展厅。

雷鸟木雕造型简单，颜色艳丽，显示出强烈的艺术表现力，男人一见到它就被吸引了。这座高约1米的雕像里包含着远大于其体积的内涵。作为神话主人公，有关它的传说早在雕像出现之前就已存在，也就是说其内涵先于表象存在。在其诞生的社会比较强盛的时期，较之制作雕像的工匠，赋予雕像内涵的民众力量更为强大。而工匠是在这种集体意志的推动下，创作出了如此有表现力的作品。

　　然而，一旦社会走向衰弱，就没有人再去敦促工匠进行创作。工匠就会因循守旧，机械地生产平庸作品。事实上，埃及的大部分神殿、波斯帝国都城的大量浮雕都是如此。

　　而这只雷鸟却不同寻常。在人们完全信仰神话的力量那个时代，制作者似乎想要通过这只雷鸟将神力完全释放出来——瞪视前方的巨大眼睛，黄色的弯嘴，色彩斑斓的翅膀，腹部的另一张脸。

　　雷鸟是天界众鸟之王，与统帅地面所有动物的渡鸦是不共戴天的死敌。在常常响起惊雷的春天，雷鸟正从家中的冬屋搬到春屋。等待春天到来的人们，或者说想要引来春天的人们，他们的意志充盈着这只鸟的全身。

　　那么，20 世纪初诞生于加拿大太平洋沿岸的这座充满力量的木雕，出现在遥远的大英博物馆的玻璃柜里又算怎么回事呢？在这里，雷鸟无法唤来春天，也不能同渡鸦战斗。这只鸟在这里已经失去了生命力，只能成为摆设，接受游客的冷眼旁观。这里充满了博物馆里常有的失落和伤感。

　　博物馆里陈列两千年前的文物尚可理解，因为其作者和信众早已不在人世。然而，诞生不到百年的东西为何要被剥夺原有的功能，像木乃伊般地被展示出来呢？它的故土是什么样子的？制作它的人们又怎样了呢？

这只雷鸟虽然充满原始的力量，但其诞生的时代距今并不久远。男人心想，也许还来得及解开这些疑问。它的故乡在加拿大太平洋一侧的不列颠哥伦比亚省的阿勒特贝岛，去那里看看吧。

阿勒特贝是加拿大本土和温哥华岛之间的一个小岛。经常容易混淆的是，不列颠哥伦比亚省的温哥华在本土，从海岸处往北方延伸 400 多公里长的细长岛屿才是温哥华岛，它与本土之间还有无数的小岛，其中之一就是阿勒特贝湾的科莫兰特（Cormorant）岛，这座岛也叫阿勒特贝岛。顺便说一句，Cormorant 是鸬鹚的意思。

男人在温哥华机场落地后，决定自己租车前往阿勒特贝岛。首先需要坐渡轮登上温哥华岛，然后驱车北上 300 公里，再坐渡轮才能到达阿勒特贝岛。

在温哥华机场就有意外发现。下了飞机，男人担心衣服不够，想找商店买件绒衣。到达的那一层显然是没有商店的，男人坐电梯来到出发层，首先映入眼帘的是一艘大船。男人立刻被吸引了。

船是深绿色的青铜雕刻，长六米，高两米多。从船头到船尾挤满了乘客，像是从遇难的大船上放下来的救生艇。

这艘船显示出强烈的造型力量。虽然材质、颜色和尺寸都不同，但样式与大英博物馆里的雷鸟木雕很相像。其内在似乎有股力量要破船而出，挤得青铜表层几乎要变形。

船上的乘客都是原住民神话中的角色，包括：1. 渡鸦、2. 灰熊一家（公熊和两只幼熊，熊妻是人）、3. 鹰、4. 狼、5. 蛙、6. 鼠女、7. 角鲨女、8. 海狸、9. 一脸不情愿的士兵、10. 首领。

它们有的握着桨，有的掌着舵。仔细看，可以发现彼此关系并不融洽。鹰咬着熊的脚，狼咬着鹰的翅膀。熊和渡鸦分别在船头和船尾，据说也是因为它俩关系不好（某一天，熊去钓大比目鱼，渡鸦告诉熊把睾丸放水里能吸引鱼来，熊听信了，结果睾丸被鱼咬伤，从此对渡鸦怀恨在心）。

到底是出现了怎样的紧急事态，才能使相互憎恶的熊和渡鸦同舟共济？事态的严重性也表现在首领紧张的神情上，他的名字叫"他是谁"，为了应对紧急事态已经顾不上自己是谁了，是个神话般的领袖。

这座雕塑的名字是"海达瓜依的精神"。

"海达瓜依"是海达族的语言，意思是"人类的岛屿"。男人这时想起，日本阿伊奴族管自己居住的地方叫"Ainu Moshiri"，意思是"安静的人类大地"。在西方文明的冲击下，陷入危机的不正是这种"海达瓜依的精神"吗？雕塑作者叫比尔·瑞德，是著名的原住民雕刻家、金属手工艺人，他的母亲是海达族人。他早年曾任播音员，在加拿大广播中专门朗诵诗歌。

男人绕着这座雕塑转了好几圈，足足看了一个小时，然后在机场书店买了书，了解到了这些知识。遗憾的是，比尔·瑞德前些年已经去世了。

男人租了车，在温哥华过了一夜，第二天早上登上了 8 点半的渡轮，前往温哥华岛的纳奈莫。这是艘能装载数百辆汽车的大型渡轮，这种大小的渡轮每天好几次往返于这条航线上。在岛屿众多的不列颠哥伦比亚省，渡轮和高速公路一样是不可或缺的交通手段。

两个小时后抵达了纳奈莫。男人驾车穿过小城，一路向北。恰逢周日上午，出门游玩的车辆不少，一路超过不少房车和拉着快艇的拖车。但车流也就持续到中途城市坎贝尔里弗，再往前车明显减少了。

道路很宽，有适度的坡度和弯道，路边的超车标识明显，开车很舒适。路两边都是枞树、杉树等针叶林。别说村庄，连人家都没有。后来路上连房车也不见了，只有运输木材的巨大卡车开过。

按照以前的称呼，这里的原住民叫"印第安人"。据说最早登陆北美的哥伦布以为到了印度，所以管当地土著叫印度人。印第安人并非只有西部片中的反派角色阿帕奇族和苏族，而是广泛分布于从佛罗里达到阿拉斯加的北美全境，中美和南美洲的印第安人在广义上讲也属于同一种族。追根溯源的话，印第安人的祖先是从亚洲大陆越过白令峡谷

（如今的白令海峡）来到美洲新大陆的先驱者，与日本人同属蒙古人种。

　　原来北美原住民就是住在这样的地方啊，男人边开车边感叹道。看到这里的森林，就不难理解他们用一整株大树雕刻制作图腾柱这一行为了。这里虽然没有岩石，木材却要多少有多少。食物能从海洋中获取，可以猎食的动物应该也不少。

　　下午 4 点抵达了麦克尼尔港，从这里可以乘渡轮去阿勒特贝岛。港口贴着珍宝蟹的禁渔海域和禁捕尺寸的详细说明。需要做出限制，那一定是因为如果不设限就会被胡乱捕光，也就是说一定很美味吧。男人打算找机会品尝一次。

　　男人乘上了 5 点半启航的渡轮，这艘船只能装20 辆车，全程只要 30 分钟。

　　阿勒特贝岛也叫科莫兰特岛，是一座长约 5 公里的细长弓形岛屿。整座岛围成一个海湾，虽然不大，但因为同对岸距离很近，海湾几乎被完全包围，成为一个天然避风良港。因此比起科莫兰特岛，"阿勒特贝"（原文为 Alert Bay，意为阿勒特湾）

这个海湾的名字更广为人知。这里适合以渔业为生的人居住，因而成为夸扣特尔族（北美西北部印第安人的一个分支）的文化中心。大英博物馆里的雷鸟木雕就是出自这里人之手。

男人去旅馆的路上经过一处墓地，墓地里立着几根图腾柱，恰逢夕阳西下，夕照下的图腾柱显得十分美丽。男人下了车走近观赏。

图腾柱可以分为三种类型，一种是立在家门口显示家族渊源，另一种是在柱顶装载着棺木作为墓碑，还有一种是为了彰显个人事迹。这里虽然是墓地，但柱顶并没有放置棺木，更像是追忆故人的纪念柱。

重要的是，柱子上从上到下刻画的各种神话动物，不同组合有着不同的含义。例如，这里最高的柱子从上往下依次是雷鸟（没有翅膀）、双头蛇、持枪战士、逆戟鲸和海怪。位于最上面的就是这家的图腾象征。因此，这根图腾柱的主人克朗玛家的图腾就是雷鸟。而雷鸟下面的动物的含义，只有当事人自己才明白。

图腾柱本身是有寿命的，其倒下之时就是寿命结束之日。这时就会再立一个新的图腾柱。由于图腾柱即便腐朽也没关系，这处墓地的图腾柱上也没有任何经过修缮的痕迹。11号柱子上雷鸟的耳朵和角都脱落了，却依然立在那里。

男人坐了下来，在夕阳中陷入沉思。图腾柱并非所谓的艺术作品，可以说是具有功能性的一种道具或是装置，因此它是可以更换的。它的制作者也不是艺术家，而是工匠。所以它也不需要有独创性或者个性，只要能忠实体现表象特征就行了。

虽说如此，图腾柱也不是有史以来就有的。总得有人制作出最早的一根稚嫩的柱子，后人再进行改良加工，越做越大，逐渐进化成了现在的样子。也就是说，如果没有许多人的创造性参与，图腾柱是不会来到世上的。

那么参与创作的人，即便终身没有名气，也不能被称为艺术家吗？即使以当时的评价体系，他们没能得到名垂青史的机会，但他们没有满足于制作与前人一样的东西，而是通过自己的专研超越了传统，不是吗？在此延长线上，才有了创作出"海达瓜依的精神"的比尔·瑞德。他虽然看起来像是赶上了现代社会的传播效应成名了，但在此之前，他作为金属工艺品和雕塑的工匠经历了长期的历练，也制作过图腾柱。

能否青史留名并不是问题的关键，没有什么作品可以永久流传。但只要它曾在世上出现、能被人欣赏，就足以令作者感到骄傲。仅此而已。

男人当晚在镇子上的餐馆吃了顿很平常的晚饭，住进了小木屋风格的旅馆。作为依靠渔业为生的岛屿，餐馆里居然没有海鲜类食物。

第二天上午，先去走了走观光步道。加拿大是个对旅游观光者很热心的国家，阿勒特贝岛上的旅游咨询站里备有无数的导游手册。接受咨询的年轻姑娘十分热情，问一答十。

这个岛给外来游客提供的娱乐之一就是观看以前采伐业遗址的观光步道，在长约 3 公里的路线上准备了多个观光点，并编上号码，游客可以对照手头的导游手册边走边看，了解以前森林的生态和林业工人的辛劳。

男人走过林间铺满青苔的小道，进入了森林。

针叶林的地面只生长有蕨类植物，动物很少，显得很空旷。这与热闹的阔叶林形成鲜明反差。

第 13 号观光点有一棵倒在地上的大树。导游手册上写道："好不容易手工锯倒的树木为何弃置不要呢？答案在其截面上。原来树心里有个外面看不见的大空洞，所以即使运出去也卖不出价钱。"原来如此，人生也有努力却得不到收获的时候啊。

下午，男人去了岛上的博物馆。说实话，去之前并没有抱什么期望。这里出产的文物已经进入大英博物馆，在当地多半不会留下什么稀罕东西。而且这座岛上缺乏生气。作为夸扣特尔族曾经的活动中心，这里显得有些静悄悄的。男人心想，估计馆藏文物也就是以前原住民家里留下的用具之类的。

但是，这个名叫"U'mista 文化中心"的博物馆却非同一般。里面的面具藏品令人震撼。众多孔武有力的人和动物的面具并排陈列着。它们与伦敦博物馆里的雷鸟木雕属于同一样式，但显得更加精致、浓密和亲切，表现力更强。他们虽然被囚于博物馆里，但依然栩栩如生。与它们相比，那座雷鸟木雕都只像是个死去的纪念碑。

如今面具虽然被挂在墙上，但毫无疑问它们曾经在歌舞戏剧中大显身手，上面的余温似乎现在都能感受得到。以前到底是在什么场合才会佩戴这样的面具跳舞呢？

男人向门口卖票的女子问道："请问哪里有详细介绍这里藏品的书籍或手册卖？我是在伦敦看到雷鸟木雕后来的这里。"

对方看出来男人是个认真的游客。

"伦敦的雷鸟可是被盗走的，我们一直在要求他们还回来。介绍这里藏品的书倒是有，但现在海兹修女刚好在这儿，她什么都知道，你可以先去问问她。"

海兹修女正在里屋喝茶，看上去年届七旬，是一位蒙古人种长相的举止优雅的老人。男人被带到她跟前，做过介绍后，自己解释说是被伦敦的雷鸟所吸引来到这儿。

"这里的面具藏品很震撼，从中似乎能感受到以前人的意志，真是很了不起。"

海兹修女操着平缓的英语说："那是 Potlatch

（夸富宴）时用的面具。您知道'Potlatch'的这个词吗？"

"听说过。指的是原住民举行的互相馈赠礼品的宴会吗？"

"Potlatch 曾经是我们社会的基础，是确定我们种族的身份、亲缘关系、出身的仪式。我们在继承先祖的姓名、登记所属阶层、结婚和给孩子命名时，都会举办 Potlatch，通过跳舞、演讲和赠送礼物来得到在场人们的认可。这是我们过去的通行做法，社会由此得以维持。"

"这好像日本的传统婚礼。新婚夫妇邀请客人参加婚礼，提供餐饮，还会赠送纪念品。通过这种做法，让结婚得到社会的承认。"

"是这样的。有人说 Potlatch 就是铺张浪费互赠礼物导致财产散尽，或是为了虚荣的炫富之举，实际上并非如此。它是为了维持社会稳定需要付出的成本，对我们来说是最快乐的节日。可是，1884 年白人政府对此下了禁令，认为 Potlatch 是过时的不合理的仪式，并且将主办者抓进了监狱，将没收的面具、服装、道具都送进了博物馆。"

"所以那些面具就是在 Potlatch 上使用过的吗？"

"当然。对我们来说，神话非常重要，是生存的基本架构。每个家族都有自己的神话。神话首先表现在图腾柱上，其次就是通过 Potlatch 的假面舞蹈表演出来。这些面具中，有些能从中间分开，变出另外一副面孔。我们的神话中关于变身的故事很多，通过面具的变化可以将其展现出来。"

"日本也有类似的表演，有一种叫作'文乐'的人偶剧的面具也能变化，比如从温柔女性的脸一下变成头上长角、眼角上吊、嘴巴裂开的女鬼。"

"但日本没有依靠神话故事而生的家族吧。在这里，神话本身就是一个家族的历史。"

"为什么白人政府要禁止 Potlatch？"

"他们想表现自己的优越性。意思是你们赶紧抛弃这些野蛮的习俗，成为西方化的人吧。"

"所以 Potlatch 就消失了？"

"没有，我们偷偷延续了下来。风雪之夜，白人警官都缩在巡逻船里不出来时，我们就聚集在这座岛上举办 Potlatch。这是为了不让孩子们忘记。到了 1951 年，Potlatch 禁令终于被撤销，可我们的种族社会本身已经非常孱弱，不能再像以前一样举办大型 Potlatch 了。现在虽然也有 Potlatch，但次数很少，规模也很小。"

"那些面具呢？"

"感觉这样下去面具会慢慢一个都剩不下来，所以有人提议建立这个博物馆，把现在还在的都收藏起来。原以为都已丢失得差不多了，没想到跟大家一说，收集到了这么多。"

"原来大家都悄悄藏在家里的吧。"

"是的。这个博物馆叫'U'mista'，意思是'好东西的重逢'。"

男人听到这里，向海兹修女道了谢，又欣赏了一遍面具后，才离开了博物馆。

男人不想再去餐馆吃晚饭了。幸好旅馆房间里有一个小厨房，海边栈桥处也有一家卖海鲜的小店。

男人到店里买了带壳的牡蛎、贻贝，还有一直惦记的珍宝蟹。回到旅馆，牡蛎小心剥去壳生吃，贻贝用蒸的，螃蟹活煮着吃，每种都是仅仅加点盐就已经足够美味。

　　填饱肚子，男人又陷入了思考。人类居住的地方都有文化，但文明只在以都市为中心的地区集中分布。而且，中央的文明往往会压迫地方的文化，想要让其他地方变得与自己一样。禁止 Potlatch，就好像日本禁止阿伊奴族捕捞三文鱼一样，剥夺了一直以三文鱼为中心的阿伊奴族文化传统。日本政府虽然认定他们为少数民族，但不承认他们原住民的权利，也没有打算返还给他们在河川里捕捞三文鱼的权利。看来日本比加拿大要落后几十年。

　　男人以大英博物馆为基点的旅行，已经涉足了好几个消亡的文明。文明消亡了，就只剩下遗址。而文化却会随着环境的改变而演变，与当地的人们共存下去。在文明和文化之间，男人决定还是要站在文化的一边，从文化的角度来观察文明。

　　看来今晚的梦里要出现许多面具了。男人心怀期待地进入了梦乡。

加拿大夏洛特皇后群岛。用一整株红杉木雕刻出的图腾柱。
立在大英博物馆东侧的楼梯间。

加拿大篇 II
屹立不倒的图腾柱
まだ立っているトーテムポール

大英博物馆里最大的一件藏品，由于个头太高，没有展厅能够放得下，只能立在东侧的楼梯间中央。那是一根 11 米高的图腾柱，来自加拿大太平洋沿岸最北端——临近阿拉斯加的夏洛特皇后群岛。

图腾柱安放在东侧楼梯井中央，楼梯绕着它盘旋而下。在楼梯高处，能看到图腾柱最顶端的"执杖首领，或是年轻的神话英雄"。顺着楼梯往下走，能从正面看到柱身上的"神话动物、海熊，以及断喙的渡鸦"。

图腾柱的材质是红杉，由一整棵树雕刻而成。这棵树真是气派，男人第一眼看到时就发出了感叹。一棵树的量感与石头是不同的。石头无论想要多大都能取到，唯一的问题只是运输而已。而木头的大小从一开始就是有限的。石头是严丝合缝的，而木头则是由内向外生发出来的。与无机的石头不同，木头是有生命力的。正因为此，巨木能够唤起人们的敬畏之情。

男人被雷鸟木雕所吸引，从伦敦来到加拿大。他想起大英博物馆里的图腾柱，于是由阿勒特贝岛出发，前往北边的夏洛特皇后群岛，想去看看那根图腾柱的故乡。

那只"断喙的渡鸦"到底有何缘由呢？在加拿大太平洋沿岸的原住民神话中，渡鸦虽然是造物主，但也有弱点。比如它不能确保充足的食物来源，总是饿着肚子。

有一天，渡鸦为了觅食潜入海里，发现海底有个村庄。那里的人们以钓大比目鱼为生。于是等到村民的鱼刚上钩，渡鸦就冲上去夺走了刚咬钩的鱼。村民们一怒之下，又另外布置了一个钩。渡鸦咬钩后针深深扎进嘴里，没办法它只好折断嘴的上半部分，匆忙逃走。这个传说多少有些滑稽。

夏洛特皇后群岛的莫尔斯比岛上有一个幽静的村庄，桑兹皮特。海滩上空白头鹰在翱翔，针叶林高耸入云，海面平静如镜。海岸道路上几乎没有车辆行驶。这里本来木材业发达，后来在自然保护团体的压力下，木材公司不得不缩小了产业规模。村里人说，村庄是因此才变得这么安静的。

走在海滩上，脚边出现一具大鱼的骨架。肉已被吃得精光，只剩下鱼骨。这条鱼估计有 1 米长，也许是大比目鱼。原来这片海里有这么大的鱼啊，男人将目光投向毫无生气的灰色海面。

男人在村子里也问到了图腾柱的情况，说是既有立了百年一直未倒的，也有倒下腐朽的，但距离村庄都很远。据说查托尔和宁斯丁茨能看到依然立着的图腾柱，但两地都没有人居住，且距离村庄分别有 50 公里和 130 公里远。

"怎样才能到那里？有路吗？"

旅游咨询站的女工作人员笑着答道："没有路哦，去查托尔最好办法是海上皮划艇。"

皮划艇？往返可要上百公里啊。以前虽然划过

几次，最远也就一天往返 20 公里的路程。上百公
里的距离多少有点儿没把握，但世上无难事，只怕
有心人。

"能雇到向导吗？"

"有很多啊，如要让我推荐的话，当然是达伦
了。他绝对信得过。"

"我想见见他。"男人想都没想就脱口而出。

一个小时后，男人在入住的民宿房间里见到了
达伦。他大约 30 岁，对户外运动很在行，又沉默
寡言，让人感觉诚实可靠。男人提出自己想去看图
腾柱，但对驾乘皮划艇又没把握。

"没问题。我们可以划双人艇去，往返要两天。
在那边可以露营过夜。"

"即便是双人艇，我一天也划不了 50 公里啊。"

"我们也不是为了去划艇，可以偷个懒，把皮
划艇装在车上，开车走一段，这样往返只要划 50
公里。"

男人觉得这样似乎可行。双人艇速度要快些，
自己虽然臂力比不上达伦，但也不至于拖后腿。

"还有一处叫宁斯丁茨的地方呢？"

"坐皮划艇也能去，但路途太长，浪费时间。如果乘坐佐迪亚克的话，快则三天，慢则四天，路上还有不少可看的。"

"佐迪亚克指的是那种橡皮艇？"

"对。是最适合这样的多岛海域的交通工具。因为都是内海没有波浪，速度也快，在没有栈桥码头的地方也能登陆。"

第二天，男人和达伦将皮划艇装在四驱越野车顶上出发了。达伦非常熟练地做好了各项准备，露营用具也都装上了车。一大早从住处出发，一小时后就到达了一条名叫"爱哭鬼威利的小河"的河流入海口处。从这里开始就要划艇了。

说是海，实际上是能看到对岸的一道狭窄的海峡。从车上卸下皮划艇，将艇前半段推进水里，再搬上装备。皮划艇看着小，实际上能装不少东西。双人艇的容积相当于一辆小型轿车，装露营一晚的用具绰绰有余。

坐上久违的皮划艇很舒服。从手臂、肩膀到腰背，感觉肌肉都在吱嘎作响。为了使身体稳定在艇上，大腿和小腿肚上的肌肉也要发挥作用。男人与达伦划桨速度相当，但出的力气估计只有达伦的一半吧。

　　除了船桨划水的声音，周围一片静谧。水面如镜，无风，无浪。海峡两岸是陡峭的斜坡，长满针叶林，一直生长到水边。远处不时传来鸟鸣声。空中挂着薄薄的云。两人单调地右、左、右、左地划着桨，随着每次动作都能感到皮划艇轻巧地向前滑动，感觉非常痛快。

　　"这一带有熊吗？"男人回头问达伦。

　　"有啊。到了大马哈鱼溯流而上的季节，熊就会到河口来捉鱼吃。现在熊大概在山里吧。"

　　傍晚，正开始感到疲惫的时候，两人抵达了查托尔岛的村庄遗址。所幸刚好碰上涨潮，艇直接驶上了浅滩，两人将艇拖上岸，行李卸到更里面的平地上。看来明天离开时也要趁着涨潮才好。

　　"现在去看图腾柱吗？"

　　"嗯，去吧。"男人有些迫不及待了。

　　两人沿着斜坡 Z 字形攀登了 15 分钟，在杉柏树林中看到一根图腾柱。由于四周都是大树，这根图腾柱似乎故意隐身其中，或者说这些树木似乎是在守护着图腾柱。柱子表面已经严重腐朽，上面雕刻的大型动物却清晰可辨。在傍晚昏暗的光线下，图腾柱显得十分坚毅。

想到这根巨大的圆柱上留有人的手工痕迹，让人感觉既亲切，又失落。这根图腾柱的诞生离不开人，制作这根图腾柱时工匠的腕力、刻刀的角度、刻画神话动物的想象力，藏在这根木头背后，那一个一个鲜活的人的存在感此时强烈地凸显出来。似乎有无数的幽灵在这里游荡。准备木材的人，负责雕刻的人，将其树立在这里的人。定做图腾柱的主人一家，以及赶来庆贺的村民们。这正是人类的营生。

"这附近应该有过一户人家。"达伦说，"这家人远离村落，所以也有人说是巫师的家。"

"这里从什么时候开始没人住的？"

"19 世纪 50 年代。从那时起，这里人口急剧减少，大家都搬走了。"

"人口为什么会减少？"

"不清楚。有个说法是同白人接触带来了疾病。

也许还有其他原因。不过，这种靠狩猎和捕鱼为生的集体不像农耕民族能在一片土地上扎根，放弃一片村落的情况并不少见。"

男人登上斜坡，在能从正面看到图腾柱顶端的地方坐了下来。从大英博物馆开始的旅行中，男人看了很多遗迹，这里是最新的一处，距今才一百多年。历史虽然并不悠久，但不知为何，男人觉得这才是人类文化的基本形态。其他遗迹都太大了。所谓古代文明，往往倾向于炫耀当时财富的积累，这与如今社会热衷于建造巨型建筑物很像。这难免让人感到空虚。而从这个图腾柱上，能感受到一个普通人的腕力和思想，这才反映了人类的实际生活。这就像是一张床，人虽离去，余温犹在。

男人看完图腾柱，回到停靠皮划艇的地方。达伦在稍高处支起帐篷，然后在一旁开始准备晚餐。男人一边帮忙，一边还在想着以前在这里生活的人们。

晚餐是牛排和薯饼，还有很多卷心菜沙拉和面包，以及一瓶葡萄酒。

"以前这里住的是什么人？"男人问道。

"海达族。"达伦说。

"他们吃什么？"

"鱼。大马哈鱼、鲱鱼、大比目鱼，还有各种贝类、螃蟹、海豹。再往北去，还有人捕鲸吃。"

"这个海里有这么多种鱼？"

"有啊。你会看到的。"

当晚在睡袋中，男人做了很多梦。许多海达族人在男人脑中走来走去，修建房屋，捕鱼，养育孩子，立图腾柱。他们像幽灵一样若隐若现，但非常热闹。男人一直看着他们的一举一动，睡得很浅。

下一个目的地宁斯丁茨在很远的南方。第二天，两人划皮划艇回到桑兹皮特，在镇上过了一夜，次日白天又出发了。这次是先驱车20公里到一个叫作莫尔兹比的地方，从那里开始乘橡皮艇。同行的还有几个乘客，好像是美国来的户外运动爱好者。

佐迪亚克是一种大型橡皮艇的品牌。虽然是橡胶材质，但做工坚固，船底硬实，配备有60马力的舷外机和喷射引擎，艇上有1个驾驶席和7个乘客座位，时速能达到 20 海里，也能驶入任何浅滩。但由于没有船舱，风吹在身上很冷。乘客都要穿上带风帽的厚橡胶防水外套。

即便这样，还是很冷。气温应该不低于 10 度，但天空阴沉，不时还有雨点飘落。船行驶时风雨直接打在脸上，脸都冻僵了。无风状态下以 20 海里的时速行驶，吹在脸上的风速也超过了每秒 10 米。后来雨越下越大，雨点无情地打在脸上，真是很疼。

夏洛特皇后群岛是由两个大岛和无数小岛组成的密集型群岛。佐迪亚克很适合在这些岛屿间的狭窄水路上航行。海岸是陡峭的山坡，被针叶林所覆盖，完全没有人的踪迹。水道的岔路看着哪儿都一样，达伦却分得很清楚，熟门熟路地驾艇前行。

途中在浮动营地上休息用餐。所谓浮动营地，就是用数根如图腾柱一般的巨木绑在一起做成木筏，上面建一间屋子，然后将其拴在紧靠岸边的水上，屋里可以过夜。由于地处四面被岛屿环绕的峡湾深处，不用担心会有大浪。周围一片静谧。

午餐后再次上路，下午 5 点抵达宿营地玫瑰港。

这里以前是捕鲸的基地。由于位于海湾深处，基本上与外洋的风浪隔绝。如今虽只有一间木屋旅馆，但据说附近还有几户在此定居的人家。

木屋由一位名叫苏珊的女子管理，她手脚麻利，单是看她干活心情就很好。她看起来从不会忙忙慌慌的，而是用最少的劳动力达到目的，而且善于让身边的客人帮忙（反正大家到这里都闲着没事）。她说自己前半辈子是在纽约度过的，真有些让人难以置信。

晚餐很豪华。有煎鱼，配的蔬菜很丰富，还有足量的沙拉和两种甜点。这里远离超市，竟然能做出如此丰盛的晚餐，令人佩服。

问了才知道，食材多数取自当地。鱼是她昨天去海里钓来的两尾大比目鱼（有 1 米长）。蔬菜和香草是田里种的。难怪，点了薄荷茶后发现壶里放了一把鲜薄荷叶（而不是干叶）。原来是她刚去田里摘的。这么新鲜的食材怎能不美味呢。

第二天一早，男人和达伦出发前往宁斯丁茨。

"很近的。其实宁斯丁茨这个地名有误，真名应该叫斯堪瓜依。意思是'大哭的女人'。"

"为什么？"

"大浪通过这前面的暗礁缝隙的时候，会发出女人大声哭喊的声音。宁斯丁茨只是那里首领的名字，因为他很有名，所以被误认为是地名了。"

"他为什么有名？"

"因为好战。从附近的岛屿到本土大陆，他挑起过不少争端。"

"这可真够呛。"

"但他应该的确很有能力吧。宁斯丁茨的意思是'一个顶俩'，他就是这么厉害。"

乘坐佐迪亚克15分钟就到了宁斯丁茨。又往前开了一会儿，随着船驶入静静的港湾，岛屿越来越近，能看到沙滩上立着几根图腾柱，都不算很高。

"这里的柱子是墓葬柱，都不高，上面本来安放有棺木。"

达伦关了发动机，任艇漂在水面上。海面完全静止，港湾一片宁静。来到夏洛特皇后群岛，男人一直为这里的静谧感到不可思议。不管到哪里，都极其安静。可能世界本来就是应该如此安静吧。在发动机和扩音器发明前，应该只有鸟鸣声、波浪声和风吹过枝头的声响，最多不时还有点人声吧。人们已经忘却了世界本应有的宁静。

在艇上远眺了一阵岸上的图腾柱后，达伦重新启动发动机，驾艇慢慢驶出港湾。

"这里的海滩是禁止登陆的，我们绕到后面去。"

橡皮艇开到岛的背面，在岸边拴好艇后，两人上了岛。走到图腾柱所在的地方只用了 5 分钟。

这里与查托尔不同，以前海滩边有很多人家，图腾柱作为墓碑立在那些房子前。可以想见，当年船从这里出航前，大家会一起到岸边送行，船回来的时候，也会一起出来迎接。这里的房子由粗大的房梁和柱子搭建，上面也有雕刻。如今房子已经不复存在，但当年的景象不难想象。

"这里是冬天的村子。"达伦说，"夏天人们会散去各地，各自生活，到了冬天再回到这里过集体生活。当然，这片土地主要还是带有灵场的性质。能葬在那些图腾柱上的都是十分优秀的首领。大家相信，他们的灵力在死后仍能统治这里。"

男人和达伦一起在附近转了会儿。最后的村民已经在一百三十年前离开这里，可如今似乎仍有人的气息，也许是从图腾柱里散发出来的吧。如果是冷冰冰的石材，人的气息是留存不住的。木材却不同，只要木头上有过人的手工痕迹，人的气息就会一直存在。男人有种不可思议的感觉，好像一直有幽灵从远处看着自己。

"冬天大家一起生活，节庆也都放在冬天，包括 Potlatch。他们吃着夏天储备的粮食，互相串门社交，因为每家的房子都很大。"

的确如此，这里木材取之不尽。周围都是粗大的树木。只要肯动手，多大的房子都能造。温暖而牢固的木屋可以抵挡冬日的严寒。

他们的生活看来不错，这里曾经是一个稳定而又有丰富想象力的小社会。因此他们创造出了这么多的神话故事。

至于大英博物馆里的那根图腾柱，失去半个嘴的渡鸦后来怎样了呢？

渡鸦将自己缺了一半的嘴隐藏起来，来到想要抓捕他的男人家里。趁人不注意找到自己丢失的半个嘴，装了回去，然后从屋顶的烟囱逃走了。可它还是很饿，于是化身为位高权重的首领，重新回到抓他的人家，混在人群中饱餐了一顿。那根图腾柱上方的"执杖首领"描绘的就是它的样子。

这个传说正是诞生于这里的漫长冬夜，经过不断加工完善，后来成为一个家族的固有神话传说，成为这家人的图腾吧。那真是一个文学性丰富得惊人的社会。男人站在宁斯丁茨的海边，想象着当年这里的舒适生活。

男人决定再去夏洛特皇后群岛的南端转转。天空依然阴沉，时而飘落雨点，时而又露出一缕阳光。

"我带你去看看这里的海有多么富饶。"达伦提议道。

实际上，两人已经见到了不少动物。刚才发动橡皮艇时，海獭在水里露了下脸。宽阔的海面上有各种海鸟在飞翔。海鸥并不稀罕，但海雀可不常见。

"看，那是海鹦鹉。"达伦指着一只长着滑稽大嘴的鸟说。

"那就是海鹦鹉啊，我还是第一次见到。"

"日本没有吗？"

"日本北部有。日语中叫角目鸟，但阿伊奴族语中的 Etupirka 更为有名。"

"阿伊奴族？"

"日本北方的原住民。他们虽然没有图腾柱，但制作小手工艺品，上面的图案与这里原住民用到的图案很相似。他们之间原本就是有亲缘关系的。"

前方起了雾，不算浓，像是云低垂到了海面上。

穿过雾，发现前方的岩礁上居然趴着几十只海狮。

"这是一夫多妻的一家子。体型最大的那只是雄性，其他都是雌性。"达伦介绍道。

"这么多大型动物，需要很多食物吧。"

"海里都是鱼。人、兽、鸟都吃鱼，大鱼吃小鱼小虾，小鱼小虾吃浮游生物。这个海里的生命生生不息。"

达伦的口气好像是在炫耀自家庭院。

男人真正见识到厉害的家伙，是在第二天返程途中。橡皮艇载着乘客驶出玫瑰港，达伦加足马力快速航行途中，突然看着远处海面喊道："鲸鱼！"

然后改变航向朝其开去。

两三公里远的海面上有数只座头鲸，尾巴拍打着水面，浪花四溅。

"那儿有一群鲱鱼，"达伦说，"正吃磷虾吃得起劲。"

鲸鱼们朝着鲱鱼不慌不忙地游过去，虽然身体在海面下看不清，但可以想象它们正张着大嘴吞食鲱鱼。这时大家才发现，橡皮艇左右都是鲸鱼，大大小小一家子共有十几头。

一头鲸鱼的背露出海面，缓缓地转了一圈后隐入水下。然后尾巴又现出水面，悠悠然划出一道弧线，一个水花都没有溅起又没进水中。尾巴内侧的白色斑纹一闪而过。没有发出任何声音。如此巨大的动物竟然能如此优雅而又安静地活动，男人在扑面的冰雨中暗暗发出赞叹。

达伦关掉发动机，除了鲸鱼不时喷水发出的"呼——"的爆破音之外，海上一片宁静。

这里的鲸鱼每年往返于这片海域和夏威夷周边的南方海域之间。在南方，它们只进行交尾、生育和育儿，并不摄食。而这片看似没有生气的灰色海域，才是鲸鱼们补充养分的宝库。可见这片大海是多么的丰饶。

男人披着橡胶雨衣坐在橡皮艇里，眼前仿佛浮现出一个巨大的食物链。冰冷的海里先是出现浮游植物，然后以植物为生的浮游动物逐渐增多，它们又养活了磷虾、鲱鱼、鲑鱼、比目鱼和鳕鱼，而水獭、海狮、海雀、鲸鱼和人类又靠吃这些鱼类为生。（他们发现这里的海雀已经吃得肚子滚圆，几乎难以飞离海面了。）

为了展现这种自然的恩泽，大英博物馆里的那根图腾柱才得以存在。人类的文化总是来源于自然。如今，男人在这片海上看到了整个过程。来到这里，男人才终于感到自己看到了想看的东西的全貌。

凯尔特的青铜镜——"德斯伯勒铜镜"。
刻有精致的镂金螺旋花纹。

英国 / 凯尔特篇 [I]
凯尔特人实际并不存在？

ケルト人はいなかった?

迄今为止，男人开始于大英博物馆的旅途中，探寻的多半是石头做的文物。

　　能够放进博物馆的文物都很古老。除了加拿大的图腾柱外，几乎都有千年以上的历史，被发掘之前长期存于某处，而这个地方多为地下。能在地底经历漫长岁月而保持原貌的只有石制品。

　　图腾柱虽然是木制品，但最多只有一百多年的历史，而且其表面部分已经腐朽。还有一个例外是埃及墓穴中的船模型，它也是木制，由于是在极度干燥的埃及，而且是在与外部空气完全隔绝的阴暗处，才能保存至今。

有一种材质的文物没有认真研究过，那就是金属。金属也许不如石材耐久，但肯定比木材更易保存。我们平时常用的钢铁实际上并不耐久，相比之下青铜等材质要更加抗氧化和耐腐蚀。

金属的好处是能做出比石材更为精致美观的工艺。每次去大英博物馆，男人都会在德斯伯勒铜镜前看得入神。在大英博物馆的藏品中，它的故乡距离伦敦最近，到伦敦的运输距离也最短。这是一面青铜镜，出土于英格兰中部，伦敦以北150公里处的一个叫作德斯伯勒的村庄。铜镜上面雕刻着极其精细的镂金螺旋花纹，每次看到都会为其精湛的工艺所叹服。铜镜的颜色并非一般所看到的青铜色，可能是因为上面有一层镀金。从镜缘到手柄都是另外组装上去的，包括手柄在内大约有35厘米长。

这面铜镜大约诞生于公元前50年到后50年之间，也就是说最晚也是公元1世纪上半叶，出自凯尔特人之手。但它给人的感觉很新，说是19世纪欧洲新艺术派的作品也不难相信。（实际上，这么说是弄反了顺序。欧洲新艺术派正是厌倦了源自古希腊和罗马的古典样式，转而从凯尔特等北欧的古文化中寻求创作灵感。作为其创作样本的这个铜镜，自然显得比较现代了。）

同样也是古镜，男人想到了从中国传到日本的青铜镜。材质相同，时间上要晚几百年，但工艺上却要逊色不少。三角缘神兽镜等远东的古镜是一体成型的铸造物，没有镂金等更多的加工（当然镜面都是研磨过的）。

除了德斯伯勒铜镜外，大英博物馆里还有不少凯尔特的金属器具，都属于通过铸造或锻造技术做出小部件再组装起来的工艺品，以精细的手工见长。这些工艺品的创作者究竟是什么样的人？他们曾经过着怎样的生活？

男人本想从伦敦直接去德斯伯勒村，但并没有马上动身。因为对于英国的凯尔特文化，他还一无所知。凯尔特出土了以这面铜镜为代表的众多精美文物，却没有留下大的遗址。

还是先温习一下吧。

早在二十五万年前，英伦群岛还和欧洲大陆连在一起时，就有人类居住。公元前 3000 年前后开始农耕畜牧，公元前 1800 年时兴起青铜器文化。

此后有过几次小规模的移民，还诞生了以巨石阵为代表的巨石文化。同一时期，随着海平面的上升，这里与大陆之间出现了海峡，成了岛屿。

到了公元前 7 世纪，拥有压倒性优势的先进文化的凯尔特人来到英伦群岛，征服了原住民，成为这些岛屿的主人。这些都是历史书上写的。

后来凯尔特人被古罗马帝国打败，势力范围缩小，又被盎格鲁撒克逊人赶到英伦群岛西部和北部，最终在那里繁衍了下来。因此凯尔特人的后裔多在威尔士、苏格兰和爱尔兰。

作为凯尔特人的杰作，丘陵要塞（hill fort）是留存下来的比较大的遗迹。在整座山丘上大兴土木，将之建成阶梯状的要塞，周围挖一圈壕沟。平时作为村庄可以在里面生活，一旦遇到紧急情况也可以躲在里面防御外敌攻击。据说现在还有好几处留下来了。

男人想知道铜镜是从村子的哪个地方挖出来的，在网上没有查到，于是打电话给德斯伯勒村，接电话的人也说不清楚。本来这类文物多是从墓地里挖出来的，可他连这都不知道。看来这个村子里已经没有像样的遗迹了。

到底在哪里才能探寻到远古凯尔特人的生活踪迹呢？

听说现在还有丘陵要塞，男人决定先去看看。大规模的土木工程和精致的金属工艺品，看了这一大一小两面，应该能比较准确地对凯尔特人多一些了解了吧。

大英博物馆的书店里买的书上说，如今保存最完好的要数梅登堡（Maiden Castle），意为"少女城"，位于英格兰最南端的多切斯特郊外。去那儿交通方便，三四个小时的路程，立即动身的话当天就可到达。

男人立即租了辆车上路了。驶入高速公路 M3 后朝西南方向开，在南安普敦附近下 M3 后驶入 A31 公路。M 是 Motorway 的简称，M 打头的道路都是高速公路。A 是 Artery 的简称，意为动脉，以 A 打头的是干线公路。

这种道路编号方法对司机来说十分方便，出发前只要将地图上查到的所经道路编号按顺序写下来，贴在汽车仪表台上，按其行驶就能顺利抵达目的地。相比之下，日本管理道路的政府部门就只会想着自己方便。

时隔好久在英国开车，男人再次感慨于英国道路系统的设计之合理。除了闹市区外，英国的路口都设计成环岛形。美国管这叫"rotary"，就是将十字路口设计成小型环状，四面来的车流进来，又流出去。由于没有信号灯，汽车完全靠自己的判断进出。原则是左侧来车优先。驶至入口处时要先停车，确认左侧没有来车再重新起步，进去后只要在该出去的路口将车开出去就行了。

不像有信号灯的十字路口，有时明明没有车，红灯亮时也不能通过，白白浪费时间。而且环岛每个出口都写着很大的道路编号和前方地名，不会搞错。如果没看清楚，可以再绕一圈再出去，不会干扰别的车。这种路口也方便车掉头。

缺点是这种路口需要的空间较大，且如果疏于确认左侧来车，很容易引起事故。道路空间的建设不应该成为问题，作为社会性投资是可以接受的。（英国没有像日本一样额外收取高速过路费。基础设施建设乃是国家的义务。）至于事故，英国人在遵守规则方面可谓仅次于德国人。

英国人开车很快，实际上欧洲人开车速度都比日本人要快 30% 到 50%。在单向一车道的乡下道路上，也能达到时速 50 英里，相当于 80 多公里。虽然有限速，但给人的感觉是大家都是根据自己的判断开到最大速度。不过事故率也并不高，应该只要习惯就好。

这一路开得很舒服。驶过南安普敦，经过伯恩茅斯郊外后在 A31 公路上继续向西行驶。

英国真是个有意思的国度，不少地方明明是第一次去，却能给人似曾相识的印象。也许是因为我们对于欧洲都有着一定的认知。小时候都是听着欧洲的童话故事，看着欧洲的绘画和图片长大的，对欧洲似乎有一种无所不知的感觉。

而且英国各地景色几乎没有差别。当然各地的人都会说自己家乡与其他地方完全不同，但事实上，拥有如此均一化和人工化风景的国家委实罕见。这里所有的东西都经过人手加工，没有完全野生的自然。

　　男人边想边开车，下午过半就到了多切斯特。由于一直忙着赶路还没吃饭，于是先找了家镇上的酒吧，要了一品脱的苦啤酒和三明治权当午餐了。

　　酒吧窗边座位面朝街道，这里的天花板还算比较高的。但往里走地面高出了一段，天花板却又低了一段，个子高的人几乎要撞着头。所以店家挂了一块牌子上写道"Duck, or grouse"，直译过来是"鸭子，还是松鸡"，像是点菜时的对白。实际上这是一句警告语："低下头，别废话"，可说是颇具酒吧风格的一句谐语。

　　梅登堡距离多切斯特市区只要 10 分钟车程。男人将车停在山脚，下车抬头一看，遗址大得惊人，看来整座山丘都是要塞的说法并非夸张。要塞面积有 19 公顷，如果是椭圆形的话，长半轴长和短半轴长分别可达 600 米和 400 米。60 米高的山丘顶部修整成平地，周围的斜坡修建为五到六层的台阶状，每一层都建有护墙。

　　从下往上攀登的过程让人喘不上气。天空云层低垂，与其说是在下毛毛雨，不如说是雨气弥漫在整个空气中，典型的英国天气。刚才走在多切斯特街头，还看到过蓝天。难怪人们都说，英国天气的最大特点就是不稳定而多变。

山丘顶上果然是平的，能看到一望无际的草地，雾霭中有羊群在游荡。刚才在山脚看介绍说，山顶上原来有一个很大的城镇。根据发掘出的房子遗迹，推算出曾经居住着几千人。

原来这里就有山丘吗？不会是用 1200 万立方米的土方堆砌起来的吧。不过，要把一座山丘修整成这样的形态需要多少劳力，想起来也让人气馁。这需要几千人手持铁锹，肩挑土筐，在这里劳作数年。周边的农民要为他们提供粮食。还要有强有力的领导人，以及坚决贯彻其意志的官僚体系。最重要的是，能让他们构筑如此巨大的堡垒，一定是面临十分巨大的外来威胁。凯尔特人以好战而著称。战士是社会的核心，给人一年到头都在打仗的印象。出土文物也多是盾牌、刀剑等武器，此外还有镜子、叫作 torque 做工精细的粗大金属项圈以及固定衣服的别针等物品。

男人漫步在雾霭中的草地上。看到有人走近，羊群露出不耐烦的样子，躲到一旁。脚下地面有些起伏，并不好走，而且到处都是羊粪。

说到牧场，脑子里浮现出的是一望无际的草地，牛羊悠闲地在吃草。这是日本人不了解畜牧业，实际上牧场的地面是被草和粪便两种东西盖满的。粪便也分为新鲜的和陈旧的，后者几乎和泥土一样难以区分，羊群不能吸收的养分又都回到了泥土中，形成一个完整的生态循环。

在寒雾中，男人开始思考外来的威胁到底是什么。据说守在梅登堡的人们最终是被古罗马人消灭的。但是，从公元前 2000 年起就有人在这座山丘上生活，而堡垒建成于公元前 250 年前后，当时的威胁并非来自古罗马。他们要防范的外敌应该是同一岛屿上的其他部落或是族群。

这里的人没有自己的文字。凯尔特人在大陆生活时也没有文字。关于他们的历史文献都来自恺撒大帝等敌对的古罗马人的记录。战争时有胜负，但他们最终被古罗马人消灭。因此，古罗马人的记载都在强调敌人的英勇善战。敌人强大，就能显示出自己更为强大。军人普遍都存在这种心态。

梅登堡最终被古罗马军队攻破而沦陷。看来堡垒的重重护墙也没能发挥作用。一般而言，高处都是易守难攻的，因此人们才会在被攻击的时候据守高处。可这里最终也没能摆脱战败的命运。

男人在雾中躲着羊粪继续散步。没有其他游客会走到这里来。可以想象，当年这片广阔的山丘上房屋鳞次栉比，人们在街上来来往往，从外面源源不断运来大量物品。能够建立这样一个社会的人居然没有自己的文字，真是难以想象。没有文字，社会组织也能井然有序地运转吗？

这也许是一种偏见。有了文字，人们就会依赖文字而疏于记忆。在荷马的时代，吟游诗人能记住数万行的诗句，进行吟唱、推敲、修正。直到最近，阿伊奴族的老奶奶还能记住长篇叙事诗。非洲的无文字社会中，国王的宗谱能讲上几天几夜。如果真是如此，梅登堡的建设者当中，也许也有专门负责记忆物资储备的人，相当于活账本的角色。

当晚，男人驱车南下数十公里，住在了威茅斯。这是一个海港城市，属于比较低档的度假地。

旅馆里的餐厅过于无趣，于是男人上街找地方吃饭，在一家海鲜餐馆吃了牡蛎、贻贝和鳕鱼。

回到酒店，翻开伦敦带来的书读了起来。总感觉自己到现在还不了解凯尔特人。把几本书大致都翻了一下，结果在《大西洋的凯尔特人》里有一个惊人的发现，上面居然说英伦群岛上并没有凯尔特人。

作者西蒙·詹姆斯并非不入流的作家，而是凯尔特文化的专家。《大西洋的凯尔特人》一书也是由大英博物馆出版发行的。可见他的学说是有权威性的。

他的主要观点是，这些岛屿上并未发生过从史前居民到凯尔特人的交替。根据一般史书记载，公元前7世纪左右凯尔特人从欧洲大陆来到英伦群岛，征服了原住民并定居下来。而西蒙·詹姆斯主张并无此事。

的确，从英格兰各地到苏格兰、爱尔兰和威尔士，都出土过凯尔特人的遗物，也有相关遗址。但这只是文化的移入，并不意味着发生过居民更替这种剧烈的社会变化。工艺品可以跨海而来，工匠和土木技术工人也能移民过来。这样装点社会表层的最高级的文化资产就传过来了。

但却没有史料可以证明，凯尔特人曾经大举渡过海峡来到岛上，并赶走原来的居民。直到盎格鲁撒克逊人来之前，岛上的居民从新石器和青铜器时代起一直是同一种族。比方说，欧洲大陆上的房子都是四方形，而英伦群岛上的多是圆形。再如梅登堡这样的山丘要塞，其实适合建成要塞的山丘很多，但实际建成的只占少数。

按照考古学家的说法，几乎没有凯尔特人这一种族来过这里的确切证据。这就如同主张弥生人没有到过日本一样。耕种和铁器的使用传过来了，但这只是文化的传播，并没有大批移民过来，日本也有类似的主张（英国和日本都是距离大陆不远的岛国，这方面颇为相似）。

英国开始强调自身的凯尔特属性是从 18 世纪开始。西蒙·詹姆斯指出，在 1700 年之前，英国没有一个人说自己是凯尔特人后裔，也没有人这么想。

后来随着国内政治气氛的变化，情况发生了改变。原因之一是法国大革命。法国在大革命后成为周边国家眼中的异端，被视为威胁。与之对立的英国感到有必要强化国内统治。英国的正式名称是"大不列颠及北爱尔兰联合王国"。大不列颠是包括英格兰、苏格兰和威尔士在内地区的政治性称呼。与日本相比，英国作为一个国家的一体性要弱得多。

因此，英国需要增强凝聚力，而主要障碍在于以盎格鲁撒克逊人为主体的英格兰和苏格兰、威尔士和爱尔兰的不列颠人之间的心理鸿沟。这时有学者提出，后者是凯尔特人的后裔。

凯尔特人是与古罗马帝国相争并曾统治北欧的强悍民族。他们骁勇善战，并且掌握了金属制作工艺等先进文化。他们在欧洲各地留下痕迹，但最终消亡。所以声称距离伦敦较远的非盎格鲁撒克逊人，也就是苏格兰、威尔士和爱尔兰人是凯尔特这一优秀民族的后裔，可以增强其自信心和连带感。

虽然不清楚当时的学者在多大程度上是出于此意，总之这个说法盛极一时。凯尔特这个词也流行起来，甚至出现了"莪相"[1]这一虚构的叙事诗。后来，英伦群岛的凯尔特人成为这个国家的历史常识。

西蒙·詹姆斯指出，事到如今，承认那是一个错误已不可能。这就好像要去剥夺许多人引以为傲的东西。何况爱尔兰民族在英国的地位来之不易，他们以自己是凯尔特人的后代而自豪，这也成为他们过去长期忍辱负重的重要心理慰藉。很难想象如何去告诉他们，你们的祖先不是优秀的凯尔特人，只是普通的新石器和青铜器时代的土著，甚至是更早期的原住民。所以说，最近考古学界的常识和社会流行的一般常识之间形成了很大的鸿沟。但从严格的学术层面讲，英伦群岛上本没有凯尔特人。

读到这里，男人感觉有些失落。人们本没有必要如此在乎自己出身血统的优秀。为了强化今天的地位，而去追根溯源，这又是何必呢？一个民族的性格不可能几千年来一

[1] 莪相（Ossian），即奥伊辛，也被苏格兰诗人译作"奥西恩"。他是凯尔特神话中的古爱尔兰著名的英雄人物，传说他还是一位优秀的诗人。他的父亲是芬尼亚勇士（Fianna）伟大的领袖芬恩·麦克库尔（Fionn Mac Cumhaill）。"莪相的史诗"在欧洲有着巨大的影响力，包含许多诗句和曲子。

成不变，而且民族这一概念本身在科学上并无实际意义。摆脱单一民族国家和国民国家的束缚，重建宽容自由的多民族国家才是大势所趋。

当天晚上男人决定，要去著名的埃夫伯里巨石阵看看。本来早就想去，因为同凯尔特人没有关系，所以没有列入本次旅行计划。可是，如果建造巨石阵和引进凯尔特文化的人是同一批人的话，那么巨石阵和梅登堡都是他们的作品，埃夫伯里就值得一去了。

从威茅斯途径多切斯特到埃夫伯里只要三个小时车程。途中看到了两处"白马"刻像，就是在山丘坡上用白色石头拼刻成的巨大的马的图形。由于容易变脏，每隔几十年就要清洗一次，最古老的好像已有上千年历史。其似乎并没有巫术方面的含义，反而看起来纯朴可爱。这里的人都喜欢马。

埃夫伯里也在下着蒙蒙细雨。栅栏围着的一大片草地上伫立着几块巨大的石头。男人知道，这一巨大史前建筑的建造目的尚不为人知，可能是与宗教或是巫术有关，可没人知道究竟。也可能与天文学有关，好像从特定的石头间缝隙能看到夏至早晨初升的太阳。

从高处看，整个巨石阵围成一个大圈，外侧有堤围，有一圈干涸的壕沟，大圈内侧还有排成环状的巨石，中心附近又有小圈。此外，外圈的东南角还有排成一条直线的石阵。

没有人知道确切的情况。这里举办过什么样的仪式，当时的人们信仰什么神？需要耗费巨大劳力的这个工程，到底在怎样的社会制度下才能实现？

男人坐在大石头下思考了一会。雨越下越大，只好站起来逃到石阵中心附近的小酒吧里。午饭的时间早过了，男人还是照例点了一品脱苦啤和三明治，这是最容易让人满足的选择，然后继续思考。

想用文字来解释过去的社会，这本身可能就是一个错误，因为这样是无法理解没有文字的社会的。建造这个巨石阵的人，可能只是想以此形式来表现自己，建造梅登堡的人们也是如此。古希腊和古罗马人将所有的事都留下了文字记录，使得今天的我们仍能谈论他们的社会。但是，人并不是为了未来的荣光而生存在当下的。

让自己的名字流芳百世，相较于每天为了生存下去做出的努力，并不是不可或缺的。普通人的生活中不可能有此奢望。文字被发明出来，最早也是为了记账，以及作为咒语祈祷来年丰收。而用于记录帝王谱系强化王权则是后话了。

曾经生活在这里的人们通过巨石阵将自己的痕迹留存了下来。历史上，还有很多氏族、部落和民族也曾繁盛过，但他们什么都没有留下就消亡了。后者其实应该更多吧。

探究历史之谜固然有趣，但我们应该记住，世间还有很多未解之谜。尽管生活在现代社会的我们可以了解到地球上的所有人的信息，可人们依旧是各自在为各自眼前的生活而奔忙。个人的生活综合起来形成各个地域的文化，而文明则是资源和信息高度集中的结果。

聪明而又幸运的人自古就有，愚笨和倒霉的人如今也有。几千年前的人们是怎样生活的，巨石阵不会告诉我们，但他们的确存在过。

这就足够了。男人停下遐想，走出酒吧，雨已经停了。

陈列在玻璃柜里的"林道人"。
生活在公元1世纪的男子遗体，死因已查明。

英国／凯尔特篇 II
被杀死三次的男子
三度まで殺された男

大英博物馆里有好几具死尸。多数是木乃伊，也就是说，是采取一定措施使之充分干燥而能够长期保存的尸体。细菌可以将人类身体完全分解至只剩骨头，可如果没有水分的话，细菌也难以存活。因此在细菌活动前，把水分除干，这样尸体完全干燥后连皮肤在内都能保存下来。如果外部环境条件满足的话，自然界中的尸体也能变成干尸。

而大英博物馆中最具生气、最栩栩如生的尸体并非干燥的木乃伊。他保持着出土时的姿态，收藏于玻璃柜中，在第 50 展厅陈列。这具尸体虽然没有下半身，脸也有些扭曲，但完全不像是生活在两千年前的人，甚至皮肤还保有质感。

这不是通过干燥法，而是通过浸泡在水里保存下来的尸体。虽然有水分，但只要没有氧气的话，细菌也无法生存。尸体在无氧状态的水中不会腐烂。

这具尸体是在位于英格兰西部的柴郡威姆斯洛村里，一处名为林道的泥炭沼泽中发现的。那是一片古代植物的残骸长期浸泡在水中变成的泥炭沼泽，近年来人们才开始采掘此处的泥炭作为燃料。潮湿的泥土中完全没有氧气。由于水中富含具有防腐作用的腐殖酸，尸体在完全密封的状态下保存了近两千年，1984 年才重见天日。

这个被命名为"林道人"的尸体一旁的墙壁上，挂着他生前长相的复原图。在一次次参观大英博物馆的过程中，男人逐渐被这张脸所吸引。这个颧骨突起，鼻子不高的年轻男子，头发和胡子都是黑色，给人印象更接近东方人。这个人显得很真实，男人甚至觉得他长得像自己某个朋友。看着他那苦苦思索的表情，让人不禁想问他"出了什么事？"总之，他给人以亲近感。

为何这个人会被埋在柴郡的泥炭沼泽中呢？为什么两千年后他又能栩栩如生地重见天日呢？这些问题勾起了男人的好奇心。

看了埃夫伯里的巨石阵，男人继续向北走，为的就是去解开"林道人"之谜。傍晚，开了2个小时车后，在切尔滕纳姆附近找到住处过了一夜，第二天一早又上路了。行驶在蜿蜒的英格兰公路上，途中经过了好几个环岛。一路过来，从斯托昂则沃尔德出发，途经伊夫舍姆、伍斯特、基德明斯特、泰尔福特和霍德尼特，穿过惠特彻奇，终于到达目的地威姆斯洛。

都是没有听说过的地方。英语地名的发音听起来总有一种似曾相识的感觉。唯一知道的地方是伍斯特。装在那个熟悉的瓶子里的棕色酱汁正是17世纪在这里发明的，后来普及到了遥远的东方岛国，成为20世纪日本人餐桌上不可或缺的佐餐调料。

在法国，大厨每次烹饪时倾注最多心力的正是调味酱。而到了英国，调味酱成了瓶装的工业品。这也帮助其广为传播，伍斯特酱在日本成为"洋食"这一东西方混合料理的主角。

开车的时候，就适合胡思乱想这类无足轻重的事情。法国的餐饮文化如此发达，而一海之隔的英国却只有牛排和烤牛肉，这又是为何？两者都是最简单的牛肉菜肴，英国人认为有这些已经足够，对于"牛肉食者（beef eater）"的外号也坦然接受。

如此想来，当咖喱从印度传到英国时，浓重的异国风味能够让英国人感动就不难理解了。即便口味远比印度清淡，变成很温和的、跑掉味儿的咖喱，英国人也能从中想象出热带国家充满肉欲的欢悦。一般而言，英国的咖喱要比日本咖喱更接近印度口味，在小酒吧里也能吃到十分美味的咖喱。

大陆国家的餐饮总是比较发达，岛国则相对平淡。法国料理和中华料理风靡世界，却没有听说过英国料理。与中华料理周边的韩国菜和越南菜相比，男人感觉日本料理有些不起眼。以刺身和寿司为代表的鱼类料理重视的是食材本身（依靠的不是烹饪技术，而是确保新鲜上桌的物流体系），天妇罗也是重在食材。日本料理中缺乏通过烹饪加工制成的美味菜肴。

抵达柴郡威姆斯洛已是傍晚。本以为是个村庄，实际上却是个现代化城镇，像是曼彻斯特郊外的高级住宅区。由于离机场很近，常常能听到飞机的噪声。

男人进城后下车问了去林道的路，好像距离不远。那里现在叫林道公有地，被划为自然保护区。其附近有泥炭采掘场。

沿着森林里的狭道前行，路右侧隔着一排树是一片开阔的原野，寸草不生，地面全是黑褐色的泥土，这就是泥炭土。

穿过树林走近发现，泥土潮湿而柔软，里面混有好多植物纤维，不像是树和草，而像是水苔。里面挖有不少笔直的沟槽，底部有积水。其作用可能是为了排走水分，让泥炭土更快干燥。还有简易的矿车轨道通往左侧深处的工地。没有人影。

带来的书里说，1984 年 8 月的一天下午，驾驶大型挖掘机的工人安迪·摩尔多在挖掘泥炭并将其粉碎装入矿车时，发现传送带上混进了异物，于是停下机器。如果岩石混入可能损害机械，所以要仔细查看。

结果发现异物并非岩石，而是人的脚。于是立即报了警，中止了当天的作业。既然挖到了脚，身体其他部位很可能也埋在附近。

对安迪来说，从事这个工作遇到死尸并非第一次。去年，他在作业时发现传送带上有个圆形物体，心想可能是恐龙蛋化石，但除去外表的泥炭，发现是人的头盖骨，缺少了下半部分，一边的眼窝里还有眼珠。

警察接到报警后，查出这个头盖骨涉及罪案。这个村子在二十三年前发生过主妇失踪案，虽然推测是丈夫所杀，但由于一直没有找到尸体，缺乏有力证据。警察认为，泥炭中出现的死尸可能正是那个可怜的妻子。

当时丈夫彼得还独自生活在村子里。面对警察的审讯，不知他是否认为既然尸体已经挖出来就无法再抵赖了，总之他交代了罪行，承认自己在1960年杀害了妻子并将其埋进了泥炭中。

正当大家以为一桩悬案得以破解时，法医验尸结果出来了。出乎意料的是，挖出来的尸体不是死于二十三年前，而是至少一千五百年前。因此，这具尸体不应由警察来处理，而应交给考古学家、人类学家和历史学家来研究。

看来彼得交代早了，如果能再坚持一阵，他的罪行不会暴露，也不至于被判有罪、入狱服刑。也许他被心中的负罪感长期折磨，头盖骨的发现反而给他一个坦白的契机，使自己能解脱出来。

这可真像通俗杂志上的故事。像是英国人创作英国人阅读的充满市井味的侦探小说的故事梗概，男人看着泥炭土想道。

这时陆续来了三四十个男男女女。风很冷，他们却身穿 T 恤、短裤和跑鞋，似乎是在为参加运动会做准备。

他们在男人跟前集合，然后一声令下开始跑步。这群人年纪在 15 到 50 岁之间，看到有个东方人在看，好几个人还热情地挥手打招呼。

绕泥炭地一周大约 1 英里，他们 5 分钟就跑完了。先到终点的人弯腰喘着粗气，等所有人到齐，再一起出发，大家都很有干劲。

看着眼前的场面，男人又觉得好像侦探小说里的某个场景，这大概是因为他的确喜欢读这一类的小说吧。这片泥炭地，古代和现代的尸体，生活在这里的人们，新旧居民之间的对立和交融，传闻杀害了妻子的丈夫，小说里该有的素材都具备了。看着跑步的人群，男人恍惚觉得也许罪犯就混在其中。

但正如之前所预想的，来到林道人出土的地方，也并没有进一步的发现。这里从两千年前起就是泥炭沼泽，所以尸体才得以完好保存。但沼泽周边的环境全变了。原本被森林覆盖的岛国经过居民的彻底改造，变成了完全人工化的牧草地之国。如今的英国已经失去野性，完全成为家畜化的土地。两千年前的英国人在森林中生活，能让人找到当年环境的线索已经不复存在。这一带只是普通的地方，并非遗迹，来这里本来就不该抱什么期望。

说到家畜，世界上没有哪个国家像英国人那样热衷于家畜的品种改良。无论狗、马、羊、猪、鸡，如今世界上常见的家畜品种的名字都是来源于英语。从赛特犬 (setter)、波音达犬 (pointer)、斗牛犬（bulldog）到纯血马（thoroughbred），从约克夏猪（yorkshire）、巴克夏猪（berkshire）到来亨鸡

(leghorn), 都是来自英语。总之, 英国善于将自然
野生物种改造成对人类有用的品种。达尔文的进化
论也是在这种背景下诞生的。

因此, 建立在这种任性的爱宠趣味基础之上的
英国人的动物保护思想, 实在难以让人信服。男人
脑中闪过这个国家非同寻常的爱狗热情, 得出了以
上结论。

还是回到林道人的话题上。跑步的人群离去
后, 男人坐在暮色中, 重新开始思考两千年前的
死尸。

脚被发现后, 这次最先赶来的是考古学家。经
过对附近的调查, 发现泥炭断面上有看似人类皮肤
的东西。由于有了去年头盖骨的先例, 这次警察靠
边站, 让考古学家先调查。由于担心在现场挖掘破
坏尸体, 于是切割下可能埋有死尸的一整块泥炭,
装进木箱, 先进行 X 光扫描。扫描时发现有疑似脊
椎的物体, 这才判定其中确有尸体存在。

然后整块泥炭被送到大英博物馆的实验室, 在
那里尸体被一点一点小心翼翼地取出来。用蒸馏水

冲洗掉泥炭后，终于看清这是一名男子的上半身。在泥土压力下身体有些变形，但从皮肤到内脏都保存完好。遗憾的是下半身被挖掘机压碎了。后来尸体经过冷冻干燥去除水分后，以现在的样子陈列了出来。

经过年代测定，男子存活于公元 1 世纪前后。近两千年前的人与现代的罪案当然毫无关系，警察也就无用武之地了。然而，虽然距今年代久远，仍能看出这名男子是非正常死亡。他是被杀死的，而且被杀了三次。

根据法医化验，该男子先是以坐姿被疑似斧头的凶器砍了后脑勺，后来又被绞首，最后再被割喉。所谓绞首，是将绳绕在脖子上，再插上棍子拧转，绳子到现在还绕在脖子上。CT 扫描时发现他的颈椎已经折断了。割喉则是将颈部动脉切断了。

这可真是一场精心实施的谋杀。被害者是一名体格健壮的年轻男子，营养状况良好，指甲也修剪整齐，可见他属于不用从事剧烈体力劳动的上流阶层。从现代人的角度看，他的指甲使用状态类似于教师或是家庭主妇，至少不是农民。

为何上流阶层的健康男子会被以如此复杂的手段残忍杀害呢？与侦破现代杀人案一样，这名男子胃里的东西也被检查了（可见他的保存状况之完好），结果发现一个十分有趣的情况。

由于胃里没发现水果和蔬菜，不清楚他死于什么季节，但发现了烤焦的硬面包的痕迹，还有槲寄生花粉，这意味着什么呢？

这里就要提到凯尔特文化了。暂且不论英伦群岛上到底有没有过凯尔特人，英国肯定是有凯尔特文化的。凯尔特人没有留下文字记录，但根据外部有关文献记载，不时可见凯尔特人的槲寄生信仰。据老普林尼[1]说："凯尔特的僧侣叫德鲁依，在宗教仪式上槲寄生是最神圣的物品。身穿白色长袍的德鲁依爬上长有槲寄生的橡树，用黄金镰刀将槲寄生割下来。"

所以在林道人胃中发现槲寄生花粉，就成为间接的文献记载的实例佐证。同时，根据这一重要事实，可以推断出这并不是一桩简

1　盖乌斯·普林尼·塞孔都斯（Gaius Plinius Secundus），生于公元 23 年，卒于公元 79 年，世称老普林尼（与其养子小普林尼相区别），古代罗马的百科全书式的作家，以其所著《自然史》一书著称。

单的杀人案。

日本人现在已经不关心树木，不知道还有多少人知道槲寄生为何物。男人以前在东北地区的枯树干的高处见过附着的槲寄生，才知道它长什么样。如果看到枯树上某处乱蓬蓬地长着一支枝叶茂密的小树，多半可断定那是槲寄生。在宫泽贤治[2]的童话《水仙月四日》中，槲寄生就发挥了重要作用。因此男人在宫泽贤治故乡附近的岩手县雪原上看到槲寄生时，留下了深刻印象。

虽然槲寄生有药用价值，但一般人们都拿回去做装饰用，并不食用（日本饥荒时曾用茎叶中所含淀粉做饼吃）。因此，林道人吃槲寄生可能带有某种宗教上的含义。也许他是作为供品被杀用来献祭。也有可能是犯下重罪，与其说是处罚，更可能是为了清除罪孽，才会被用这样的方式处决。

根据老普林尼等人所著的古罗马文献记载，德鲁依教有用活人献祭的恶习。林道人的出现也许就证

2　宫泽贤治（1896年8月27日—1933年9月21日），日本昭和时代早期的诗人、童话作家、农业指导家、教育家、作词家，也是名虔诚的佛教徒与社会活动家。代表作有：童话《银河铁道之夜》、诗集《不畏风雨》等。

明了这一点。这样的做法确实很残酷，但是否属于恶习，最终还需要死于 25 岁上下的林道人自己做出判断。也许他为自己能被选中而感到光荣，心甘情愿去受死。较之被社会惩罚而处以死刑，为了社会的安宁被献祭给神灵的死法也许更好。

或者他其实还是很悲伤的，或许他也在哀叹自己的英年早逝。大英博物馆复原了他的脸庞，表现出苦苦思索的神情，也许正因为此。

当晚男人遇到了麻烦。本以为很容易找到住宿的地方，哪知道到处都已客满。先是威姆斯洛附近的小旅馆客满，当时只是觉得不巧，没有特别担心。本来不想住美国式的大型酒店，看来没有别的选择了。

曼彻斯特机场附近有几家大型酒店，男人本以为到那里肯定能入住，结果去了才发现希尔顿、假日、丽笙也都已客满。由于完全没想到会没有空房，事先连电话都没打，奔走在机场内各个酒店间，结果却徒劳无功。

没办法只好驱车前往曼彻斯特，一天辛苦奔

波后已是饥肠辘辘。可是在曼彻斯特这样的大都市中，居然也没有一间空房。

"这里的酒店到处都客满，有什么特殊原因吗？"

在第三家酒店被告知客满时，男人向前台年轻女孩问道。

"因为足球啊，今晚曼彻斯特有重要比赛。"

真是不巧。

最后，男人只好在深夜的高速公路上驱车35英里前往利物浦，到那里终于找到酒店。餐厅都已打烊，只好去酒吧点了三明治和啤酒充饥，回到房间就睡下了。这次得到一大教训——到英国可千万别赶上足球赛。

第二天，运气又突然变好了。早晨给利物浦的朋友打电话，不巧朋友去了伦敦，电话中告知了此行的目的，朋友回想了一遍自己的熟人，想到了一个考古学家，名叫艾德里安·丁道尔。他是柴郡环境计划处的职员，负责考古工作。向他了解情况再合适不过了。

于是马上给艾德里安打电话，告诉他想了解林道人的事。艾德里安说："我是当时负责挖掘工作的人的后任，没有直接参与此事，如果您不介意的话，可以过来。"这种时候，有熟人真是方便啊。

"请允许我冒昧地问个私人问题，艾德里安这个名字起源于古罗马吧。拉丁语中应该念作哈德利亚努斯（哈德良），就是那个征服了凯尔特文化时期的英国的罗马帝国皇帝。"

男人在市政厅一角的狭小房间里见到了艾德里安·丁道尔。听了男人的问题，艾德里安会心地笑了。

"的确如此。但我认为，哈德良大帝所代表的古罗马势力并没有完全征服整个英国。"

"此话怎讲？"

"您正在追寻的林道人就是一例。他被挖掘出来后的首要难题就是确定他所生存的年代。埋藏他的那片泥炭十分古老，泥炭是从下往上层层堆积形成，所以从某种意义上来说，这也是理所当然的。在泥炭地里挖坑掩埋尸体，尸体周围的泥炭肯定比它本身要古老。

"而实际上，林道人的尸体并没有大家预想的那么古老。在他生活的公元 1 至 2 世纪，英国已经基本实现了罗马化，哈德良长城也已建成，外族被挡在了长城之外。在那个年代，为什么还会发生完全按照凯尔特的习俗来杀人献祭的事情呢？

"的确罗马人征服了英国。这附近就有古罗马人建的要塞、有罗马式的道路和圆形剧场，出土过不少古罗马风格的文物。但我认为，当时人们的生活并没有全盘罗马化。

"一般认为，军事战争的结束意味着征服的完成。尤其是征服一方，会非常骄傲地将其写入历史。但居住这片土地上的人们是否在文化上也归顺了罗马，则另当别论了。

"当罗马人在自己所建的城堡要塞中自鸣得意之时，一墙之隔的凯尔特文化传统却生生不息。为了对抗物质上处于优势地位的罗马文化，凯尔特的精神文化反而逆势生长。也许正是因为他们感受到了来自罗马人的压力，才更需要严肃地举行仪式，将健壮的年轻男子供奉给自己敬仰的诸神。

"所谓文化就是这么回事。人总是通过这样的方式来抵抗外力，保护自己。可以称之为积极的保守主义吧。"

"那么再回到在此之前的文化大变动时代。"男人说，"英伦群岛虽然在文化上呈现出了凯尔特的特征，但当地人并没有完全被凯尔特人替代。您对于西蒙·詹姆斯的这一主张怎么看？"

"基本赞成吧。虽然说人类与文化是密切相连的，但并非总是同时变动。有时只有文化单独传播，有时是人带着文化一起移动，也有人会摒弃既有文化选择别的文化。

因此，将民族、文化和历史作为一个整体来思考是危险的。三者各有各的发展路径，就像河流一样，虽然最终都汇入现代这个大海，在此过程中却经历了反复的分分合合。"

男人向艾德里安道谢后离开，回伦敦的车上一直在思考。在这次始于德斯伯勒铜镜的英国之旅中接触到了最新的历史学说。与日本一样，古代英国正因为地处稍稍偏离先进文明的边缘地带，才会屡屡发生剧烈的变化。对于学校里教的东西我们不应该坚信不疑。历史，即便是古代史，也是每天都在更新。

历史总是刚从一种政治上的偏见中解放出来，又会遇见新的偏见。男人觉得，这次英国之旅好像是一场惊险刺激的足球赛。

高棉的佛像，bodhisattva（梵文菩萨之意）。
脸上带有意味深长的微笑。

柬埔寨篇 ^I
探寻魅力微笑之旅
あの魅力的な微笑への旅

男人时常在想，自己到底喜欢什么呢？

看遍大英博物馆里的各种藏品，从中选出自己心仪的，前去探寻其故乡和那个时代的故事。选出来的都是自己喜欢的一个一个品类，但如果要优中选优，那会是哪件呢？在悠久的美术史上，最让男人心动的又是哪个地方的哪个时代呢？

这时，男人想起了一个艺术展。多年前，在东京和大阪举办过"吴哥窟和高棉美术千年展"，男人曾深受感动。记得看完展览后，自己一个人坐在会场角落发了好久的呆。那时他再次认识到，原来这才是自己喜欢的东西。

　　吴哥窟的遗迹不可能搬到展览现场来，有关介绍都是印在展板上的。但从金边博物馆和巴黎的国立吉美亚洲艺术博物馆运来的高棉雕刻都是杰作，很有品位，充满跃动的想象力，仿佛来自另一个世界。

　　比如说，高棉雕刻的人像脸上往往带着微笑。那是一种意味深长的谜一般的笑容。这与西方的蒙娜丽莎谜一般的微笑又完全不同。蒙娜丽莎的微笑只是好像别有深意，甚至可以说是显得有些暧昧而故弄玄虚。而高棉佛像的微笑则是来自天界，是与人类完全不同的智灵之间交换的笑容。让人感觉带有那种笑容的都是世外精灵世界里的存在，是超越人类的微笑。

　　后来男人到了大英博物馆，马上就去寻找高棉美术作品。虽然在第 33 展厅的一角找到了，可只有区区几件展品，与占满好几个展厅的古希腊、古埃及和美索不达米亚藏品的丰富程度有天壤之别。

　　大英博物馆是典型的帝国主义式的收藏，来自英国曾经的殖民地和势力范围的文物居多，其他地方的则很少。比如说来自南美的文物就很少，同样，曾经是法国殖民地的中南半岛的文物也很少。

但不愧是大英博物馆，尽管藏品不多，质量都很高。男人被其中一件深深吸引了。"Bodhisattva"在中文和日文中用汉字写是"菩提萨埵"，简称"菩萨"。就是虽已大彻大悟，但为了拯救众生，故意推迟涅槃的人。

解说牌上进一步提到，他是代表慈悲的第四佛——阿弥陀。阿弥陀本应是如来，而非菩萨，有关这个部分的教义与肖像学的关系男人也不甚明了。这件佛像来自高棉，12世纪正是佛教在吴哥窟盛行的时代。

这尊佛像在三面佛的上方还有一张佛面。佛像面容的风貌，半闭的双眼流露出的神秘表情，还有好看的厚嘴唇，这种在其他地方从没见过的肖像的表情一下征服了男人。每次去大英博物馆，都好像去会好友一般看望它。而每次见到它，都会回忆起当年在那次展会上的那种激动的感觉。是时候了，该去高棉美术的圣地吴哥窟了。

吴哥窟是高棉王国众多遗址的总称，也是其中

一个寺庙的名字。整个遗址分布在数十平方公里的
土地上。

邻近的城市暹粒成了参观吴哥窟的门户，这
个名字很有深意，意思是"暹罗人的败北"。柬埔
寨夹在西边的暹罗（现在是泰国）和东边的越南中
间，从其对抗两国的历史来看，战胜暹罗的经历足
以成为一个城市的名字。这就好像韩国有个地名叫
作"克日"一样。

飞机降落在乡村的一个小机场，男人站在旱季
干爽的空气中，观察周围的地势。这里非常平坦。
作为湄公河支流的洞里萨河就在这附近形成了洞里
萨湖。男人在飞机上就看到湖周边已被水浸没，很
多房子泡在水中。今年河流的水量似乎很大。这里
炎热、雨水充沛、地势平坦，最适合农业不过。

到酒店放下行李，马上前往吴哥窟。对游客而
言，这个国家最方便的交通工具就是摩的。也就是
坐在摩托车的后座，快捷且便宜，哪里都可以去，
最适合往返于暹粒和遗址之间的几公里路程。

不出所料，吴哥窟是一个热闹的旅游胜地。从
大英博物馆开始的旅行的目的地多是旅游胜地，男

人早已习惯了在这种地方如何自处。关键是要忽视无关紧要的东西，无视其他游客的存在，无视兜售纪念品的小贩，自己创造一种只有自己和古迹存在的心态。为此需要在一个地方多待些日子，多次访问遗址，多花些时间与其相处。小贩的滋扰也就是刚开始，知道客人不会购物也就不再上前了。此外，选择游客较少的早晨和傍晚也是一个办法。

吴哥窟的设计十分出色。广阔的长方形区域内都是巨大的石材建筑物，外围还有一圈护城河。游客先要从西侧的正门进入，跨过200米宽的护城河，穿过城墙上的西塔门，才能见到建筑的全景。而此刻建筑物还在几百米开外的远处。清晨时分，中央祠堂的尖塔会在朝阳中露出剪影一般的轮廓。

沿着笔直的参道往东走，内心的期待感也逐渐增强。这里体现了很高的设计品位。随着越走越深，刚才注意力还在整体景观上，接着就会逐渐被吸引到建筑的细节上。在入口处的大塔门前有个十字型平台，平台前方有两个圣池，夹着参道。所有的东西都是左右对称，参道通往建筑物的轴线精确地指向东方。

　　拥有设计如此周到的参道的建筑群哪里还有呢？通往雅典卫城的道路虽长，但那只是由于神庙位于山丘上，不能说是刻意设计的。金字塔从很远就能看见，但也就仅此而已。波斯波利斯只是一片挤满建筑的遗址。印度的阿马拉瓦蒂和纳加尔朱纳康达已没有遗址存在，不清楚原来的样子。

　　里面到底是什么样子呢，内心充满期待地登上十字平台，走到大塔门处，从那里开始是向左右延伸环绕整个建筑群的第一回廊。先不管回廊径直朝前走，眼前出现了极为陡峭的台阶，上面又横贯着第二道回廊。越过回廊可以看到中央祠堂的三座塔堂。实际上塔堂有五座，两座隐藏在后面，从这个位置看不见。

　　行至此又再返回大塔门处，沿着第一回廊朝南走。吴哥窟中最有名的当数第一回廊墙壁上长达760米的浮雕长卷。

　　说是浮雕，但刻得很浅，实际上是没有色彩的壁画（也许原来有色彩）。从负责整体构图的画工角度来看，这是一份棘手的工作。要在高八米宽达数十米的画布上作画并非易事，但工匠们反过来利用了墙壁的这一特点创造出了杰出的画作。

回廊的宽度只有几米，即便退到底能看见的画面也很有限，只能边走边欣赏。因此，必须选择富有戏剧性情节的主题。例如，大塔门右手边是古印度叙事史诗《摩诃婆罗多》中的战斗场景。拐过西南角后，画面变成《伟大的王的事迹》，再往前走是《天堂和地狱》，从东南角拐过去后是《搅拌乳海》。再往前是一些比较平庸的后世作品。从西北角到大塔门间是印度史诗《罗摩衍那》。

这些壁画中，《搅拌乳海》尤为出色。此后几天，男人多次来到这里，坐在画前，在不同的光线中欣赏。这暂且不表。先去看看第二和第三回廊。

从第一回廊的北侧中央进去，正面可见极为陡峭的台阶。与每级台阶的高度相比，踏脚面极为狭窄，不手脚并用的话无法爬上去，真是很不实用。从这爬上去是第二回廊，再往上通往第三回廊的是一段 13 米高的台阶，更为陡峭，踏脚面已经磨损成斜面。

攀登到顶，就是五座塔堂。这上面无法再攀登。至于为什么不能攀登，是因为吴哥窟的建筑群代表的是立体的宇宙图，而非一般意义上的建筑。五座塔堂表现的是世界中心的须弥山，环绕整个建筑群的石壁是象征世界边界的喜马拉雅山脉（印度的世界观即是如此）。外围的护城河就是浮起整个世界的大海。

挥汗爬上第三回廊，视野开阔，凉风习习，十分惬意。周边绿树成荫，这里像是由树冠之海托起的一个岛屿。这里的美景让人一时忘记了还要下台阶的恐惧。说实话，这段台阶十分陡峭，不站到跟前几乎看不见下面还有台阶。

到达这里的游客不多。这与住在山区的人比平原的人少是一个道理。越是高处，建筑样式越是抽象。与现实世界一样，平原部分，也就是第一回廊一带最具人情味，最有意思。打个比方，这里的建筑就像法国面包，外侧密度高，越往里越稀松。要说哪部分最好吃，还是各有所好。

一般而言，拥有宽敞内部空间的大型宗教建筑群，多属于基督教和伊斯兰教等启示宗教。而印度教、佛教没有在大型建筑中聚集众多信徒举行仪式的习惯。后者都是在神庙、寺院中由专门的神官来举行仪式，信徒最多会集中在庙前的院子里。技术上讲，在拱券结构还没有发明出来的古希腊和高棉等地，要想在石材建筑内建造如此宽敞的空间是不可能的。

所以说，吴哥窟是一个不应该进入内部，而应在外面仰视的建筑群，进一步说，它就是彰显王权的巨大纪念碑，就宗教层面而言其整体就是一个祭坛。

建筑内部狭窄的空间里重要的地方都安放有佛像。一直到现在，吴哥窟都还具备佛教寺院的功能。有些佛像已没有头部，有的是被西欧人当作美术品掠走，有的是在反对偶像崇拜的运动中遭到破坏。尽管如此，这些佛像依然身披佛衣，在香雾环绕中接受着信众的跪拜。

爬下恐怖的台阶回到第二回廊。下台阶的要诀是忘掉恐惧，机械地移动身体即可。第二回廊中有许多蒂娃妲（Devata）雕像。也许她们才是吴哥窟遗址如此引人入胜的原因所在。蒂娃妲这个词是仙女的统称，在印度教神话里并没有明确的性别，但将富有魅力的女性雕像放置在建筑内部各处，无疑能让参观者感到心情愉悦。

她们头戴考究的头饰，衣装华丽，乳房浑圆。同样使用了浅浮雕的固有表现手法，只有腿部是侧面。看上去她们似乎整齐划一，实则各有个性，但都呈现出高棉风格的微笑。她们嘴角微微上扬，眼睛半闭，看上去像在回味另一个世界的欢愉。

书上说，整个吴哥窟的寺庙中有两千个仙女雕像。一一认真观赏的话根本看不过来。要像选美一样选出自己中意的人，更是有多少时间都不够。而且在此过程中根本就无法一一区分清楚，很容易记混。

要说为什么想要选出一个，男人的真实想法是想带一个回去，镶嵌在自己书房的墙上，可以早晚凝视。这里的仙女已有足够的女性魅力，生活中甚至不再需要真实的女人了。或者，也可以被其中一个仙女迷住，在这里定居，每天来看她。

男人边遐想着边爬下恐怖的台阶，回到第一回廊，转到东侧，在《搅拌乳海》前坐了下来。用49米长的细长画卷来表现这一拔河的主题再合适不过了。当然，这是在天神和阿修罗之间展开的"拔河"比赛。

神话世界里的器具都很了不得。左侧的 92 名阿修罗和右侧的 88 名天神拉的绳子居然是印度神话中的蛇神那伽。蛇的 5 个头在左端。那伽在这里被叫作婆苏吉。

婆苏吉身体的中央部分缠绕在曼荼罗山上。随着绳子来回牵动，山基转动搅拌着宇宙般的大海。山体承载在巨龟背上，主神毗湿奴以跳舞来鼓舞两军士气。这样的搅拌持续了一千年，最后从乳浊色的海中冒出了长生不老的灵药。天神和阿修罗争夺了一番，最后灵药还是落入天神之手。当然这是后话，这幅壁画上描绘的还是天神和阿修罗认真而又带着冷冷的表情淡然拉动婆苏吉的样子。

在这个基础画的上下，仔细看还能发现不少有趣的东西。首先在上空飘舞着许多天女。这些叫作阿普沙拉的天女比蒂娃妲造型更朴素更类型化，但其扬起双腿的姿势轻盈而又充满动感。她们的数量几乎是天神和阿修罗的两倍，似乎飘在空中为下面的众神声援鼓劲。神话中说，她们就是在搅拌乳海过程中产生的。

海中有各种鱼、鳄和龙一样的生物。越接近搅拌的中心，水流越湍急，一些动物直接被激流切断成两半。与天神和阿修罗相比，这些海洋生物显得平面而符号化，缺乏立体感。

再观察底部，还有一条大蛇贯穿了整个画面。这表现的似乎是海底。总之整个画面中有无数的人物和动物形象，一个个细究的话简直无穷无尽。

建造这座寺院的是 12 世纪上半叶吴哥朝的王苏耶跋摩二世。包括他本人在内，高棉人都特别喜欢"搅拌乳海"这个故事。所以在吴哥窟，到处都能看到这一主题。

从缅甸到越南，东南亚就是欧亚大陆向南延伸突出的一个半岛（再往前还有细长的马来半岛）。这一带曾被叫作印度支那，因为这一区域夹在印度和中国两大文化圈之间，同时受到了两边的影响。自古以来这里缺乏自己的文化特色，始终兼具周边两大文明的特点。不过这么说的话，日本也同越南、朝鲜半岛一样，位于中华文明的辐射圈内，虽然因地理条件不同，文化上各有发展，但最终也没能脱离中华文明圈。

高棉文化凭依的大文化来自印度，对印度的强烈憧憬构成该国立国之本。吴哥王朝也不例外，从高棉的建国神话中就可以看出对印度的倾心。传说来自印度的贵族混填（Kaundinya）爱上了当地的女子索玛，两人结婚后开创了当地的第一个王朝 [1]。索玛的父亲为了将土地作为女儿的嫁妆赠予混填，将淹没这一带土地的水全部吸干，开垦为农田。据说柬埔寨（Cambodia）这个国名就是源自混填（Kaundinya）的名字。（此外，这里盛产的营养丰富的南瓜在日本叫作 kabocha，也是源于这个地名。）

总之这些都是有关水和农耕的传说。这里气温高，地势平，雨水丰沛，适宜农耕。只要能够妥善管理用水，稻米便可丰收。由于农业能够养活大量人口，剩余劳动力才可能从事大型工程建设。

吴哥窟的东西两

[1] 历史上，公元 1 世纪高棉地区仍处于母系社会，当时的古国扶南由女王柳叶治理。混填带兵攻打扶南，柳叶投降并嫁给混填为妻，扶南国由此进入第一个王朝——混氏王朝。后来在神话传说的叙述里，柳叶女王演变为蛇神那伽的女儿那吉·索玛，本书中引用的是神话中的说法，因此也有后文吸干海水一说。

面有两个巨大的蓄水池。东侧的已经干涸，成为耕地，西侧的保留至今。这种东西长 8 公里、南北宽 2 公里的蓄水池被称为"Baray"。建造这样的水利设施是当时国王的重要任务。

他们深知，有水才能保证国家的繁荣。正因为此，讲述众人合力搅拌海水产生不老灵药的神话传说"搅拌乳海"在这里才会深受欢迎。这与他们每日引水灌溉农田的原理是相通的。

这里对水的信仰根深蒂固。在稻米产地，不信奉水还能信奉什么呢？印度传来的令人目眩的外来文化更是强化了这一信仰。也可以说，高棉人选择性地吸收了印度神话中关于水的那部分内容。那伽蛇神在这里很有人气。嫁给来自印度的贵族的索玛，就是蛇神的女儿。蛇和龙都是水的化身，是体现水稻种植中的必要条件的神。而那伽蛇神的好几个头，表现的也是河的干流和支流的分分合合。

河流的源头在山里。听说附近山里有一处反映当地人对水和山的信仰的遗迹，男人决定去看看。

这个叫作高布斯滨的遗迹位于吴哥窟东北方向 30 公里处。路况不好，车开了 2 个小时才到。说是路不好，实际上是在修路，路上铺满碎石，导致车开不快。

途中经过一个叫班提色玛（Banteay Srei，女王宫）的寺院遗址，想着回来时再看就没有停车。又开了 10 公里左右，抵达著名的荔枝山山麓，高布斯滨遗迹就在这里。这里是建造吴哥窟的砂岩的来源地。正因为有这里出产的优质石材，才能建造出宏伟的吴哥窟。微笑的蒂娃妲也是由这种石头雕刻出来的。到了 13 世纪，随着这里的石材采尽，高棉建筑也发生了很大变化。

当年从山上切割下来的石材被装在木筏上顺流而下。一边观看着左侧的河流，一边走了 30 分钟的险峻山路，男人看到河边出现了一处有意思的景象。从河岸到河床附近的岩石上布满雕刻，仿佛整条河成了一座寺庙。河水流过众神雕像铺成的神圣河道成为圣水，然后滋润国土，使国家变得富饶。这条河流成为宗教信仰的载体。

这种信仰源自印度教。河床的岩石上雕刻着无数的林迦。林迦是印度教所尊崇的男性阳具。要让林迦屹立在河底的岩石上并非易事，所以用圆形凸起来表现。其中还有表现约尼（女性阴部）的方框，里面有数根林迦。

此外，还有印度教众神的形象被巧妙地刻画在河底岩石上。与吴哥窟一样，这里的岩石也属砂岩，适合用来雕刻。让人惊叹的是，12世纪的雕刻被水冲刷了上千年，竟然还能保存如此完好。

沿着河岸边走边看，发现一个似曾相识的雕像。坐在莲花上的人物有三张脸。印度教中这属于多面佛，这三张脸的风格让人想起遥远的大英博物馆中的菩萨雕像。男人以前在印度的佛教遗址中了解到，印度教和佛教的起源是很相近。

阿弥陀可能就是这种多面佛的一种变形。赋予同一个神几张不同面孔的做法（日本寺庙中也常常能见到）或许本就源于印度。如此说来，吴哥窟的《搅拌乳海》壁画中，天神队列中央有一名身材尤为高大的神，其面向四方的四张脸上方还有一张脸，与伦敦的菩萨几乎一样。

文化和水一样都是流动的。虽然在流经各地时会汲取当地的要素，但源流流出来的水终究会成为干流。阳光和水滋养的土地长出稻米，养活人类，形成国家。作为富饶的象征，才会诞生吴哥窟这样的巨大寺院。

　　站在河边，男人心想，这里曾经有过一个幸福的时代。

雕刻在砂岩上的帕尔瓦蒂像。
从其精致的发型可知她是湿婆神的妻子。

柬埔寨篇 ^{II}
木头和石头间的永恒之战
石と木の永遠の戦い

吴哥窟周边有一些小型遗址。所谓小，当然是与庞大的吴哥窟相比。单就每个遗址而言，其实都不小，而且具有很重要的文化价值。

男人一边游览这些遗址，一边思考着时间的作用。这些修建于一千年前的建筑至今仍保存完好。当年建造它们的人早已不复存在，他们的思想却以石头的形态保留了下来。石头这种材质有其内在的力量，能历经岁月洗礼保存至今。然而，自然界中也始终存在想要破坏石头形状的外在力量。

这一思考最早产生于大英博物馆。那里的所有藏品都经受住了时间的洗礼留存到了当代。即便是石头制作的艺术作品，能经历漫长岁月保存至今的，也不足百分之一。所以说能留存下来的稀世珍品更显珍贵。

比如说第 33 展厅中的帕尔瓦蒂像。从盘结着的精致发型上不难认出，她是湿婆神的妻子帕尔瓦蒂。这个雕像头发的部分缺了一块，从缺口处往下还有一道竖着的裂缝，鼻子也没有了。但脸部的精髓还保留着。站在其面前，仿佛面对的是真人。虽然不知道它经历了怎样的波折才来到大英博物馆，但站在它面前，就能真切地感受到这是一种何其幸运的偶然。

毫无疑问，制作这个雕像时是有模特存在的。毕竟是湿婆神的妻子这一神格的具象化，能够得到这个资格的肯定不是普通人，想必是王妃或是国王的宠妃，总之应该是一国之中最美的女人。

她眼帘低垂，表情略显阴郁。硕大的耳朵不是写实风格，而是神像造型中约定俗成的表现手法。但她厚实的嘴唇展现出的性感，在千年后的今天仍能传达出当年那位真实存在过的女性的强烈魅力（这座雕像制作于公元 8 世纪，准确地讲已经过去一千两百多年）。

　　石材选得很好。淡褐色的石头能够巧妙地表现出女性肌肤的质感。古希腊雕塑之所以能表现出具有理想主义色彩的现实感并得到长足发展，是因为大理石最适合表现高加索人种的肌肤质感。砂岩也同样适用于人体造型，适合用来雕刻南部蒙古人种。

　　总之这个雕像被保存了下来。生活在 21 世纪的我们只要去伦敦，随时可以见到她。也许再过一百年，人们同样能在这个展柜中，或是通过其他陈列方式见到她。男人想，至少再保存一百年不是问题。大英博物馆还是让人放心的。

　　而与这尊帕尔瓦蒂像的命运不同，在过去的一千两百年间，成百上千的美女雕像都消失了。或是破碎，或是被侵蚀，或是变回泥土，或是被盗走，或是埋入土中，总之都离开了我们所能见到的范围。这都是时间的作用。

　　吴哥窟东北方向 4 公里处，有一处名叫塔布隆寺的寺庙遗址。其规模不小，东西长 1 公里，南北宽 600 米，建造于 12 世纪末，也就是修建吴哥窟之后稍晚一点的时期，据传是当时的国王阇耶跋摩七世为了悼念母亲而修建。

整个建筑群以塔和祠堂为中心，周围环绕回廊，结构复杂。简单说来，就是吴哥窟的缩小版本。男人在寺庙中边看边想，这座寺庙刚建成时肯定很美。

虽然说是吴哥窟的缩小版，但也属于大型宗教设施了。导游书上说，这里面曾居住着 12 640 人，周边村落里还住了 79 365 个为维持寺庙运转而工作的人。之所以数字如此精确，是因为碑文上有记载。

男人以前在埃及就曾思考过，所谓文明首先离不开劳动力的聚集。动用数万名劳动力耗费数十年辛劳建成巨大的建筑群，其规模正彰显了王权的浩大。使用二百六十万块巨石砌成的胡夫金字塔，除了其作为墓穴的功用和数学上的精巧设计之外，更是对其所需动员的巨大劳力的炫耀。建成这样的大型建筑需要有稳固的权力，强有力的官僚系统，以及能为所有劳工提供粮食的生产力。

　　同样，吴哥窟也因规模巨大而震撼人心。在关注其作为艺术品的细节上的魅力之前，人们首先不得不注意到的是它巨大的规模，所需搬运和垒砌的石材量。在 12 世纪，吴哥拥有四五十万人口，是与科尔多瓦和君士坦丁堡比肩的世界上数一数二的大城市。

　　建造吴哥窟需要 12 000 名工人劳动三十年，其背后还需要为这些工人提供粮食的农民。单从统治下的人口规模来看，吴哥王朝也堪称是一大文明。

　　来自荔枝山的石材通过暹粒河运输，上岸后装上木撬，再由大象或是人工拖到工地。堆砌时这些石材也不是简单叠放，而是在每层石头上铺上细砂，洒上水，再叠放一层石头，前后移动使其接触面均匀贴合，实现无缝对接。吴哥窟正是通过这些极费劳力的工序建成的大寺庙。

　　话题转回塔布隆寺。这也是座规模宏大的寺庙。建筑在细节上同样精美，男人在这里又遇见了几个美貌的蒂娃妲，其中还有脸颊似乎还残留有腮红的童颜女神。

　　不过这里最吸引男人的，还是遗迹的保存状态。这座寺庙给人的印象是从未经过修缮，八百年来一直置身于密林之中。遗址内散落着从建筑上塌落下来的石块，要想游览寺庙内部，需要踩着乱石前进。这里的回廊纵横延伸，游览方式应是顺着回廊，观赏中间的庭院，而途中不少地方乱石成山，几乎无法通过。

　　然而，散落的石头虽然已如此壮观，但此处最让人印象深刻的还是缠绕在建筑上的大树。就像是巨蛇想要绞杀房舍一般，巨树的根紧紧缠绕着建筑的各个部位，仿佛印度神话中的蛇神那伽现身，在同这个寺庙中的建筑进行着殊死搏斗。游客看到这样激烈的战斗场景，无不为之所震撼。

　　这可不是一般的藤蔓缠绕，而是巨树的粗大树干紧紧捆缚着成堆的石头。说是树干，下部还分出许多细枝，每一条都缠绕着建筑生长。它们到底是树干还是树根，还是倒悬的树枝，已经分不清了。

　　这种树汉语里叫榕树，高棉语中叫"苏波昂"，英语叫"banyan"。日语中用的是孟加拉菩提树这样具有异国风味的名字，冲绳也有自己的叫法。严格来说分为不少种类，但都同属榕属植物。

这种树的特征是通过气生根扩张领地。普通的树都是从种子开始生长，先有树干，再长出树枝和树叶。但榕树除了正常生长外，从树枝上还会倒着长出细长的气生根，垂到地面后在地里再生根，从中得到养分后气根逐渐变粗，最后长到跟树干一样粗大。其结果是，本来只有一根的树干增殖成无数根，一棵树就能呈现出一片树林的样子。

塔布隆寺中的树木和石头的战争从古代延续至今。不仅是这里，几百年来这一带所有遗址中都一直上演着石头和植物间的战争。吴哥窟之所以能保留建成时的模样，得益于长期不断的修缮工程。当地的修缮工作至今仍在进行，使得不少濒危的遗迹能从时光残酷的破坏活动中幸存下来。

塔布隆寺是真实展现人工和自然之间斗争的一处遗址。人类来到本无一物的大自然中，平整土地，运来石材修建建筑，使本来处于自然状态的土地上出现了气派但又非自然的壮观景象。但人类活动不可能一直持续。一旦人类停止活动，这个地区的人烟减少后，植物又会卷土重来。

植物们并不性急。它们慢慢发芽，开枝散叶，从种子开始一点儿一点儿地长大。如果是榕树的话，要过好几年才能长出气生根继续扩张领地。如果正好生长在建筑的墙壁旁边，或是祠堂和塔的底座附近，它们就可以顺着石头向上生长。它们的目的首先是生长，然后慢慢扩展自己的势力范围。

在此过程中，石头一方却什么都做不了，它们只能保持原状，不为外界变化所动。这就是石头的本性。

造访塔布隆寺的游客所看到的，只是植物和石头间长达数百年的殊死搏斗中一个冻结的瞬间。当然这并非真正意义上的冻结，而是人类的时间和植物的时间乃至石头的时间所用的计量单位都不是一个等级，在悠闲的游客眼中冻结的战斗，仍在植物和石头间进行着。这是一场殊死搏斗。

虽说如此，但这场战争中却完全不存在敌意。这与情绪化的人类战争存在根本区别。树木和石头只是为了各自生存下去，有的只是战略和战术。而石头一方，只能采取凭借自身重量坚持不动的消极姿态。时间却站在树木一边。树木虽然比石头柔软，但只要有充分的时间，树就可以挪动石头，而被挪动的石头是无法凭借自身力量回到原处的。

以吴哥窟为代表的东南亚的历史遗址，其魅力在于周围郁郁葱葱的绿色。无论站在何处，石头背后都能看见树木。这是在埃及和伊朗见不到的。置身于绿色之中总是能让人心情舒畅，成长于季风地带的男人对此深有感触。

然而，这片绿色中却蕴藏着巨大的破坏力。在人类赋予其形状的石头和自主繁茂生长的树木之间，就像吴哥窟的"搅拌乳海"中天神和阿修罗拔河那样，持续着无止境的激烈角力。然而搅拌乳海既是一场竞争，也是为了获得灵药的合作，真正的竞争是从灵药从海里冒出来后才开始。相比之下，塔布隆寺中的石头和树木从最开始就是完全对立的。

波斯波利斯的遗址因埋在沙中得以保存。后人所做的就是将其挖掘出来，将石头重新堆砌好。在高棉，人们在丛林中发现被绿色包围的遗址，首先要在注意不让石头进一步塌落的情况下，小心翼翼地将树木砍倒，除去根茎，然后再去重新堆砌倒下的石头。

包括吴哥窟在内，这片地区所有遗址的状况都与塔布隆寺相似。它们被后人重新发现，从丛林中拯救出来，得到大规模的翻修。因此有关高棉文明的书中都记载了这段重新发现遗址的历史。

在其中发挥核心作用的是法国人。这里成为法国殖民地后，诚实的学者、爱好者，不诚实的骗子、小偷都来了，他们为高棉的魅力所倾倒，想要告诉全世界这里的价值，并且通过不同方式默默投入了遗址的重建事业。有的人把这里的东西运回法国展览，也有人盗走这里的文物拿出去贩卖。作为这些努力的部分结果，世人重新看到了吴哥窟。从这里运出去的文物展示在金边国立博物馆和法国国立吉美亚洲艺术博物馆里。而被盗走的文物则成为个人收藏，一般人已无法得见。

高棉人想要留下能永存的东西，而自然的力量则要将其消灭。前面的一切只是两者间永恒战争的一个场景。人类站在石头一边，想要将被自然夺走的东西重新夺回来。而塔布隆寺的有趣之处在于，能让人近距离地观察这场战争。

当初建造这些庙宇时，还有另一场与时间的战争。丛林和石头以及人类的战争会无限持续下去，但下令建造寺院的国王寿命是有限的，所以工程还要和国王的寿命做斗争。要问原因，是因为在高棉王国，儿子并不会继承父亲未竟的事业。

与其他地区的王朝相比，高棉王朝的延续性比较差。高棉的王位不一定是世袭的，所以王朝难以保持长期持续稳定。如果中央有一位强有力的国王，地方藩主尚能臣服，如果国王孱弱，则很快有人造反。所以在这个地方，没能出现古罗马式的中央集权的帝国。国王的权威只能保持一代。王国力量时强时弱，地方从未放权。这也是高棉被称为"曼陀罗国家"的原因所在。

无论是上一代国王的血缘姻亲，还是篡位者，不管谁当上新国王，首先都会启动一项新的建筑工程。国王的任务是扩张领土和修建大的寺庙。只要修建工作进展顺利，国王的权威就不会动摇。这一不成文的规矩成为高棉的立国之本，而大型建筑工程成为宣扬国王统治能力的工具。

如果在修建过程中国王驾崩，这座建筑就会被中途而废。继位的国王会启动新的建筑工程。所以这里也有不少中途而废的建筑遗址。后人正是从中学习到当时的建筑技术，因为建筑的中间过程在建成的建筑中是看不到的。

实际上，高棉不少建筑未能完工，不仅是因为国王驾崩，似乎高棉人缺乏完成一件事情的决心和意志。即便在吴哥窟中，也有不少没有完工的地方。例如在最重要的"搅拌乳海"壁画中，竖在大龟俱利摩背上的轴上缠绕着蛇王婆苏吉，天神和阿修罗们在两边分别拽着婆苏吉的一端在拔河，画面的中央主神毗湿奴身后的墙壁十分粗糙，而旁边天神身后的墙壁则十分平滑，显然是工程没有完工。

此外还有不少浮雕作品被弃置在了制作中段。第二回廊里有雕刻了一半的蒂娃妲像。本来是四个站在一起的蒂娃妲，结果只有最右侧一人形象完整，其他三个都只能看出身体轮廓，看不出面目。

当年工匠们好像有个差不多就好的概念，只要工程完成九成五以上，就可以算是完工了。男人觉得这种马虎劲反而讨人喜欢。只要工程接近完工，就可以择吉日宣告竣工。只要由僧侣们主持的落成仪式庄严举行过，就意味着工程已经结束。即使有未完工的部分，负责人也不会受到处罚。其后剩余的工程虽然还会继续，但工人们已经不上心了，有种抽空干干就好的感觉。

没有完工则意味着一直都还在建设中。本来快速推进的工程在落成仪式后突然减速，然后进展越来越慢，最后只剩一名工匠独自遵照先王遗训（可能领着养老金）默默继续雕刻着未完成的浮雕。等到年老力衰时才发现，自己只顾干活连孩子都没有，也没有弟子，浮雕还远未完工，只好就此搁置。虽说仍应处于在建状态，但看起来工程已是停滞了。

后来，来参拜的人也越来越少，树木越来越繁茂，寺庙逐渐被周围的绿色海洋所吞没。

过了几百年，法国人顺着当地人的传说寻踪而来，开始修复工作，然而这种修复其实只是中断工程的重新启动。堆砌石头雕刻图案的人类活动，与始终想将之吞噬复归丛林的树木的意志，两者间的战争还会一直持续下去。而吴哥窟正位于这一时间象限之中。我们今天看到的样子并不能保证会永远存在下去。

实际上，日本也为吴哥窟遗址的保护和修复工作贡献了力量。I先生就是其中心人物。男人来这里后一直参考的导游书《通往吴哥窟之路》就是I先生所著。拜其所赐，才能弄明白眼前东西的含义，这趟旅行也因此变得有趣了五倍。男人去其他遗址时参考的书都是英语写的，日语只在这里发挥了作用。

碰巧I先生是男人的朋友的朋友，来之前朋友给男人写了介绍信。虽然知道I先生在当地工作繁忙，为了个人兴趣不应该去浪费他的时间，但心想机会实在难得，最后还是同I先生联系上并约了见面。

两人在饭店边吃晚餐边聊天，男人听得兴致盎然，虽然有不少文献和参考书籍，但还是从在第一线工作的人口中听来的事更为有趣。男人这次又深刻地体会到了这一点。

I先生说，修复工作虽然重要，但更大的课题是人才的培养。"这个国家没有可以修复本国遗址的专家。"I先生说，"修复和保护工作需要一直持续下去。如今修复眼前的东西固然重要，但能在今后十年二十年继续从事这项工作，并能培养年轻一代的人才更为重要。所以，我们先让当地年轻人作为助手接受训练，今后再送到日本留学掌握专业知识和技术，取得学位后再回国，最终成为这里修复工作的专家。现在我们的首要工作就是培养这些年轻人。"

人类意志和自然力量间的战争还在持续，今后几十年几百年都不会停止，所以要以超前的眼光来培养人才。这样，这里的遗址才能保持生命力。男人从大英博物馆出发，走过不少遗址，还没有哪个地方像这里一样让人感受到未来的活力。

"柬埔寨人过于相信来世，所以能够忍受现世的不幸，也可以说是忍耐力强。在旁人看来，遭受这样的不幸，为什么不更生气呢？在这种时候他们还是愤怒不起来。在做生意方面，他们也比不上彻底信奉现世的华侨。"I先生又说道。

可能这就是当地人脸上表情柔和的秘密吧。这里每个人都很温和，甚至是过于温顺。也许他们内心是坚韧的。既然能将这片富庶的土地始终掌握在自己手中，他们想必也有强韧的一面。这个民族的性格也许一千年来都没有改变。巴戎寺里无数的浮雕人像，看上去都与柬埔寨前国王西哈努克有些神似。

I先生说："实际上，不亚于吴哥窟规模的遗址在柬埔寨至少还有五处。今后的工作是要将其逐步修复。"

"还都埋没在丛林中吗？"

"是啊。大圣剑寺遗址可有吴哥窟的四倍那么大。"

高棉真是个伟大的国家。高棉人是如此务实而又胸怀梦想。

一直听I先生讲到夜深，男人对于未曾得见的埋没在丛林中的遗址心驰神往，暗下决心一定要去看看。

第二天傍晚，男人来到了巴肯寺。那是一座位于大吴哥城南边 60 米高山丘上的寺庙，小而精致。男人在那里又发现了丰满而又美貌的蒂娃姐，入神地看了好久。她半闭双眼，微笑的嘴角显得十分性感。

再回头一看，2公里开外的吴哥窟，仿佛是浮在树海上的一艘大船。只要不断有人来访，向它送上赞美的视线，这艘船就永远不会沉没。恰好此时夕阳西下，吴哥窟的五座尖塔被染成了朱红色。

早在公元10世纪时，这里的人们就向往着永恒。他们使用最经久耐用的石材建造起巨大的寺庙。而当时连王宫都只能用木头建造，石头是神才能使用的建材。然后人们一代代繁衍下来，石头建的寺庙虽然一度被丛林吞噬，后来还是被人类夺回。

这些之所以成为可能，首先是因为最初就存在着"永恒"这一概念。

而这个概念如今却已不复存在。人们在生活中只看到眼前。60层高的大厦仅仅过了三十年就会因老化而被拆除。艺术家都在追逐眼前的名利，没有人考虑五百年后的事。而在古代，"永恒"是无名工匠们从未说出口的信念。他们抱着一千人中只要有一个人能抵达彼岸就好的念头去雕刻石头，而他们的作品中的确有一些跨越历史长河留存到了现在。如今创作的东西中，是否有能够留存到一千年以后的呢？

　　太阳落山了，周围逐渐暗了下来。男人想，天黑后要踏着残破的石阶走下 60 米高的山可能会比较危险，还是早点回去吧。这时，突然吹来了一阵凉风。

砂岩雕刻的狮子像。出自位于越南中部的前海洋国家占婆国。
形象下流而又豪放，滑稽有趣。

越南篇
奇妙的占婆国
チャンパという奇妙な国

吴哥窟巴戎寺的一角里，有一幅水军士兵交战的浅浮雕。细长的船上排列着手持矛和盾的士兵，下方有划桨手的脸。

对面船上也同样载着士兵和划桨手。水中有很多鱼。战船背后非常真实地描绘了为战士们提供食物的炊事班的身影。炊事班正在准备食物，仿佛能听到船上士兵喊饿的声音。

男人翻开导游书，书里说这是描写高棉人和占族人打仗的场景。12世纪时占族人沿着江打到这里，一度占领吴哥窟。这次水战是在洞里萨湖上进行的。

　　占族人的国家被称为占婆（占城），是位于今天越南中部沿海地区的海洋国家。读着导游书，男人想起在大英博物馆第 33 展厅见过的一尊表情欢快的砂岩雕像，正是来自占婆国。

　　"占婆国的典型风格，可能是用于支撑建筑物。"记得当时的解说只有这一句。那是一个胖墩墩的动物，确定是狮子无误。它张大嘴巴做鬼脸似地伸出舌头，露出整齐的牙齿，圆眼瞪得大大的，圆滚滚的肚子向前凸起，两臂张开，一看就是在故意逗乐，还带着勃起的男根。当时男人就好奇，这到底是什么人创作的呢？

　　高棉人的雕刻都极为简约和优雅，而占族的这只狮子却显得下流而又豪放，颇为滑稽。虽然当时就觉得很有趣，可惜大英博物馆里几乎没有其他占婆国文物。巴黎的博物馆里可能会比较多，但在伦敦就只好就着这碰巧看见的饱饱眼福了。不过男人从此就对占婆国留下了深刻印象。这次来到巴戎寺，之前关于占婆国的记忆又复苏了。

　　能够逆流而上攻打到鼎盛时期的高棉都城吴哥，至少表明当时的占婆国也很有实力。男人产生了进一步了解这个地区的想法，于是决定再多走几步，从柬埔寨前往邻国越南也看看。

从暹粒的小机场飞到越南胡志明市，然后转乘越南国内航班飞往芽庄。芽庄是南海边的港口城市，附近有不少占婆国遗址。

"越南"这个国名的意思就是越人来南方建立的国家。这个"越"就是"吴越同舟"中的越国。不仅是越南，大南、安南等过去曾在这里兴盛过的国家名字中都带有"南"字，可见当时命名都是以中国为基准的。

此外，对现代日本人而言，越南给人印象深刻的是在战争中打败了美国。日本在第二次世界大战中尚未开始本土决战就投降了，而越南面对法国、美国这样的强大对手，自始至终将本土决战进行到了最后，并且将侵略者赶了出去。当然现代战争中很难有全面胜利一说，就战争创伤而言，交战双方都是失败者。但这无法改变一个事实，那就是越南击败了军事实力远胜于自己的美国，并从历次战争的后遗症中很快恢复过来，重新实现繁荣，这也是事实。

芽庄面朝南海，是个舒适的城市。沿着海岸修建有宽阔的散步道，想必是当年法国殖民者留下的。在欧洲的话，这类散步道应该被称为"esplanade"或是"corniche"吧。

男人抵达芽庄已是傍晚，想尽快看到占婆国遗址，于是马上打车直奔婆那加占婆塔。芽庄城市北部有一条河流叫丐河，河口就是海港。过了这条河，左侧的山丘上就是婆那加的寺院。

沿路向山上走了没几步，很快就看到了一片石柱群（据说这里原来叫冥想殿）。穿过石柱群就是寺院入口，但这里的台阶比吴哥寺的第三回廊还要陡直，几乎不具实用性，所以在其左侧修建了比较平缓的坡道。沿着坡道向上走，往上 10 米高的地方，出现了排列有五六座建筑的一个角落。

原来是这种样式的建筑啊。敦实的砖石结构，高高的顶部建有佛堂，墙面有复杂的凹凸纹路，起到装饰作用。高棉建筑是横向宽度大于纵向高度，而这里的建筑则是一心往高处建。建筑给人的整体印象让人想起印度。也许是因为自己去过阿马拉瓦蒂产生的错觉吧，那里砖石建筑也比较多，男人回忆道。

婆那加占婆塔并非只是历史遗迹，至今仍保有寺院的功能。参拜者络绎不绝，他们脱鞋后进入佛塔参拜然后又离开。男人比划着向一旁的老妪询问道，自己并非信徒能否入内参观。老人表示当然可以。于是男人不再有顾虑，进去看了个究竟。

脱了鞋进入塔内，穿过昏暗的通道来到内殿。主佛是个肤色较黑的女神，微胖的蒙古人种脸型，让人想到中国人。不过，大阪章鱼烧店的老板娘也差不多这副模样。佛像身穿金色衣装，戴着华丽的冠冕和数不清的项链。殿内香气缭绕，有一个小换气扇在排风。

男人看着这尊佛像，想到了中国东南部信仰的女神妈祖。在日本，那霸的庙宇里供奉的天妃也是同一位女神。妈祖是早年移居琉球的福建人带过来的信仰，是航海守护神。

婆那加占婆塔里的女神叫乌玛，是湿婆神的妃子，又叫帕尔瓦蒂，显然属于印度教。她的底座

（被衣服遮住看不见）是印度教中的约尼，也就是女性阴部的象征。这座塔入口处上方悬有长着四只手臂的湿婆神像。可为什么女神的长相不像印度人呢？男人百思不得其解，感觉有些混乱。而且，这个女神还有一个别名，用汉字可以写作"天神母"。

神殿旁边的建筑中挂着以前的照片。照片中的女神则明显是印度人的长相。看来现在的女神并不是那么古老。

男人走到院子里的长凳上坐下，远处能看见丐河河口和海港，很多船停泊在那里，都不是远洋轮船，而是从事近海捕捞的渔船。可能这里属于浅海，不少船只搁浅在了星星点点的沙洲上，估计涨潮时才能开动。

天渐渐黑了下来。行驶在桥上的汽车亮起了前灯。出租车司机说河左岸有海鲜市场，男人决定明天早上再来一趟。

当晚入住的酒店选得不好。之前听说这里有一家由越南末代皇帝保大的别墅改造的酒店，就预订了。的确整个别墅面积很大，客房宽敞，天花板很高，浴室也很大，可管理却很糟糕。卫生打扫得不彻底，床单和毛巾都是廉价货。床垫还是古老的海绵材质。桌上甚至有老鼠屎。男人倒不是住不了廉价旅馆，可这家酒店价格不菲却服务糟糕，让人难以容忍。很遗憾，这里没法住下去了，男人第二天就退了房。

早上，男人再次前往婆那加占婆塔。空气中还有些凉意，但人们都已经出门活动了。一大早就有信徒前来参拜。男人进神殿同女神像打了个招呼，又出来坐在凳子上看港口。

占婆是靠贸易繁荣起来的国家。越南中部地区山地一直延伸到海边，没有大面积的农田，人们只好向海求生。一方面同中国开展朝贡贸易，一方面派船前往西边的伊斯兰国家，曾经似乎相当繁荣。以前这一带山里盛产沉香和象牙、犀角（竟然有大象和犀牛！）等名贵物产，仅靠将之贩卖给远方的大国就获利颇丰。

据说 15 世纪时，这里出产的陶器还卖到了遥远的埃及和日本。只要有工匠、泥土和柴火，陶器在哪里都能制作。占婆的实业家从中国请来工匠，在这里发展起了新兴的陶器产业，并获得了成功。

所以，这里自古以来就是一个船来船往的海港城市，是来往于东海、南海和印度洋之间的商船的停靠基地。航海者都喜欢向神佛祈求。农民祈求的只有阳光和雨水，但海上的人首先要祈求的是平安。毕竟只要能够安全抵达目的地，财富就会随之而来。所以像日本的金毗罗、天主教文化中的圣尼古拉，各地都有自己的航海守护神。

婆那加寺院也是这样吧。人们在出海之前来此拜谒，返航回来后再来还愿。其坐落在能看见港口的小山丘上也是这个缘故吧。

下了山，穿过车水马龙的公路，再走一段就到了海鲜市场。不管什么国家，水产市场总是最早开门的。男人到的时候，海产品交易已经快结束，不过人还很多，还可以看到不断运出来的鱼。

男人注意到脚边一个箱子里堆满了20厘米长的浅红色鱼，长得很好看，好像在哪里见过。对了，是在冲绳。是当地叫作"gurukun"的一种很名贵的鱼。这种鱼很少被卖到日本本土，多在冲绳当地就被消费了，所以它的正式日文名"高砂"并不为一般日本人所熟悉。

从这个港口出去就是南海。往东北方向航行1500公里就是中国的台湾，再继续向前航行500公里就到了冲绳的八重山群岛。从这里往南走同样的距离能到雅加达。海洋四通八达，优秀的航海者能去往任何地方。占婆国就是这样兴盛起来的。

男人想起前一晚读的书中写道，日本有一种矮鸡叫"chabo"，名字就是源于占婆。日文中的南瓜"kabocha"也来源于柬埔寨的英文名。看来日本与东南亚的食文化也有些渊源。

从芽庄往南100公里，有一处至今仍有占族人聚居的村落。占婆文化的中心其实在靠北一些的岘港一带，男人没去那儿，专门来到芽庄，就是因为听说附近有占族末裔聚居的村落。

在宽阔的公路上坐车向南行驶，途中遇到一群上学的孩子。这里是自行车王国，中学生都骑车上学。其中身穿白色奥黛的女高中生很是显眼。她们上身是开衩长衫，下身穿着阔腿裤。衣服裁剪贴身，勾勒出苗条的身材。几十名少女一起骑车经过，仿佛一阵清风吹来，眼前顿觉清爽。

两个小时后抵达了村庄。村民们好像都去田里了，白天村子里显得冷清清的。敞着门的小屋里有女人正在干活。仔细一看，原来是在做越南菜中有名的春卷的皮。

她将用水溶解的米粉铺在细密的布上，下面有蒸汽冒上来，米粉很快就被蒸熟成纸状，所以叫作米纸皮。再用一根棍将米纸巧妙地移到竹苇子上。一张竹苇子上放六张皮。一个小女孩将其拿到外面晾干，晾干后就做好了。

芽庄南部在越南也算是非常干旱的地区。由于晒米纸皮时不能淋雨，所以雨水少的地方最适合。

男人想找人了解一下当地的情况，听说村里有个百事通的老人可以去找他问问，虽然担心突然造访打扰不大合适，但还是去了。

很快就找到了这位姓丁的老人家。听说男人来自日本，老人很爽快地同意见面了。看来他正好有空，也很热情好客。男人问了很多有关占婆国、占婆文化和占婆人的事情，老人讲得很有意思。

"如您所说，以前大家都在海里谋生。这里曾经有很多渔民。但后来我们失去了以渔业为生的本领。现在就像这样我们住在远离海边的村子里。我们的祖先过去举行的丰渔祈愿仪式如今被京族渔民继承了。"

"京族人就是现在的越南人吗？"

"是的。我过去是学校的老师，有些文化。当时从老人那里听说了占族人的历史。大家都说占族人擅长打鱼，实际上占族人也精通农业。种稻子从插秧到收割本来要 200 天时间，后来经过我们先人改良，出现了每年两季乃至三季的品种。这都是 9 世纪的占族人的功劳。"

老人美滋滋地抽着香烟慢悠悠地说道。

"这一带原来都是占婆国，所以不少地名都来自占族语。芽庄本念作"Nha Trang"，也是源于占族语。"

"确实是这么拼的。"

"是啊，可京族语言中没有'tr'这个音，所以芽庄发音就变了现在这样。"

男人心想，这就好像阿伊奴族语中的 Satporo

变成 Sapporo（札幌）一个道理，因为日语中没有"tp"这个发音。

"好在现在的政府对占族相当不错，我们的孩子上学连课本费都不用交，考大学还给专门的名额。优待少数民族是国家的基本政策。"

"占族原来好像很重视印度文化啊。"

"是啊。以前占族人都很憧憬印度，甚至给自己的都城起名叫阿马拉瓦蒂。"

"是吗？在哪里？我去过印度的阿马拉瓦蒂。"

"占婆国的阿马拉瓦蒂在现在的岘港附近。占婆这个国家本来就不是一个牢固的整体。在海边建个港口，靠内一点的地方建个都城，又在山里建个寺院，类似这样的配套建筑四处都有，都城也是随着当时权势的变化而变化的。总之占婆国就是一个小国组成的松散联合体。"

"我从书上了解到，过去整个东南亚都流行这种国家形态，也就是所谓的曼陀罗国家。"

"好像是这样吧。住在海边的人比内陆的人更好动，所以统一王朝难以持久，也产生不了强有力的政权。他们靠贸易起家，依靠山里的象牙和沉香以及这里生产的陶器和织物变得富有，但时代变了就迁走了。所谓国家并非一成不变的。如果外壳变硬了，里面就不适合人居住了，占族人不希望这样。"

老人的妻子正在里屋的机器上织布。机器横向铺开长长一排经线，从与之平行的高处的粗竹竿上吊下桄综，织布的人通过自身移动横向穿入纬线织出布来。

"那是占族织，我老伴可教出了不少徒弟。传统弃之不顾的话就会消亡，是需要一代代人传下去的，一旦进了博物馆就死了。占族的织物一直得到特别的好评。以前上面的图案多与海洋有关，后来占族人开始上山捕猎后，兽类图案就增多了。"

男人跟老人聊了很长时间，了解到不少事情，最后问道："这附近可有占婆遗迹？"

"婆克朗加莱塔就在附近，保存状况也不错。你可以去看看。"

就在男人要起身告辞时，老人突然问：

"你知道占婆建筑的秘密吗？"

"不太知道。"

"砖。砖里藏有秘密，至今仍是未解之谜。首先那些砖头外面是红色，中间却是黑色的，不知道怎么变成那样的。有人说是烧制完成后表面上了釉彩，但不可能有这么多功夫去做。所以至今还是没人知道。"

男人听了开始心动。

"黏合砖块的砂浆也是一个谜。"老人继续说道，"专家进行了化验但什么都没有发现。可能是随着时间流逝消失了，但砖块间仍旧黏合得很紧密。有人说是用糖蜜或是树液，但都不对。还有人说是将晒干的砖块堆砌起来，在其周围堆上柴火焚烧，但实验后发现这样根本无法使砖块黏合在一起。"

"也就是说有失传的技术？"

"应该是的。去婆克朗加莱塔看看吧。那里可以看到拱结构室内空间的建筑技法。"

从村子到婆克朗加莱塔驱车只要 20 分钟。在一座小山丘上规划整齐地建有四座大型建筑。

男人走近了发现这些建筑颇像日本绳文时代的土器，不禁看得入了神。这种建筑能让人感受到强烈的内在力量。回过神来，男人开始思考为什么看第一眼就想到了绳文时代。首先，中央尖塔周边配置了小尖塔，仔细看每个尖塔上面还装饰有更小的尖塔，这种样式与绳文土器上的火焰形状相似。其次，有三个排成一列的主要建筑，中央是一间矩形的房子，屋顶山形墙上的装饰板上端翘起，看起来像是屋形埴轮[1]的屋顶。上面还有类似名古屋城楼顶上的兽头鱼身装饰。

不对，埴轮好像与绳文时代没有关系啊。但不管怎样，感觉这里的建筑样式与古代日本很相近，只是都是砖瓦结构。自然也带有印度风格，主祠堂正面悬着六只手的湿婆神像。这里的文化可以说是兼容并蓄，自成一体。

而老人提到的由砖瓦拱结构构成内部空间的技法也搞清楚了。首先建好两边的墙壁。要在上面盖屋顶的话，木结构房屋就可以架上一根粗大的横梁，在上面搭上屋顶就行了。但砖瓦结构就做不到了，砖头抗压力很强，但横梁需

[1] 埴轮：日本古坟顶部和坟丘四周排列的素陶器的总称。分为圆筒形埴轮和形象埴轮。形象埴轮有屋形埴轮、器物埴轮、动物埴轮和人物埴轮等。

要的是拉伸力。

在吴哥窟，勉强用石材作了横梁，可这里连石头都没有。所以只好在两边的墙壁上搭砖头时每一块伸出一点点，最后在很高的上方会合。为了确保内部有广阔的空间，整个建筑会非常高。这种技法的主要问题是砖块间要黏得很牢，但当地人对此很有自信。看来神秘的砂浆十分管用。

这一带之所以被叫作印度支那，可以认为是由西向东从印度风格向中国风格逐渐转变的过渡地带。而日本则像一个封闭的胡同，经由中国传来的东西到日本就沉积下来了。从京都正仓院里的藏品就可发现，既有中国的东西，也有来自西域，甚至波斯等更远地方的东西，但都只是杂乱地堆积在一起。

占婆国则不同，它融合了东西两大文明，形成了既不同于印度也有别于中国的独特文化传统。所谓文化，纯正与混杂之间本无优劣之分。宗教也一样，混合主义（syncretism）还要更有意思。男人边想着边离开了婆克朗加莱塔。

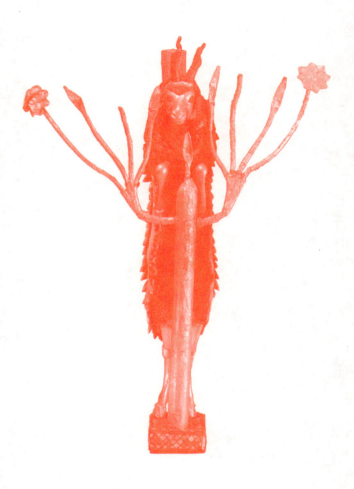

乌尔城的王陵中出土的"灌木丛中的公羊"。
用黄金、天青石和贝壳制成。

伊拉克篇 [I]
过去就是现在吗？

過去は現在であるか？

大英博物馆里藏品数量最多、人气最旺的当数古希腊和古埃及的文物，这一点毋庸置疑。除了额尔金大理石、罗塞塔石碑这样至高无上的珍品，众多其他藏品也属超一流。

那么，如果说其次要数美索不达米亚的文物，应该也不会有人提出异议。实际上，位于博物馆一层的第 6 展厅到第 9 展厅里都是亚述帝国的巨大雕像和浮雕，二层的第 55 展厅和第 56 展厅里则有苏美尔和亚述的精致工艺品和刻有楔形文字的泥板文书。

所以，男人想去美索不达米亚看看也在情理

之中。

　　但这并非易事。古代的美索不达米亚位于现在的伊拉克境内。这是一个由于政治原因很难前往的国家。

　　无奈之中，男人正想要放弃之时，听说情况有了转机。伊拉克开始允许游客入境了！虽说战争正在临近，但尚未爆发。男人申请到签证后马上动身启程。

　　对于一种文明，能不能使用"进步"这个说法，男人始终心存疑问。将现代与古代相比，文明在数量层面上自然是有长进，受其恩泽的人数大大增加了，但在质量上又是怎样呢？看了大英博物馆，不由让人心生这样的疑问。

　　比如说，第55展厅里有从伊拉克南部乌尔城王陵出土的一系列文物。公牛头装饰的竖琴、公主的头饰、形状奇特的游戏盘，以及名为"乌尔王军旗"的用途不明的箱子，等等。

　　这些都是从公元前2600年的坟墓中出土的陪葬品。每一件都表现出精妙创意和精致工艺，释放出强烈的魅力。一旦站在玻璃展柜前就挪不动脚步了，它们仿佛具有某种魔力。

也许不应该为数字本身大惊小怪，可不管怎么说，它们可是距今四千六百多年前的东西。认为它们精美而又贵重的这一基本判断，过去四千六百多年来并无变化。

它们曾是王公贵族日常使用的工艺品。即便诞生于现代，相信它们也会获得与四千六百多年前一样的高度评价。人们想拥有这些东西的欲望，现在与过去并无不同。审美能力是人类天生就具备的。

这些藏品中，有一件被发掘者命名为"灌木丛中的公羊"的雕刻工艺品，由黄金、天青石和贝壳制成，高约 45 厘米。说是灌木丛，其实只有一株灌木，山羊将前腿搭在枝干上，正要吃顶上的叶子。

这件工艺品没有石像的分量感，尺寸也不大，完全体现不出雕像所应具备的公共属性。它像是贵族置于身边的小玩意儿，其抓住山羊趴在灌木上吃树叶那一瞬间的造型也让人感觉亲近。

看着它，男人想起了法国作家安德烈·马尔罗的一句话："过去就是现在，请关注这一反论。"这是由他担任顾问的一套美术全集上的宣传语。这位作家从年轻时就热爱艺术品，甚至想要去吴哥窟偷雕像。这种人物说出的话必然是有分量的。那套美术全集在全球发行，法国版名为《形象的宇宙》（*L'Univers des Formes*），在日本叫作《人类的美术》，其中第一卷就是"苏美尔"。

现在，看着眼前的这只公羊，的确可以体会到过去就是现在的含义。

于是，男人去了伊拉克。

乌尔和乌鲁克都是苏美尔文明的城市遗址。两者虽然名字容易混淆，却是两处完全不同的遗址。

首先前往乌鲁克。从首都巴格达乘车在国道上向南行驶了 4 个小时，进入岔道又开了 1 个小时终于到了。

岔道两旁都是干燥的土地，不时可见几栋房子。沿着道路有一条水渠一直延伸下去，也许别的季节这里可以进行耕种。而此时，空荡荡的平地一直延伸到地平线尽头。

司机兼导游拉扬指着左侧说道："就在那边"。

呈一条直线的地平线上有一处小小的突起，他指着那里连说了几遍："那就是乌鲁克的塔庙"。

虽然译名里有塔字，但它与一般意义上的塔完全不同，与其最为相近的是埃及的金字塔。美索不达米亚文明中的塔庙，更像是早期台阶状的金字塔修整一番之后的模样，其形状像一座四方形的人工山丘。金字塔是不能攀爬上去的，而据专家说，塔庙一定是有台阶的，最上层是它的祭室。

到了才发现，乌鲁克真是不小。为了观察全景，首先登上了塔庙顶。现在塔庙的最高处有 16 米高，与埃及最有名的胡夫金字塔 140 米的高度相比，真是太简朴了。

塔顶风很大，站稳了俯瞰四周，可以大致看清环绕整个城市的城墙遗迹，但已经完全不成形。多处可见类似土堤一样的东西，可能就是当年建筑的断壁残垣吧。

"美索不达米亚使用的建筑材料是泥土，不像石材那样容易留存下来。"拉扬在一旁说道。

"老听人抱怨说，不管到哪里都只有土包，可是也没有办法啊。"

对男人来说，即便是看土包也很开心。下了塔庙，又心情愉悦地在遗迹里转了很久。日晒很强，风很大，但这些都增强了现场感。近五千年前，人们在这里劳动，建造城市。这一切现在在这里还能感受到。

作为建材的砖由太阳下晒干的泥土制成。泥土和水后成了泥浆，再用磨具压制成四方形，晒干后就变成硬邦邦的土砖。日语中的砖用汉字写作"炼瓦"，"炼"代表火烧，而这里的砖没有经过这个步骤，用"炼瓦"来叫它显得不甚准确。

顺便提一下，以前中国要用泥土建造墙体时，会将泥土倒入固定的夹板里，用杵反复捣坚实，这种技术叫作"版筑"。泥土的性质和降水量的差异，决定了古代各地建筑方式的不同。

站在 16 米高的塔庙顶，不禁会发出感慨，人们早在五千年前就能在平地上修建起如此高的平台供人站立。修建 16 米高的塔利用后来的技术并非难事，但在那个时代只能靠一点儿一点儿将泥土堆起来。

泥土本身很难直接用作建材，但将其晒干制成土砖后，则好用多了。假设该塔是斜面 30 度的四方锥形，则总体积约为 16 000 立方米，如果土砖对水的比重是 2 比 1 的话，那么塔的总重量超过 3 万吨。10 公斤一块的土砖，总共需要 300 万块。当时要制作、搬运、堆砌这么多砖块绝非易事。

使用晒干的土砖，就可以运输、堆砌、建造起房屋高塔，就可以将头脑中的设计图转变为实体。就算这些建筑随着岁月流逝被沙土掩埋，后世被发掘出来之后也能看出曾经的形态。男人沿着那道印迹，沿着古代建筑的计划图，信步游走。对于它们的建设者，心中产生了强烈的亲近感。

当然，男人心里很清楚，这样的亲近感只是他的一厢情愿。但是在如此平坦的土地上，人们想要做些什么，想要向自然宣告自己的存在，也只有一种办法——只有在土里加上水和成泥，将泥浆放入模具压制成型，再放在太阳下晒干，最后高高地垒起来。

人类就是这样创造出自然中本没有的东西。如果大自然将这里变成一片平地，那么人类就要建造起神庙、宫殿，竖起通天塔，与平坦的自然对峙。

这既是为了给神灵信号，也是为了向邻近的其他民族炫耀。

但不管怎么说，这里的土地实在太平坦了。不需要登上塔庙，只要站在遗迹中稍高一点的地方就能看到远处的地平线。伊拉克是一个随处可见地平线的国家。

在这片平坦而广阔的大地上，流过两条著名的河流：底格里斯河和幼发拉底河。它们从遥远的山区源源不断地送来淡水。

在平坦的土地上，只要有一定的技术，灌溉并非难事。通过沟渠，水可以流遍整个平原。而与此同时，如果河流暴涨河水泛滥，被水淹没的区域也会很广，形成大规模的洪灾。

古代文献中关于洪水的描述很常见。如今看到如此平坦的大地和河流，才理解难怪会有洪水。恐怕与都是山的国家日本发洪水时的怒涛奔流也不同，这里的洪水大概是一言不发地淹过来，只留下一个个浅浅的湖泊吧。

由于河道发生变化，现在底格里斯河已经远离乌鲁克遗址。以前的城市都必须建造在河流旁边。

无论是确保饮用水还是运输物资，或是防卫需要，河流都必不可缺。

男人由此想到城市兴起的条件。首先必须要有粮食供应，也就是需要稳定而大规模的农业生产。为此就需要水，要有引水入田的灌溉设施。作为前提条件，需要适于灌溉的平坦土地。

像沙漠这样干燥的土地，对农业生产来说反而是好事。一般植物在干燥的土地上难以繁茂生长，所以这种土地不需要先进行采伐和开垦。没有水就不会有植物，反而言之，只要能够引水灌溉，植物就能生长。这样就能有选择地只种植自己所需的作物。

在这方面，埃及和美索不达米亚颇为相似（那么，印度河和黄河流域是否也满足这一条件呢？）

当然，最早的文明都是发源于对人类来说自然条件最为有利的地方。后来随着文明的发展，人类逐渐开始涉足条件欠佳的地方。现在这个星球上几乎已经没有人类未曾到过的地方。但在早期，河流穿过的这片沙漠才是最适宜人类生存的场所。就是男人所在的这个地方——乌鲁克。

　　也许是外界关于这里即将开战的报道甚嚣尘上的缘故，整个下午，这处在人类历史上占据重要地位的遗址并无其他游客。男人就像是古代巡视自己广阔领地的骄傲国王一般，在遗址中走来走去。突然间，视线角落似乎感觉有东西一闪而过，是一个滑溜溜而又悄无声息的活物。可是转眼看过去时又什么都没发现，只有强烈阳光照射下的断壁残垣。

　　五分钟后，那个东西在别处又进入了男人眼帘。这次运气不错，在其躲入阴暗处前的一瞬间看见了真容——一条粗大的尾巴，是狐狸。

　　狐狸在这里自古就有。这么说来，以前这一带还有过狮子。亚述美术中的一个重要主题就是猎狮。当时狮子似乎还被饲养在皇家庭园里。时过境迁，狮子虽然已经消失，可狐狸还在这里生息。

　　虽然古代苏美尔、亚述和巴比伦尼亚都位于如今的伊拉克，但距离现在都过于久远。如今的伊拉克首先是个以阿拉伯人为主体的国家，穆斯林也有很多。伊拉克盛产石油，但近二十年来也饱受战争和经济制裁之苦。

　　如今的伊拉克当然已经没有苏美尔人，当时的风俗习惯也没有流传下来。这个国家的城市里虽然经常可见穿西式服饰的人，但到了农村，很多男人还是身穿白色长袍，包着头巾，用一根黑色头带固定，女人则多全身上下裹一块黑袍。

当然，古代对于现代肯定是有影响的，其中之一就是自豪感。尽管大家都在担心美国可能对伊发动战争，但伊拉克人依然充满骄傲，老爱说自己是创造人类最早文明的民族的后人，有时也会嘲笑那个只有两百多年历史的国家过于性急。

要说具体连接古代和现代的东西，海枣是其中之一。海枣树是伊拉克南部最显眼的树，甘甜的果实沉甸甸地挂在树枝上，可供人们食用。海枣晒干后能作为沙漠旅行时携带的干粮。树干在缺少木材的当地则可用作建筑材料。树叶和木髓也各有用途。总之这种树在方方面面支撑着当地人的生活。

男人去的时候已过了海枣的收获季节，但仍不时可见满载黄色果实的卡车，也品尝了这种极为甘甜的鲜果。当年苏美尔人吃到的也是同样的味道吧。

提到食物，古往今来可谓高度相似。食材反映了一个地方的水土，只要当地环境不变，食物也不会有大的变化。

原本这里就是物产丰饶之地。关于苏美尔人和巴比伦人的日常饮食习惯，都有详细的文献记录保存下来。

首先是小麦、大麦等谷物，水果当数海枣，此外还有苹果、梨、无花果和石榴等，也有洋葱、大蒜、块茎类蔬菜，松露、蘑菇等菌类，各种药草，以及羊、牛、猪等家畜和狩猎获得的野兽、鸟类和蛋，海鱼和淡水鱼（如今伊拉克有名的淡水鱼Masgouf 也自古就有人食用了吧），龟、甲壳类动物、贝类，蚂蚱等昆虫，牛奶、黄油、牛油等动物脂肪，芝麻油和橄榄油，叫作 Manna 的甜树液，蜂蜜，还有盐。

虽然美索不达米亚可以通过贸易从远方获得各种物品，但这里所列举的食物都是当地出产的。

那么有没有现代伊拉克有而古代没有的食物呢？似乎很少，所以给人的印象就是过去和现在并没有什么差别。

如今伊拉克饮食中用的最多的是西红柿、土豆和玉米等来自美洲新大陆的食材，这些是古代没有的。伊拉克菜肴种类很多，都很美味，其中西红柿炖羊肉可谓绝品。如此看来，不知西红柿为何物的古代人有些可怜。

另一样古代没有的食物是鸡肉，这让人有些意外。鸡的家养最早好像起源于印度，当时还没有传到美索不达米亚。

此外就是茶和糖。如今在伊拉克，没有茶的生活是不可想象的。如果受邀访问当地人家，首先端出来的必定是家中男孩沏的香茶（女性绝不会出现在客人面前）。到饭馆里用餐也必定是以香茶来收尾。

装在精巧的小玻璃杯中的香茶真是很好喝。少年端着浓茶、一壶开水和糖瓶走进客厅，先在玻璃杯底倒入大量砂糖，再注入茶，满上开水，放在托盘上，再摆上一个小铝勺，端到男人面前。男人怕将糖完全搅匀后太甜，就先抿了一口，于是亲切而又善良的伊拉克人直接伸出手来帮着搅拌，告诉男人应该如何饮用。这种甘甜的味道，这种愉悦感，恐怕也是古代人不曾体验过的吧。

第二天，男人去了乌尔。

乌尔的塔庙原本保存状况就比较好，又经过精心修缮，十分气派。但男人来到乌尔最想看的还是王公贵族的坟墓，这里出土过以"灌木丛中的公羊"为代表的很多精美手工艺陪葬品。

墓地在塔庙以南300米处。这里一共有17座墓，出土过许多人骨、家畜骨和陪葬品。

走近一看，墓穴是在地上挖出一个四方形的坑，地下数米处才是进入墓穴的入口，游客是不允许下到洞口的。地下墓室的穹顶由左右一点一点伸出的砖块构成拱顶支撑。男人坐在地上，看着地面之下的黑暗，看着黑暗深处的幽冥。

这里是20世纪20年代由英国考古学家伦纳德·伍莱领导发掘的。据参考书上说，此人在20世纪的考古学家中可谓顶级。不仅业绩突出，也很讲究方法，为了不损坏地下的文物，有时不惜等上数年，以采用更加严谨和科学的技术进行发掘。而且据说他的日常行为举止也很绅士。

实际上，这里的王陵名声并不太好，因为古代苏美尔有殉葬的习俗。

从编号 800 的墓穴中出土过一枚印章，上面刻着字，用苏美尔语念作"舒布阿德"，用阿卡德语念作"蒲阿比"，在两种语言里的意思都是"我们的语言之父"。印章放置在位于墓穴深处的遗体肩部，可以推测是这座墓的女主人的名字。她并不孤单，在她身边环绕着大量奢华的陪葬品，还有 5 名士兵和 23 名侍女的尸体。

旁边的 789 号墓穴据推断为蒲阿比的丈夫阿巴拉吉的墓，里面有 63 名殉葬者。此外，在出土"灌木丛中的公羊"的 1237 号墓穴里，殉葬着 6 名士兵和 68 名侍女，人数最多。这些侍女中有 4 人可能是竖琴演奏者，她们身边放着乐器。

她们相信殉葬是命中注定，所以很淡然地走进了墓穴。她们也并非死于暴力手段，而是自行服用致死剂量的鸦片或是大麻后平静地死去。在她们死后，应该还有人进来整理过尸体。在一旁放上"灌木丛中的公羊"应该也是那时候吧。长期以来，一直没有人进入墓室窃走珍贵的陪葬品，死者也平静地沉睡了几千年。

殉葬习俗并未一直流传下去。苏美尔人总体上给人的印象还比较温和，后来到了远比苏美尔人好战的亚述帝国时，国王驾崩后却并未将侍从带走陪葬。

在炎热的阳光下，男人坐在古墓前，想象着当年无比奢华的葬礼。身着华丽服装的数千臣民参加葬礼，侍女们从容赴死。供品想必也是奢侈无度，尽显国力。

葬礼的筹备显示的是文明的力量。这首先需要有能够集中社会资源的体系，将财富集中到乌尔城。在此背景下才能诞生有闲暇进行思考而不是整天忙于耕作的社会阶层。

在这种思考过程中，产生了有组织性的宗教和哲学，构成能够覆盖所有城市居民的精神世界，最终拥有了能让最高级的侍女们甘心赴死的力量。

对于远离都城的贫苦农民而言，陪葬恐怕是难以想象的事情。而在王宫中，却存在着包含自主选择死亡在内的知识体系。这正是文明的一种表现。

这里无意批评陪葬的习俗，也不是要以现代的人道主义来为古代的做法断罪。在距今四千多年前的古代，存在着自主选择死亡这种违背自然规律的文化，究竟该作何理解？男人陷入了沉思。

苏美尔很了不起。站在如今广漠的乌尔遗迹里也能感受到这一点。这里是文明的发源地。苏美尔人发明了文字，建立了行政和政治体系，创造了法律、正义、教育和医疗。这些通过历史文献流传至今。

存在于这些事物背后的应该是精神这一概念吧。从新石器时代起，人类通过神话的形式逐渐构建起抽象思考的能力。换而言之，人们先是在头脑里建造起通天塔，再通过语言的发明得以相互交换想法，又通过发明文字将思想的疆域大大扩展。

如此一来男人的思考又回到了起点。四千年来人类极大提升了文明的数量级，但文明在质量上却并无根本变化。今天的人类和当年的亚述人一样好战，也同样喜欢用漂亮的工艺品来装点生活，用所能获取的食材来烹饪各种食物。

所以说，过去就是现在。

来自美索不达米亚地区、古巴比伦时期的铜像"铜龙"，
巴比伦主神马尔杜克的神兽。

伊拉克篇 ^{II}

巴比伦河畔

バビロンの流れの辺り

男人认为，美术全集是书籍形式的博物馆。

博物馆里的藏品都是世上独一无二的真品，无不需要耗费巨大劳力、巨额资金，再加上无比的幸运才能得到。即使想要建造一座包罗全世界各种文明的超级博物馆，只要没有实物，也就无从谈起。

然而如果是美术全集的话，只要能搜集到照片就好，这样就自在多了。编者可以随心所欲。唯一的缺憾只是照片终究不是实物。按个人喜好收集照片汇编成一册，称之为"空想博物馆"也可以。

大英博物馆中来自美索不达米亚地区的文物虽然不少，但不同时期的藏品数量并不均衡。早期的苏美尔的好东西不少，后期的亚述帝国的文物也很厉害，只有中间巴比伦时期的藏品很少。当年发掘巴比伦文物的都是德国人。

也许对此博物馆方面会说，别提我们没有的，看有的就好。话虽如此，巴比伦可是世界古代史上最有名的城市之一，男人心里一直都惦记着。所以，在大英博物馆里发现一只来自古巴比伦的小小"铜龙"时，男人十分欣喜。

这是件不起眼的文物，介绍也很简单，只是说是制作于公元前 700 年至公元前 550 年，是巴比伦主神马尔杜克的神兽。时间上看，并非出自巴比伦第一王朝，而是新巴比伦王国[1]。

虽然名字叫"龙"，铜像的样子却很老实，就像是趴在地上的狗身配上一个食草恐龙的头。狗是类似牧羊犬的大型犬，收着下巴，歪着脑袋，好像盯着什么在看。作为一只实际不存在的神兽，其神态表情颇为逼真。

马尔杜克是巴比伦的守护神。随着巴比伦从一个城邦国

[1] 巴比伦第一王朝，也称古巴比伦王国（Old Babylonian Empire），存在时间约为公元前 2200—公元前 1595 年，与存在于公元前 626—公元前 539 年的新巴比伦王国（Neo-Babylonian Empire）相对。

家成为帝国首都，其守护神也得到越来越多人的敬仰。也有说他最早是手持三角锄的农耕之神。如果这样的话，跟随马尔杜克的神兽"穆修斯"是蛇或是龙就不难理解了。因为蛇和龙形似流水，与水有很深渊源，而沙漠地区的农耕离不开底格里斯河和幼发拉底河的水。

大英博物馆里的"铜龙"是否就是"穆修斯"呢？作为古代大都市巴比伦的代表性文物，这只铜像有些太不起眼。不过能成为馆藏文物，有运气成分，无法强求。它虽然小但也不乏魅力。

提到巴比伦，男人首先想到的是柏林帕加马博物馆中的伊什塔尔城门。那个博物馆因再现了小亚细亚（现土耳其）的城邦国家帕加马的神殿祭坛而得名。此外，该博物馆还重建了曾伫立于古巴比伦城中心的伊什塔尔城门。在修复过程中，使用了巴比伦遗址出土的彩釉砖，不够的部分则采用与古代同样的工艺进行制作，基本复原了城门当年的模样（唯一不同的是参道要比原来窄一大半，这也是由于室内空间所限，不得已而为之）。

男人夏天去柏林的时候，首先就直奔帕加马博物馆的城门去了。伊什塔尔是古巴比伦的女神，与苏美尔的伊南娜、古希腊的阿芙洛狄忒和古罗马的维纳斯属于同一类女神。古巴比伦民众曾经虔诚地信仰她。

城门两侧的塔柱高约 7 米，当然最引人注目的还是精美的蓝色彩釉，还有壁画上的公牛和龙的浮雕，工艺巧夺天工。上面的龙长有四只脚，集多种动物的身体部分于一身，表现出古希腊神话中奇美拉[2]怪兽的形态，与日本麒麟啤酒上的麒麟也有些像。

这种浮雕是先在铸模中压入黏土成型，然后进行第一次烧制，之后在上面施彩釉作画，再次回炉烧制而成。由于使用了铸模，所以形状相同，整齐排列的样子看上去很现代。在参道处，墙上从地面到两米多高处都贴有彩釉砖，上面也排列着狮子浮雕。

美索不达米亚的建筑基本上都使用土砖和石材建造，所以遗址的色调都很单调。也许当时是涂有颜色的，但如今能见到的只有收藏于博物

2　奇美拉（Chimera）：希腊神话中狮头、羊身、蛇尾的吐火怪物。

馆里的石刻浮雕，或是当地形状不一的土包。也正因如此，伊什塔尔城门的蓝色显得格外漂亮。

这座城门之所以能得以完整地复原，是因为其中一部分长期埋藏于地下。男人仰望着城门，想起了三年前在伊朗的波斯波利斯沐浴的强烈阳光。而在柏林的博物馆展室内，人工照明下的文物总让人感觉意犹未尽。艺术在很大程度上是一个地方风土的产物，一旦离开了故土，其魅力自然也要打个对折。

五周后，男人带着柏林的记忆来到了巴比伦。

从外面看，如今的巴比伦遗址已经没有了古代的氛围。入口处是显得很拙劣的伊什塔尔城门复制品，尺寸只有原来的三分之二，材质也并非砖瓦，看上去像是涂了漆的石材。

内部算是基本再现了这个最有名的古代都市的规模，只是使用的建材过于光滑和洁净，反而显得有些不自然。这样一想，男人又感到了矛盾。这里使用的材质其实跟古代是一样的，因此这应该正是这些建筑建成之初原有的样子。既缺乏古旧感，又让人感觉不像遗迹。说到底，这里缺乏的还是生活感和物品经过长期使用留下的痕迹。从这个意义上讲，博物馆里的藏品更令人感到亲切，因为上面还残留有曾经的使用者的体温。

巴比伦遗址对于附近的学童来说，似乎是个很适合的郊游场所。男人在遗址中遇到好几拨中小学生。他们喧闹着跑过来，人声鼎沸地散落至遗址各处，然后又像退潮般地离去。

蓝色的伊什塔尔城门虽然去了柏林，但遗址中还留有一座同样样式的城门。这座城门表面没有施加釉彩，只是用经过烧制而成的砖瓦建成。其所在位置比现在的地面要低几米，要走下台阶才能看到。它被毫发无损地埋在地底下，又被巧妙地原样发掘了出来。

也就是说曾有两座城门，如今仍在遗址中的城门建得更早。当时幼发拉底河正流经巴比伦城外，或者不如说，正是由于河水流过，此处才有了都城。但河水不时会泛滥，将城门淹没损毁。虽然城门表面装饰有烧制过的砖瓦，但内里的主体还是晒干的土砖，一旦浸水，就会损坏。

　　经过数次洪水侵袭后，当地人担心城门不保，于是用土将地基堆高，并且新建了墙面贴上釉彩砖的漂亮新城门，也就是如今在柏林的伊什塔尔城门。据说在建造过程中，为了防止水向上渗透，工匠在砖块的缝隙里加进了沥青。沥青是由石油加工而成的，伊拉克盛产石油，想必沥青也自古就有吧。

　　不过比起在柏林的漂亮的伊什塔尔城门，留在巴比伦遗址的城门也毫不逊色，同样让人印象深刻。城门上的公牛和龙的浮雕十分清晰，遗址上空的颜色和风的气息也与古代并无二致。在某一段时期，这里可是整个美索不达米亚最为繁华的都市。节日时，壮观的队列穿过城门，走向神殿。男人想象着古巴比伦帝国的繁荣景象，入神地看着这座城门。

　　遗址入口处有座小博物馆。巴比伦遗址出土的文物多半已经被运走，收藏在柏林或是别的国家的博物馆还有巴格达的国立博物馆。这里的博物馆中只能看到古代建筑的模型和照片。

　　其中比较有意思的是一座大塔的模型，以及西方美术史中的著名题材之一"巴别塔"的复制图

（可能是从某本图册上翻拍下来）。包括最有名的老彼得·布吕赫尔的作品在内，镜框里一共展示着数十幅画。

《圣经·旧约》中提到的巴别实际上说的就是巴比伦。古代犹太人将这个大都市叫作"巴别（Babel）"，解释为取自希伯来语中"混乱"之意。而实际上，"巴比伦"一词源自"Babili"，意为"神之门"。圣经中则采用了犹太人流传下来的民间语源说。

让我们回想一下《圣经·旧约·创世记》中关于这座塔的故事。巴比伦人随着自身实力增长，为了夸耀自己的力量想要建造一座塔。他们说："来吧！我们要建造一座城和一座塔，塔顶通天，要传扬我们的名。"上帝认为他们的野心有损自己的权威，在塔建到一半时，开始阻碍他们的工作。由于当时的人们都使用同一种语言沟通交流，上帝就搅乱了天下人的语言系统，使人们无法自由沟通。于是施工现场出现了"混乱"，塔的建设只能半途而废，而上帝的权威得以维护。

男人心想，在全球化不断发展的今天，英语事实上已经成为世界公用语。从这个过程看，人类似乎是在建造一座新的巴别塔。人类一方面对神虔诚信服，同时也始终在反抗着神的统治。看看亚当、夏娃或是该隐的故事就能明白，《圣经·旧约》中叙述的都是这样纠葛的历史，这种紧张关系才是人类面对神时的存在意义。

实际上塔在巴比伦遗址里已不复存在。附近的波尔西帕古城里有一处历经岁月洗刷、瘦骨嶙峋的古塔残骸，巴比伦则什么都没留下。要想象巴别塔的样子，最好的参照物只剩乌尔城的塔庙了。

巴别塔到底长什么样子？西方画家凭借各自的想象创作了许多绘画作品。比较多见的是布丁形状的，塔身往上逐渐变细，外围有螺旋状的登塔台阶。这可能比较接近塔的真实样子。重要的一点是这座塔带有能登上塔顶的楼梯，这是与埃及金字塔的不同之处。

美索不达米亚的塔与日本的五重塔、伊斯兰清真寺的尖塔和比萨斜塔不同，并非细长形状的塔。它是从地面用砖层层堆砌起来，呈底部宽大的山丘状。与西方画家所描绘的不同，乌尔城的塔庙向上的角度要和缓得多，所以整体规模很大。换句话说，这种塔缺乏直冲云霄的魄力。它的高度不及埃及最大的胡夫金字塔的五分之一。这可能是因为砖瓦结构的建筑无法形成陡峭的斜面，而金字塔使用的是巨大的石材。两者形状的差异可能就源自于此吧。

还有一个疑问：为何犹太人要视巴比伦为敌呢？

《圣经·旧约·创世记》中关于巴别塔的部分，刚才提到的"来吧！我们要建造一座城和一座塔，塔顶通天，为要传扬我们的名"，后面还有一句"免得我们被分散在全地上"。这句话是被动句式，没有主语，但显然主语是神。上帝不愿看到人们建造城市后力量增大，于是要将人们分散。而人们建造巴比伦正是为了集中人口和财富，获得超越神的力量。巴别塔就是其象征。因此，神搅乱了人们的语言，挫败了人们的图谋。后来人们散落于美索不达米亚各地，说不同语言，再也无法汇聚起力量来。

除此之外，《圣经·旧约》中还有不少被神毁灭的城市的故事。《圣经》中叫作耶和华的神认为，城市居民如果沉醉于荣华富贵必将堕落，"所多玛和蛾摩拉的罪恶甚重"，于是"将硫黄与火、从天上耶和华那里、降与所多玛和蛾摩拉、把那些城、和全平原、并城里所有的居民、连地上生长的、都毁灭了。"

同样，据《约拿书》中记载，尼尼微也成了要被毁灭的对象。神选择约拿为先知，命令他去尼尼微城向居民发出警告。约拿却不愿履行这一使命逃走了。可后来他被从船上扔进海里，又被鲸吞到肚子里，最后终于回到了尼尼微，发出了警告。尼尼微城的居民也痛改前非，避免了灭城的命运。

约拿在伊斯兰教中也被尊为先知，过去尼尼微所在的地方，如今叫摩苏尔，城里有一个大型的约拿清真寺。原本"尼尼微"这个地名在亚述语中就包含有"鱼"的意思，所以约拿才会和鲸鱼扯上关系的吧。

总之，犹太人的神似乎比较讨厌城市。犹太人的据点巴勒斯坦地处美索不达米亚和埃及两大文明的边缘，受到两者的排挤欺凌，所以犹太人对两边都比较反感。

　　《圣经·旧约》中的先知亚伯拉罕实际上出生于美索不达米亚的乌尔城。他与父亲他拉、妻子撒莱一起走出了"卡尔迪亚人的乌尔"，迁徙到幼发拉底河上游的城市哈兰（如今仍存在于土耳其境内）。这一路一直是沿着河流移动，后来他们又向西迁徙了一千公里，来到迦南，也就是今天的巴勒斯坦。后来犹太人将迦南定为自己的土地，几千年后在那里建立了以色列国。

　　能够反映巴比伦当年繁华富庶的当数空中花园。男人根据导游书中的图片，推测空中花园应该在穿过伊什塔尔城门后的右侧。实际上那里却空无一物，也没有重建的计划。尽管如此，男人来到这里还是深为感慨。

　　空中花园是"世界七大奇迹"之一。英语中用的是"wonder"、法语中用的是"merveille"，明治时代的日本人将之译为"不可思议"显然有误，应该是"令人惊异"。也就是说，空中花园并非不解之谜，而是惊人之物。之所以叫空中花园，是因为它建在远离地面的高处。之所以令人惊异，是因为当时可没有水泵等装置。古希腊的阿基米德发明螺旋水泵已经是很久后的事。据说波斯帝国的伊斯法罕曾有喷泉，但当地靠近扎格罗斯山脉，可以通过隧道引来山上的水，形成自动喷水的井。而巴比伦附近并无山丘。

要在高处建造大型花园，种植花草，首先要解决灌溉问题。通过地下水渠引来底格里斯河的河水，然后挖出竖井，通过水桶、绳索和滑轮将水运到最高处的蓄水池。这种奢侈的供水方式只有拥有众多奴隶的君王才有可能实现。据说这座花园是当时的国王尼布甲尼撒二世为自己的爱妃所建。"巴比伦空中花园"已经成为一个动人传说，在花园消亡后依然一代一代传了下来。

巴比伦最终盛极而衰。如今西方语境中的"巴比伦"一词中有"极尽奢华的罪恶之城"的含义。巴黎过去就常被比作"巴比伦"，好莱坞也是。

站在巴比伦遗址上，男人开始思考对巴比伦的偏见的由来。大都市集中了财富，自然会产生各种享乐。在憎恶享乐主义的人看来，这里显然是罪恶的中心。如果再加上信仰不同的话，这个奢华都市简直是异教徒的大本营。

关于人类古代史，被广泛阅读的最重要文献当数《圣经·旧约》。由于其撰写者讨厌都市，对古代城市的代表巴比伦进行了批判，从而形成了对巴比伦的偏见。当时犹太人没有力量建造巴比伦尼亚这样的帝国，也没有巴比伦这样的城市，于是他们在《圣经》中创造了一个语言和信仰的帝国。

对巴比伦的恶评还可能源于古希腊人的误解。希罗多德在《历史》一书中提到了巴比伦的"圣妓"制度。巴比伦的女人一生中必须要有一次到神庙当妓女。男人们来到神庙，"站到自己心仪的女人前，说'我以米莉塔之名，希望与你交合'，然后把钱放在女子的膝盖上"。米莉塔就是女神伊什塔尔的别名。

这种风俗在古希腊被视为道德堕落。但男人认为，不应该以自己的伦理标准来评判他国的文化和宗教。据现代学者研究，希罗多德在书中所写的"巴比伦所有女性"有误，实际上要履行"圣妓"义务的只是一部分人。

总之，由于上述种种因素，巴比伦成为一个颇废的城市。

犹太人憎恶巴比伦，还有一个原因。公元前6世纪，巴比伦帝国国王尼布甲尼撒二世攻陷耶路撒冷，将一万名犹太人带回巴比伦。作为当时一种战略，强行要求敌对的少数民族移居的做法并不罕见。这批犹太人因此在遥远的幼发拉底河畔充当了数十年苦力，他们被称为"巴比伦之囚"。

这段历史至今仍广为人知，是因为犹太人自古以来一脉相传，将本族历史事无巨细地记录保存了下来。记录了犹太人历史的《圣经·旧约》随着基督教的普及，在全世界广为传播。正因如此，巴比伦才会成为世人口中的罪恶之城。

男人想去看看幼发拉底河。底格里斯河流经巴格达市内，男人已经见过，而西边的幼发拉底河尚未一睹真容。巴比伦城原本建在河畔，然而经过数千年岁月变迁，河道向西移动了不少。

从巴比伦遗址到幼发拉底河驱车约需一个小时。过了桥，车在堤坝上开了一阵，男人下车来到了河岸边，静静地看着河水流淌。站在这条从小就熟知其名的河流面前，不禁令人感慨。

幼发拉底河并不宽阔。底格里斯河和尼罗河也是这样。这几条古代史上赫赫有名的河流都没有亚马孙河和长江大。孕育文明需要的是稳定的水量，而不一定非要是看不到对岸的大河。河面上漂着捕鱼船，还有的船上只有孩子在玩耍。男人身后是海枣林。这一风景可能亘古未变。

被掳至巴比伦的犹太人的哀叹在《圣经·旧约》的《诗篇》第137篇中可以寻见——

我们曾在巴比伦的河边坐下，
一追想锡安就哭了。
我们把琴挂在那里的柳树上；
因为在那里，掳掠我们的要我们唱歌，
抢夺我们的要我们作乐，
说："给我们唱一首锡安歌吧！"
我们怎能在外邦唱耶和华的歌呢？

对于巴比伦人，当时的犹太人应该是恨之入骨。他们日思夜想着遥远的耶路撒冷、遥远的锡安，无法强颜欢唱，只能以泪洗面。如果他们在巴比伦唱歌，和巴比伦人融为一体，忘却仇恨，生活能过得更舒服些，但这样可能就会使他们丧失作为犹太人的身份认知。而事实上，犹太人的仇恨极为强烈。

将要被灭的巴比伦城啊（"城"原文是"女子"），
报复你像你待我们的，那人便为有福。
拿你的婴孩摔在磐石上的，
那人便为有福。

这描写的正是"巴比伦之囚"的心情。

而如今的以色列，与美国结为盟友，眼看着盟国抓捕巴比伦的人民，将伊拉克的幼儿摔到磐石上。经过了两千多年，同样的仇恨再度上演。

坐在幼发拉底河畔，男人叹道，这是怎样一段历史啊。

人面有翼公牛像。名叫"拉玛苏"。
常常成对摆放在宫殿和神庙入口处。

伊拉克篇 III
地下的宝物和发掘的原理

地中の宝物と発掘の原理

亚述是个野性十足的国家。

男人一直是这么认为的。

亚述曾是拥有强大军备的大帝国。在长期雌伏后，亚述通过制铁和贸易逐渐积累实力，后来在对周边各国的反复征伐中，实现了长达三百年的繁荣。在鼎盛时期，它是一个名副其实的大国，积累了巨额财富。

亚述总体给人的印象是文弱武强。如果说苏美尔是城邦国家的松散联合体，那么亚述就是一个彻头彻尾的中央集权国家。因此，史料中的亚述充满了王和神的传说，而几乎没有普通市民和军人的身影。

男人认为，这也是国家的一种存在形式，依靠武力也可以实现繁荣，而且亚述借此实现了三百年的繁荣。但换个角度看，在岁月流逝缓慢的古代，亚述只持续了三百年。以现代标准来看，可能只相当于三十年。

进入大英博物馆正门后左拐，经过衣帽间，迎面的第 6 展厅陈列的就是亚述的大型雕刻。从这里向右转一直走下去是埃及展厅，但若再往前走一条通道，那里的第 7、第 8 和第 9 展厅展示的都是亚述精美的大型浮雕，再往里的第 10 展厅同样也是浮雕。亚述的其他小型文物陈列在二层的第 55 展厅。

就艺术角度而言，亚述文物都有一个明确的风格，这一点与古埃及相似。亚述人擅长在石墙上雕刻浅浮雕，这也与埃及相似。不同之处在于，埃及雕刻的主题多为形如动物的诸神，亚述雕刻的主角则多为国王和征战的士兵。他们不是在战斗，就是在猎狮。而士兵的形象完全没有任何个性，感觉是批量生产出来的同一张面孔（公元前 2 世纪中国的秦始皇兵马俑就不是这样)。

这种模式化的造型，在某种意义上也可说是简单易懂。当时的王室可能并未要求多样化，只要有一种达到标准的设计，通过一定的变化，就可以反复使用了。

所以，成为亚述雕塑主流的不是浮雕，而是一种被称为"拉玛苏"[1]的立体雕像。日语中叫作"人面有翼公牛像"。这种雕像往往成对摆放在宫殿和神庙的入口处，担负着阻止邪物入侵的职责。也可以称之为神圣的看门人。它满脸络腮胡、面无表情，身体是公牛，又长着老鹰的翅膀。亚述帝国崇尚体量，这座雕像也很大。站在旁边，首先就会惊叹于其巨大的身形。

雕像的每一部分都体现了写实主义风格，技术上完成度很高。老鹰翅膀上的每一片羽毛都清晰可见，公牛粗壮大腿上的肌肉和跟腱的刻画都很出色，而且腿竟然有五只。从正面看，前腿是并排站立的，但从侧面看，前脚往后半

[1] 也有说拉玛苏是人面、狮身、牛脚、鹰翼的造型，有些甚至是狮身狮腿的造型。成对的雕像，应是一只叫作"拉玛苏"，另一只叫作"舍杜"，有说两者的差别在狮身和牛身上，也有说两者有公母之分。

步处还有一只脚。古埃及的浮雕也有自己的特色，例如人脸是侧面，身体是正面，脚又是侧向。也就是说，雕像细节部分的刻画虽然写实，但整体效果却是符号化的。

总之提到亚述，就只能想到拉玛苏，想不出还有其他东西。男人还记得最初见到它时的惊艳，可在伦敦看了几次，后来到巴格达的博物馆里又见到几尊后，一开始那种对其内在价值的敏锐关注也就逐渐消失了。看多之后不免会有些审美疲倦，感觉也就迟钝了。

从巴格达出发在沙漠上驱车数百公里后，男人来到了尼姆鲁德遗址。

鼎盛时期的尼姆鲁德是个大城市。亚述在成为帝国过程中曾多次迁都，新首都的规模越来越大。最早的首都亚述古城从一头走到另一头只需五分钟，而据说尼姆鲁德人口有 16000 人。再之后的首都杜尔舍鲁金古城（后改名为豪尔萨巴德）呈正方形，城墙一边就超过五公里，而因圣经而闻名的尼尼微古城则更大。

　　不管哪座城市，虽然边界得以确认，内部仍并未得以全面发掘。实际上，已经发掘出的建筑遗址只是城市的区区一角。不过话说回来，整个美索不达米亚的遗址大多是土砖碎裂散落而成的土堆，难以给人留下深刻的印象。

　　亚述古城里几乎没有人影，只有孩子们在玩耍。而在尼姆鲁德，有十几名男子正在忙碌地干活，这里的发掘工作还在进行之中。

　　由于盛传战争临近，来伊拉克的游客很少。尼姆鲁德也几乎不见游客的身影。这种时候，竟然还有人在淡定地发掘遗址，男人不由地感到佩服。不过这种时候还会来这里参观的也只有自己了吧，男人苦笑着想道。

　　据发掘现场的人说，前些天这里有个惊人的发现。走过去一看，发现地面挖了个近三米深的坑。站在坑边，探下身一看，里面有一对小型的拉玛苏。亲眼看到刚出土文物的临场感真是非同一般。如果说在博物馆里看到的是标本的话，在考古现场看到的就像是刚钓上来还活蹦乱跳的鱼。男人抑制住兴奋，转到对面的斜坡，下到坑里，拉玛苏就在眼前了。先凝神细看，又用手指轻轻触碰，然后退后一步再作端详，口中不禁发出了啧啧赞叹。能在这里看到拉玛苏实物真是让人兴奋，男人感觉自己挪不动步了。

这对人面有翼公牛像高约 1 米，从头到尾有 1.3 米左右，宽 30 厘米，属于小型雕像。这种大小的拉玛苏还是第一次见到，它不会给人以威压感，反而显得有些可爱。

现场指挥发掘工作的莫扎海姆教授介绍说："我们之前就知道这里原来是伊什塔尔女神的神庙，现在计划在这里修复神庙，同时进行发掘。刚尝试着从大门向神庙大殿挖掘，就发现了左侧那座雕像的头。"

"就这么一挖就出来了吗？"

"是啊，运气不错，再加上正确的推理。发现一只后，就推测应该有一对，然后在另一侧开挖，就发现了另一只。也就是说，第一只靠的是运气，第二只则是推理。"

这仅仅是 10 天前的事。

这里从公元前 9 世纪到 8 世纪是亚述帝国的首

都，距今两千八百多年。这对雕像从诞生以来一直在这里，后来被沙土埋没，经历漫长岁月后，就在10天前，终于重见天日。

两千八百年相当于100万天。100万天与10天简直不可相提并论，这一时间长短的对比让男人有点发晕。在地下埋藏了如此漫长的岁月，为何在男人到来的这个时候就出现了呢？

当然这只是一个巧合，可男人一厢情愿地认为这就是命运的安排。仿佛自己被古代的人选中，通过这种方式受到了祝福，充满了幸福感。

如此想着，周围的沙漠似乎也发出了特别的光芒。谁说美索不达米亚的遗迹都是土包来着？阿加莎·克里斯蒂的丈夫是考古学家，曾在这一带从事考古发掘工作。阿加莎曾随丈夫来到这里，抱怨这里都是无趣的土包。可能她的感觉才是正常的吧（她应该写过《美索不达米亚谋杀案》，但写得一般，已经很难找到了）。

然而，在这片干旱的土地里，却埋藏着许多宝物，就好像一名看上去不起眼的老人，实际上却有着深邃的智慧。对于这个国家，男人重新感到了敬畏。

在美索不达米亚地区，古代文物大多进了博物馆，地表很少能见到遗迹。这里表面看不像埃及的卢克索和伊朗的波斯波利斯那样华丽，但在地下，却仍埋藏着不少文物。这个国家整个就是一个将宝贝收藏在地下的宝库。

"既然发现了一对拉玛苏，足以证明这里就是伊什塔尔神庙的入口。"莫扎海姆教授指着男人眼前的土墙说道，"这样向前挖下去，就能挖出神庙。"

这么一说，男人仿佛看到神庙就在距离自己几米开外的地方。

伊什塔尔是在古代西亚地区广受敬仰的女神，后来被改称为阿芙洛狄忒或是维纳斯。想到美丽的女神雕像距离自己只有数米之遥，男人忍不住想要拿起铲子去挖土。这种想要动手挖掘的冲动像是灵魂附体，跟在赌博时的激动心境有些相似。也就是感觉自己一定已经押中了下场赛马的胜者那种坐立不安的心情。

几年前，莫扎海姆教授曾参与亚述古城遗址公主坟的发掘作业，亲手挖掘出了黄金工艺品等各种陪葬品。他也怀有这样的热情，对这场跨越数千年的赌博的热情。

男人在发掘现场还遇到一位考古学家多尼·乔治教授。听说这里新出土了拉玛苏，他赶紧从巴格达的博物馆赶了过来。乔治教授是伊拉克考古学界的权威。

为了建立正式档案，他使用最新型器材，将新出土的文物及其保存状况和莫扎海姆教授的报告摄像记录了下来。由于在发掘现场无暇细谈，男人与乔治教授约定下次有空在巴格达再见面。男人想要更多地了解这个能从地下挖出这许多宝物的国家。

与教授们道别后，男人继续走向遗址内部。穿过几处王宫和庭院遗址，在一片开阔处看到修复遗址所需的土砖的制作场地。这里另外还有烧制砖块的窑炉。

土砖的制作并不难。将土和水和成泥，灌入四方形木框内，待凝固后撤开木框，再置于太阳下等其晒干变硬。这样，容易运输和堆砌、并且寿命也相对长久的土砖就制成了。在雨水极度稀少的美索不达米亚地区，土砖一直是经久耐用的建筑材料。

与之相似，男人想到了使用冰砖的建筑。在高纬度地区，可以在冬季建造冰屋。气温不超过零度的情况下，自然界中虽然没有水，只有雪和冰，但可以把冰融化后做成自己想要形状的冰砖，或者可以用水来当黏合剂，因此水就成了主要建筑材料。

看着堆成井字形的正在风干的砖块，男人心想，所谓技术的原理可能就是如此简单。沙漠里没有水才能称之为沙漠，而一旦导入水源，就能生产出人们需要的东西。如果将水用来灌溉土地，就能生长出自己想要的农作物。而缺水的沙漠中的水、零度以下的世界中的水，是由人类带来的。

而另一方面，正因为干燥，埋藏在沙漠里的东西经过数千年后仍能保持原样。发掘文物真是一件有意思的工作。

男人想起自己来之前在伦敦买的书——《年轻的考古学家》，傍晚，回到摩苏尔的酒店里就翻开看了看。（这本书购于大英博物馆旁边的"博物馆书店"，里面有很多历史、美术和考古学类书籍，男人每次到伦敦都要去一趟这家书店。）

这本书的作者叫伦纳德·伍莱，是一名伟大的考古学家。他发掘了包括出土那个公山羊雕刻的坟墓在内的多处乌尔城遗址，由此构筑起了美索不达米亚的历史。他在《年轻的考古学家》中，面向有志成为考古学家的年轻人，以简洁的文字介绍了考古学是怎样一门学问。这是一本考古学入门书，只有 95 页，但非常耐读。技术原理和考古案例的占比分配很合理。

在白天看到新出土的拉玛苏后，这时再读这本书格外有意思。书中介绍的案例更多是英国的，而不是美索不达米亚，可能是考虑到英国读者对于身边的案例更有兴趣吧。作为一例，书中提到男人曾经去过的位于英国南部的梅登堡。在酒店房间里看着夕阳西下的底格里斯河，男人回想起遥远北国迷雾重重的巨石城堡，心情变得愉悦起来。

书中一开始就介绍了考古发掘的基本原理——"只要没有外力，土不会移动，其性质也不会变化。"

也就是说，地下的文物几千年都不会移动位置。所谓外力，短期指的是人类的挖掘或是掩埋行为。从长远看，地壳变动可能会改变整个地层的构造。

土不会移动，只会一层一层往上叠加。埋在土里的东西也不会移动。尼姆鲁德的小型人面有翼公牛像就一直埋在当年摆放的位置。根据其出土的地层，可以判断它来自哪个时期。比如说，在相距甚远的 A 地和 B 地出土了同一样式的土器，如果已知 A 的地层所处的时期，则可以据此判断出 B 的地层的时代。

男人迄今一门心思想的是博物馆里陈列的出土文物，看到这里不免感到有些羞愧。出土的文物固然重要，但其埋藏的状况更为重要。对考古学家来说，地面以下就像是一本书，学者一边挖掘一边解读着其中隐藏的信息。

在几千年前的某一天，一个古代人想要修建房子。他在竖立柱建房梁之前，先要铺好地板。为此要运来泥土和瓦砾，将凹凸不平的地面填平、压实，成为房间的地板。

这项作业的痕迹就这样保存了下来。后来岁月流逝，原来的房子倒了，被沙土覆盖。后来地面上又新盖房子，但原来的房屋痕迹仍保存在地底下。通过考古发掘，能够还原当年修建房屋的过程。

如果在同一地点，历史上多次有人居住，其痕迹就会保存在不同的地层上，根据时间远近自下而上分布。

古代城市也是同样原理。因此，人们后来才会知道，荷马史诗《伊利亚特》中的特洛伊古城并非其发掘者施里曼[2]所认为的特洛伊2城（从下往上数第二层），而是特洛伊7a城[3]。

伦纳德·伍莱的历史功绩之一就是证明了"诺亚洪水"是真实存在过的。包括《圣经·旧约》中的记载在内，西亚有不少关于大洪水的传说。这里的大河流淌在平坦的大地上，河水用于灌溉，由于水源地的气象原因导致水量上涨形成洪水，这是正常的自然现象。伍莱在乌尔城发现了厚达3米的黏土层，土层下出土的都是手工制作的土制器皿，而土层上面出土的则是滑轮做的器皿。显然以洪水为分界线，文明有了很大进步（车轮与滑轮的原理很相似，有学说认为滑轮

2 海因里希·施里曼（Heinrich Schliemann，1822—1890），德国传奇式的考古学家，证实了特洛伊和迈锡尼古国的存在。
3 特洛伊城遗址自19世纪中期由施里曼开始发掘，至20世纪30年代方告结束，考古学家在深达30米的地层中共发现了分属9个时期、从公元前3000年至公元400年的古城遗迹。

更早发明。滑轮与滚轴的原理合二为一就形成了车轮)。

如今认为，3 米厚的黏土层不是一次洪水的结果，而是经过多次洪水才形成的。但总而言之，在四千五百多年前，这片地区曾遭受过大规模洪水，这不仅在文献上有记载，也有实物可以佐证。

不管是几次，大洪水导致了很多人死亡，农田流失。这种人力无法防范的灾害，人们视其为神的意志，也成为宗教领袖用来恐吓民众的说辞。这么一想，男人又觉得是不是说得有些过分了。

诺亚洪水的有趣之处在于，它并不是河流上游泛滥导致的洪水，而是因为连续下了"四十个昼夜"的雨。这里本是极度缺少雨水的地区，连续暴雨更是显得不自然。宗教里用这种反自然的现象，强调了它不同于一般的洪水。与此同时，河流源头也出现在了故事里，诺亚方舟最终停泊在了亚拉腊山，位于如今的土耳其和亚美尼亚的交界处。准确地说，那里是靠近里海一侧的水域，而属于幼发拉底河最上游支流穆拉特河的水域与其仅一山之隔，相距仅 100 公里左右。难道这是巧合吗？为何犹太民族的圣经中会出现亚拉腊山这样一个遥远的地名呢?

　　回到摩苏尔城里，晚上男人去吃了鱼。烤鱼是伊拉克的一道名菜，所用河鱼 Masgouf 捕于幼发拉底河。无论在巴格达还是摩苏尔，河岸边都有许多露天烤鱼餐馆，冒着热烟招揽客人。通过烤鱼的香气吸引食客，这与日本卖鳗鱼的做法有些相似。

　　Masgouf 是一种挺大的鱼，眼睛下方到尾巴有一尺三寸到一尺五寸长。将鱼身对半剖开，撒上盐，架在大炉子上直接用火烤。最好柴火用柽柳木，火才能烧得旺。

　　对于来自盛产美味海鲜的国度的男人来说，烤鱼的味道本身并不出众，但作为淡水鱼，就这么大的尺寸以及肉的紧实程度而言，口味已经相当不错了。这种烤鱼可以配蔬菜，也很适合下中东大饼（Khubz）。要是再有啤酒就好了，男人吹着河风发出了感慨。

　　二十年前，伊拉克政府出版的导游书中，除了提到用海枣酿制的亚力酒外，也提到了啤酒。据说舍赫拉查德这个牌子的啤酒口味不错。遗憾的是，经历了战争和经济制裁，如今仍面临战争威胁的伊拉克已无力酿酒。

Masgouf 像鲱鱼一样鱼刺不少，而且比鲱鱼刺要大。一边吃一边要从嘴里取出几根细长而柔软的鱼刺。鱼刺可以直接扔在地上，这是露天餐馆的便利之处。

"想想两千年后吧，"男人对同行的拉扬说道，"考古学家在这条河边进行挖掘的话，出土的都是鱼刺，他们可以据此推测这里曾是露天鱼餐厅。"

"过那么久，人们还会吃这种鱼吗？"

"当然会。摩苏尔博物馆里的石碑上不是写满了君王大宴宾客时的菜单吗，里面是不是有这种鱼的名字？"

"的确专家说有看起来像是这种鱼的名字。看来两千年前人们就在吃这种鱼。"

"所以啊，两千年后人们还会继续吃的。"

回到巴格达，男人前往国立博物馆拜会了多尼·乔治教授。他想打听一件重要的事。

"之前我在尼姆鲁德看到了刚刚出土的雕像，

很受感动。伊拉克地下是不是还有很多这样的宝贝呢？"

"伦敦、巴黎、柏林，还有巴格达，这些地方的博物馆里都有很多美索不达米亚的文物。"教授说，"这给人的感觉可能是地下已经没什么东西了。但你想想，西亚的历史遗址都呈沙丘状。一个被埋没的城市上面又会建造新的城市，如此重复建造，才形成了沙丘。伊拉克国内这种大小沙丘有上万个。"

"也就是说还会不断挖出新的文物吗？"

"是啊。但没有必要着急。伊拉克地下的石油储量可供使用数百年，遗址的数量比石油还要多。"

"地下的文物等下一代考古学家来挖吗？"

"是啊，等技术进步了，再去挖掘可能更好。最近，美国人的 GPS 运用到了我们的考古现场，真是发挥大作用了。"

说到这里，教授露出了笑容。

银铸的公牛像。

出土于安纳托利亚阿拉加霍裕克遗址中的王室坟墓。

土耳其篇 I
金属材料的光芒
金属という素材の輝き

大英博物馆第 53 展厅中有一只银铸的公牛像。只有 24 厘米高，算不上大。其长相与其说是牛，不如说更像是鹿，体型苗条优雅，发出锃亮的银光，还有多处使用了嵌金技术，非常精美。

牛头上细长的角弯曲的弧度尤为引人注目。制作这个雕像时，应该是先用蜡做出牛的形状，然后在蜡身上抹一层黏土制成铸模，加热后将蜡取出，往铸模中灌入融化的银。能将银一直灌入牛角尖端，形成如此漂亮的造型，当时精湛的技术令人叹服。银色牛身熠熠发光，犹如昨天刚刚完成。

实际上，这是公元前 2350 年前后的文物。在美索不达米亚的历史上，相当于乌尔第一王朝向第二王朝过渡的时期，亚述帝国和巴比伦王国都在这之后。

公牛雕像出土于安纳托利亚的阿拉加霍裕克遗址中的王室墓穴。男人造访了这处遗址。

土耳其是个令来访者感到困惑的国家。这个国家分为伊斯坦布尔和另外两个地区，单从一个部分无法了解该国全貌。或者可以说，这个国家分为欧洲部分和亚洲部分。土耳其大部分国土位于亚洲，但多数游客只了解欧洲部分。伊斯坦布尔的实际人口要多于官方公布的 770 万，而位于亚洲部分的首都安卡拉，人口只有 284 万。两个城市的氛围也大不相同。

在安卡拉的安纳托利亚文明史博物馆里，男人见到好几个与大英博物馆里的公牛雕像同一样式的金属动物雕像。既有身形苗条的牛，也有长着叉角的鹿。看来大英博物馆里的公牛并不孤独，它有很多同伴。早在四千三百多年前，金属铸造技术在土耳其就已经成熟了。

　　从安卡拉出发，男人乘车前往公牛像出土的阿拉加霍裕克遗址。这一路并非单纯的移动，男人想要仔细欣赏沿途的所有风光。

　　众所周知，文明的发祥离不开河流。曾经孕育出四大文明的尼罗河、黄河、印度河、底格里斯河和幼发拉底河，都是很长的大河。

　　大河的水量都较为稳定，由于流域范围广阔，不会因为一般性的气候变化而干涸。而且这些大河下游多为冲积平原，地域辽阔，适于灌溉。只要掌握了简单的农业技术，就可以耕作出大面积的农田。一个文明的发展，往往离不开规模效应。城市的出现，也需要有广阔农田来提供大量粮食。

　　到了古希腊时期，随着技术的进步，像阿提卡平原这样的小型经济区域也能诞生发达的文化。但在生产效率低下的早期，文明还是离不开广阔的土地面积，河流自然也得足够大。

　　但是，在如今位于土耳其中部的安纳托利亚高原，赫梯文明曾经兴盛一时，并没有河流作支撑却建立起了大帝国。没有河流，满足城市需求的粮食从何而来？到底是怎样的地形才孕育出了赫梯文明呢？为了解开这些疑问，男人在旅途中一直观察着车窗外。

这里的地貌并非美索不达米亚那样的平原。平缓的丘陵绵延起伏。小麦收割刚刚结束，金黄色的麦梗还残留在广阔的田地中。麦田中夹杂着向日葵田，还有豆类作物的田地。总之到处都是农田，没有森林也没有山。

向日葵的花朵都很小，可能是用于榨油的品种吧。在村庄周边，可以看到种着西红柿和玉米。在街道边，贩卖甜瓜的店铺一字排开。土耳其的农民勤勉地最大限度地利用了土地。看上去，安纳托利亚是一片富饶之地。

那么，水从何而来？男人满腹疑问。回想起来，男人一路所见都是平坦的农田。其典型为水田，为了蓄住水，地面必须完全水平。因此，要在山区耕种水田，只能修建梯田。在日本，依山而辟的小面积农田已经逐渐消失，但在尼泊尔等山地国家，梯田可以一直从山脚修到山顶，这种情况并不罕见。将山坡层层平整，挖出田埂，再引水灌溉，种植稻谷。记得第一次看到这种梯田的时候，想到所需耗费的巨大劳力，真是让人目瞪口呆。

在埃及和伊拉克，土地干燥平坦，依靠大河的水源可以修建灌溉系统，进行大规模耕作。平坦的土地没有使灌溉成为难题。如果水不够的话，还可以像伊朗的坎儿井那样通过地下水渠引来山区的水灌溉农田。在极度干旱的地区，地下水渠不容易蒸发，灌溉效率更高。当然，要在地下深处挖出数百公里长的水渠，也是一项需要耗费巨大劳力的工程。想到这儿，男人不禁又是一阵感慨。

但在安纳托利亚，既没有大河，也没有听说有坎儿井那样的地下水利设施。

"灌溉这些农田的水从哪里来？"男人问雇用的当地司机。

"会下雨啊。"

如此简单的回答让人有些措手不及。

也许麦田不需要稻田那么多的水，只要在需要的时候下适量的雨，就足够作物生长了吧。

到了住处一查，安卡拉年均降水量四百多毫米，只有东京的四分之一。美国中西部的降水量也不过如此，但已足够小麦生长。夏季三个月雨量少些，其他时候每个月降水较为均匀。

对于生长在东亚季风气候区的人而言，提到谷物，首先想到的就是稻米。水稻本是热带地区的植物，想必比小麦需要更多的水吧。

如今的农业想尽一切办法增加产量，而决定收成上限的还是水量，这也是全世界都缺水的一个原因。而在过去，农业中田地的大小和劳动力的多寡是比水更为重要的条件。除了干旱之年，只要有与降雨量相匹配的农业收成，就足以让人满意了。

不过平缓的丘陵不需要挖出田埂注入水，就可以直接成为农田，真是很轻松。以前还需要马来耕田，现在有了农用拖拉机，稍微翻翻土，就可以播种了。剩下就等下雨了。

小麦的原产地就位于土耳其到美索不达米亚一带，这里的土地原本就适合小麦生长。可以想象，当年这里一望无际的土地都是农田，收获的小麦做成面包，人们该有多么安心。世上没有什么事情比饥饿更令人痛苦了吧。

附近没有住处，只能住到邻近的博阿兹考伊村。赫梯王国的重要遗址——哈图沙就在村子附近。男人想可以稍晚再去。

博阿兹考伊的旅馆的食物很美味。感觉是将附近产的食材组合起来，稍做加工就端出来了。这样就很好。它虽比不上为王公贵族费时费力制作出来的佳肴，当然也不是贫民的食物，感觉像是地方贵族阶层的日常饮食。这种程度的食物正符合自己的口味，男人原本就不大喜欢都市生活，可能就是因为农村的蔬菜瓜果味道更好吧。

伊斯坦布尔有不少高级餐馆，汇集了各种食材，制作出精致的料理。这座城市曾是奥斯曼土耳其帝国的首都，帝国版图曾覆盖如今从伊拉克到埃及、从保加利亚到沙特阿拉伯的广阔疆域，餐饮文化自然也有深厚积淀，菜肴的确十分考究。但男人还是觉得自己更喜欢乡村料理。

第二天，男人去了阿拉加霍裕克。这里是赫梯成为大帝国之前的一个城市，遗址规模并不大。有一座斯芬克斯门，上面的雕像是狮身和美女头像的组合，形成鲜明反差。这种造型仿佛是在向观者倾诉着什么。

斯芬克斯是狮身人面像，起源于早期的古埃及，后来传播到美索不达米亚，被赋予了许多新的内涵，后来又传回古埃及。埃及吉萨金字塔附近有名的斯芬克斯像就是建于那个时期。后来，古希腊人将其命名为斯芬克斯。但最早各地的斯芬克斯像都有自己的名字，当然狮身人面这个基本特征是一样的。

阿拉加霍裕克的斯芬克斯似乎是从美索不达米亚传来的。赫梯帝国和美索不达米亚渊源深厚。沿着底格里斯河和幼发拉底河溯流而上，从其源头再往西走一点就到了安纳托利亚高原。因此，安纳托利亚自然会受到美索不达米亚文明的影响。

这个斯芬克斯的脚踝处还刻有一个双头鹰，是展开翅膀的正面像，头左右各一个。这是哈布斯堡家族的徽章，后来被纳粹拿去用了。这让男人想起了让·谷克多[1]的经典作品《双头鹰》，里面讲的是什么来着？看到双头鹰的原型，男人意识到原来这个形象的历史如此悠久。

1　让·谷克多 (Jean Cocteau, 1889—1963)，法国作家，出版有诗集《POEM》和《POESIE》，小说《可怕的孩子们》和《骗子汤姆》，评论《雄鸡和小丑》和《职业的秘密》，戏剧《人之声》《可怕的父母们》《双头鹰》以及大量颂歌，被当时评论界誉为才子。

在这个赫梯帝国的小城市遗址中，有一处还要早几百年的遗址。大英博物馆中的使用铸金技术的银牛雕像就是制作于那个时期，被称为"金石并用时代"。大英博物馆里的公牛雕像正是出自这处遗址的王侯墓穴中。

人类历史上有过漫长的石器时代，然后是青铜器时代。这个先后顺序尽人皆知。青铜器诞生后，石器逐渐就不使用了。两者作为器具性能不同，优胜劣汰也在情理之中。在青铜器广泛普及之前，曾有过一段两者并存的时期，就是"金石并用时代"。诞生于这个时期的这只公牛像完成度非常惊人。因为是银制，其出土时保持了没有风化的原样，稍稍擦拭即恢复了银的光泽，展现出极为优雅的姿态。

这些银像出土的王侯墓穴比赫梯遗址的历史更为久远，这到现场一看就能明白。因为墓穴很深，它上面才是一层层人类居住过的痕迹。因此，越是地下深处出土的文物，年代越是久远。说是墓穴，实际上留存下来的只有一圈长方形的低矮石墩，中间填入了水泥加固。但是它比其他建筑物的地基要低很多。王侯们就被埋葬在这里，金属工艺品作为陪葬品也被埋进其中。

金属熔化后形状会发生变化，这是金属材料的一大优点。正因为如此，金属器物也不容易作为遗物长期保存下来。因为后代主人会将其熔化做成别的东西。

如果仅从材质角度来衡量这只银牛的价值，无异于将"倭奴国王印"做成金牙一样暴殄天物。如今看来，将金属文物重新铸造的做法相当野蛮。但在古时候，流行也会变化，一旦主人觉得这只银牛过时了，将之熔化铸造别的样子也在情理之中。所以说，这只银牛能陪葬在墓穴中保存下来，无论是对银牛来说，还是对男人而言，都是幸事。

男人坐在墓穴旁想，金属真是一种了不起的材料。可以想见，几千年前人们第一次得到金属制品时的意外惊喜。

金属制品的造型自由度要远大于石材。换作石材，肯定做不出如此苗条的公牛。而金属比木材更耐久，换作木材，肯定无法经历四千多年岁月保存至今。

此外，金属还很美观，表面的光泽是石材和木材都不具备的，如果不看颜色，比起釉彩的光泽也不逊色。而且金属很坚韧。石器会缺损，陶器会破碎，木头会折断，金属则不容易损坏。铁固然会生锈，但金银铜最多会表面雾化，擦拭一下就能重现原有光泽。

所以，古代的人们第一次得到金银铜制品时，一定很陶醉吧。灿灿发光，表面光滑，充满质感，形状美观，真是一种具有魔力的材料。想必当时人们的心情是如获至宝。

正因为此，至今人类仍被贵金属所吸引。不管世界如何变化，人们相信，金银制品的价值不会发生变化。

当天下午，旅馆主人对男人说："有个婚礼，要不要去看看？"

"外人也能参加吗？"

"欢迎啊。对新郎新娘来说，有外国客人参加婚礼可是件光荣的事。"

恭敬不如从命，男人跟着旅馆主人驱车20分钟来到一个名叫杰尔宾特的村庄。婚礼仪式已经结束，男人参加的是在一个大院子里举办的婚宴。

这里的习俗是男性和女性要分开举办婚宴，男人参加的是女性婚宴。但也不是没有男性参加，热闹庆贺的一大群女人中也夹杂着几个男人。

新娘很漂亮，身穿纯白婚纱，头戴红色面纱。虽然脸被遮住，但隐约可见她的笑脸天真烂漫。看上去年长些的新郎身穿黑色西服，肩上披着绿色薄布，由于紧张表情显得有些僵硬。两人衣服上都夹着不少纸币，应该是村里人送的礼金吧。

小型乐队由单簧管吹奏手、罗兰电子琴弹奏手、鼓手和歌手组成，一共就四人。配合着民族调的乐曲，众人开始跳舞。十几个人围成圈的舞蹈看上去并不复杂，随着步点加快，大家越来越兴奋。

男人发现，跳舞的人群中有一名长相并不出众的姑娘，随着舞步节奏越来越兴奋，脸上泛出光泽。潮红的脸上渗出细细的汗珠，不由地让人联想到性兴奋。这么联想可能不大合适，但这的确使这个女孩魅力倍增。对于未婚女子来说，这种场合是不是展现自己的良机呢？虽然在场的几乎没有年轻男子。在男女都在的场合，舞蹈应该能比服饰和化妆更能展现女性魅力吧。

一段舞曲终了，展示礼品的环节热闹登场。馈赠者的名字和礼品被一一念出，实物一件件被搬上台来，其中有锅、有咖啡杯，还有枕头，都是实用品，看了让人感觉很踏实。新婚夫妇明天即将开始的新生活仿佛跃然眼前。

回到旅馆，男人发现带来的书中有关于金属起源的介绍，赶紧开始学习。只有在身临其境的情况下，这种学习才能事半功倍。

男人开始思考古代的材料工艺学。木头切割下来、修整成形就可直接使用，石头在特定的场所采掘出来、运输到目的地后，也可以直接使用。

陶器制作稍微费事些，需要和成黏土，捏成型，再放入火中烧制。最早可能有人发现，生过火的地面土质会变硬，所以尝试着将黏土放入火中焚烧。早先人们使用的土器只经过风干，很脆弱，后来发现经过火烤后竟然能变得如此结实，这才诞生了陶器。

与上述材料相比，金属并不容易获得。金银在自然状态下也呈金属形态，到有金沙的地方就可以采到。只是它们的数量极为有限，因此至今也具有稀缺价值。

铜则不然。只有将含有铜的矿石加热分解，才能获取铜。最早没有人知道将某种石头放入火中燃烧就能提炼出铜，所以可以推断出，最早铜的发现是出于偶然。

曾经的西奈半岛好像富含铜矿。有学说认为，古代的人在焚烧过火堆的地方，偶然在灰烬中发现了闪闪发光的铜。也有学者认为，古埃及女性用来画眼影的孔雀石中富含铜物质，其掉入炭火中后发现了铜的存在。

总之，最早发现铜的人一定具有细致的观察力，并且好奇心旺盛。毕竟这种发现可并非易事。在处理烧过的火堆时，从灰烬中发现闪光的东西，拿在手上发现很漂亮，于是想要获得更多。到底在什么条件下才能产生这种闪光的物质呢？通过实验去尝试。后来发现这种物质与金银相似，又试着同样进行加工。再后来，人们发现这种物质远比金子容易大量获取，于是逐渐出现了铜产业。人类社会

也因此开始发生根本性变化。铜的发现和使用可谓
人类史上的一大创举。

研究金属考古学的专家现在还会生起火堆，将
孔雀石碎末撒入火中来提炼铜吗？男人充满好奇，
自己也想试试。

然而，获取金属原材料和掌握金属加工技术是
两件不同的事。制作阿拉加霍裕克的银牛需要很高
的技术水平。古代的人们又是如何掌握的呢？男人
每次看到它时都深为叹服，因为其工艺水平与今天
的银制品已经相差无几。

金属制造业的发展，离不开能够搜集到大量金
银的经济体系和权力、提炼铜的焚烧炉和木炭、吹
风器等设备，还有铸造技术。更重要的是，离不开
将有关技术长期传承、不断改良的一代代工匠的努
力。在此过程中，偶然会出现天才，发明出新的技
术，再传给下一代。

或许，世人会认为这个过程如同魔法一般。实
际上，魔法也许就是指的这样的东西吧。如果说人
类飞上天空是一个奇迹，那么从石头中提炼出铜也
是一样，完成这项创举的人就会被看作魔法师。

抛开神话传说不论，作为历史上确有记载的魔法，最具系统性的、成为一门学问的就是炼金术了。近代的化学就是从炼金术中诞生的，但其根源来自冶金术，也就是从石头中提炼出铜和铁的技术。这在过去，既是一种生产技术，也是神秘的仪式。

最初将银熔化后灌入铸模制作出银制品的人，还有最早从矿石中提炼出铜的人，他们是否会被视为魔法师，被人们所敬畏呢？他们可能面临截然不同的命运，要么作为王侯座上宾而拥有巨大权势，要么被视为妖人而被放逐。

他们选出继承人后，会先让其宣誓保守秘密，再传授技术。这样一传数十代。其间由于战乱会失传。后来人们又听说在某一偏远地区有人懂得这项技术，千里迢迢前去请教。这就成了一篇以古代为舞台的历史小说。较之热衷于征战的王侯将相，这种肩负文化传承使命的工匠的故事更有意思。

大英博物馆里精美的银牛像上有人经手过的痕迹。可以想见，当年有某个特定的工匠确定了这种造型，开始制作蜡模和铸模，灌入熔化的银，然后在银像表面镶嵌黄金，再打磨光滑，直到自己满意后，献给国王。虽然作者的姓名没有流传下来，但肯定是一个实际存在过的具体的人物，四千三百年前的那名工匠的品格至今仍刻印在这只银牛上。

男人想道，一只银牛工艺品之所以能引发这些联想，是因为这件文物很小。埃及的金字塔也好，乌尔城的塔庙也罢，从中都无法感受到参与修建的人的个性，因为太巨大了。而从这件只有 24 厘米高的银牛像中，确确实实能感受到一个人的自信和满足。能做出这样的作品，感到自豪也是理所应当。这种自豪感已经融入银像中，一直流传至今。

男人对着数千年前的那个人，小声说道："你可真了不起！"

约定借 1 迈纳 6.5 谢克尔，到收获季节返还的借据（右），
以及装借据的信封（左）。

土耳其篇 II
账本和碑文之间
帐簿と碑文の間

哈图沙遗址规模很大。

男人站在最高处的"斯芬克斯门"前，俯瞰着下面的古代城市遗迹。山丘上日晒强烈，但轻风拂过很是惬意。

遗址沿着山丘平缓的北侧斜面展开，到远处尽头约有两公里长，横向最宽处约有一公里。男人所处的最高处与北端最低处海拔相差约有两百多米。这种构造凸显了遗址的立体感，给俯瞰者以一种快感。

整个遗址被城墙所包围，其中可见星星点点的建筑物遗迹。有些建筑只剩下断壁残垣，还有些则只留下了一圈四方的地基痕迹，向人们传递出当年建筑的位置和规模。三千多年前，这里石材建造的宫殿、政府部门、住宅和仓库鳞次栉比，许多人生活在此，是个名副其实的都市。

最近，男人已经习惯于考察一个城市时要考虑其背后起到支撑作用的农业。城市不可能自给自足。王侯、官吏和商人都不会自己生产食物，粮食只能从外面运来。同时，贵重物品也会从远方运来交易，外国使节和民间艺人也会来到这里。所谓都市，就是人财物和文化的交汇点。

这里距离之前去的阿拉加霍裕克遗址只有25公里。男人中意的银牛雕像于公元前2500年前后诞生于那里。当时的居民是赫梯人，居住于如今覆盖土耳其大部分国土的安纳托利亚高原。他们擅长使用石器和金属工具，后来学会制造使用铁器，建立起强大的赫梯帝国。

哈图沙作为赫梯帝国的首都，鼎盛时期是在公元前1300年前后。而在此前数百年，这里已经成为具有一定规模的贸易城市。亚述商人来到这里，开设了商铺。就文明发展程度而言，是亚述王国先行一步，所以是亚述人到这里来开店吗？但就铁器而言，则是赫梯人先掌握了冶炼技术，不少亚述商人来赫梯或许是为了获得贵重的铁器吧。

"斯芬克斯门"的构造比较戏剧化，很有意思。阿拉加霍裕克也有同样名字的城门，但哈图沙的要大不少。如今门上的斯芬克斯像已经移至安卡拉的博物馆里保存。男人之前去看过，其样式与阿拉加霍裕克的并无太大差异。专家指出，斯芬克斯呈现女性模样是受到古埃及影响。原来城门的四方有四尊斯芬克斯像，守护着都城的入口。

城门位于高高的山丘顶上再加筑的城墙上面，南边也就是城外的来访者需要用力仰头才可见到陡峭斜坡上的城门。从下面看，城门外的一片狭长平地看上去像是舞台。这种设计类似于剧场，聚集于城外的民众可以仰视从城门登台演讲的当政者或是主持祭礼的神官。

而作为实际使用的出入口，城墙下面开有一个隧道，使人们没有必要每次都夸张地从城门进出。如今隧道依然可用，从城墙外进入阴冷黑暗的隧道，对着前方出口炫目的光线，穿行数十米后就能进入城中。

看完城门内外的风景，男人开始步行穿越整个遗址。沿着城墙向东行走的过程中，男人开始思考这里的地形。城市不仅人口集中，也集中了财富。换而言之，这容易引来外患。因此，城墙修建在山丘的斜坡上，外敌入侵时不仅要爬上山坡，还要翻越城墙，这并非易事。而且城墙北侧还有深谷，很难穿越。这么看来，这座城市堪称易守难攻的要塞。

沿着右侧城墙步行约 600 米，就来到了"国王之门"。途中，一名骑自行车的青年从后面赶上来打招呼。他自我介绍说，自己是从德国乘飞机到了伊斯坦布尔，然后骑着折叠式自行车环游土耳其国内，最后准备穿越东边的邻国格鲁吉亚后回德国。经他这么一说，男人才想起土耳其与周边邻国的关系。对于生长在岛国的人来说，比较缺乏国境的概念。

男人知道土耳其与希腊接壤。从那里沿着国界线逆时针方向转的话（男人在脑中开始温习），经过地中海后依次是叙利亚、伊拉克、伊朗、亚美尼亚和格鲁吉亚，然后经过黑海，穿过保加利亚后又转回希腊。

如此想来，经由格鲁吉亚回到柏林的路线也就不难理解了。只有陆地相连，这样的旅行才能实现。最早听说亚述商人来到赫梯时很是惊讶，因为男人原以为安纳托利亚和美索不达米亚是两个毫不相关的地域。而在自然地理上，本无国界存在。底格里斯河和幼发拉底河都是起源于土耳其东部，自古人们在这片土地上就是往来自由的。

正因为此，这名德国青年一念而起就能启程远行，只要地面不中断，旅程就可以持续。男人感觉有些羡慕，告诉他自己九月要去柏林，希望听他说说去格鲁吉亚一路上的旅途见闻（后来由于未能联系上，没有再见到德国青年）。

"国王之门"并无特别吸引人之处。这里国王的浮雕像在安卡拉的博物馆里已经见过。身体背面像是埋入石中的雕刻手法虽然有点意思，不过也就仅此而已。现场展示的复制品也没有让人特别印象深刻。

从门前开始，道路开始偏离城墙，朝着城市中心向下延伸。阳光日渐强烈，男人觉得这样也很舒服，不急不忙地向前漫步。一整天都能在遗址里度过，还有什么比这更让人高兴的呢。

沿途可以看见几处小规模的神庙遗迹。虽然远离道路，男人还是过去看了看。地上残留的基石圈出了几个房屋的轮廓，能看出当年建筑的规模。

基石上面有不少圆孔，当年是用于安装木门的转轴的，直径不到 4 厘米。将草茎伸进去一试，发现深度有 6 厘米左右。

男人想起昨晚读的导游书里有关于这种圆孔的凿法。那个时代已经有青铜器了，将开孔的位置先用木框固定住，相当于现在的钻模。然后将青铜管插入钻模内让其垂直于地面。青铜管上系有绳子，由两个人从两头拉动绳子使钻头旋转，再往石头与铜钻接触处注入混有砂子的水作为研磨剂，这样用一小时就能钻进去 8 厘米深（最近考古学家经常做实验啊）。实际钻出来的孔为圆柱形，如果从旁边用木槌敲打凿子，里面的石柱就会咔嚓折断。

这就是金属的威力。同样的操作不断重复，逐渐上手后效率就能提高。意想不到的偶然或许又会诞生出新的技术。最初需要聪明人来发现新技术，后来者只要熟练掌握即可。

确实，在任何时代，先人一步的发现极为重要。看过世界各处的古代文明，尤其是从波斯到埃及一带，建筑的样式都很相似。将石头堆砌起来就成了墙壁。没有石材就使用土砖，但堆砌方法并无二致。安纳托利亚和希腊有树木，木材曾被广泛使用。而美索不达米亚地区树木比较珍稀，所以黎巴嫩雪松才会那么有名。

过去房子屋顶是否也是先架木梁，再铺木板呢？用石材搭建屋顶无法形成宽敞的空间。直到后来有了拱顶技术，用石材也能修建圆形房顶了，在此之前房顶一直是建筑的薄弱环节。在雨水稀少的地区，可以修建轻型的屋顶。那问题就在于避免日晒，这样一来，什么样的屋顶都没有问题。

最初，有人将石头堆砌成了墙壁，在上面盖上东西防止日晒雨淋，成了最早的房屋。为了防止石头崩塌，避免屋里的人受伤，人们又想办法将石墙砌牢固。这个方法逐渐传播开来并不断得到改良。

在此基础上逐渐形成了城市、出现了神庙，城墙和要塞也诞生了。据书上说，古希腊神庙的圆柱最早是用木头做的，后来从某个时候开始就变成圆柱形的石头了。

看到路上有标识显示向右是"象形文字洞"，男人一下兴奋起来，右拐稍微向上走一会儿就来到一处长长的石头堆砌的墙壁前，正中间有一个像是隧道入口的洞口，往里走几米就到头了，应该是一种房屋的构造。石洞的断面呈抛物线状，顶上架着一块很大的过梁石。

值得一看的是里面的石壁。由于入口被铁栅栏挡着，只能斜着身子往里看，可见石头上刻满记号一样的图案。

是一种文字。男人将脸贴在铁栅栏上，长时间入神地看着这些记号。应该是象形文字吧。看上去像是刚从绘画进化成文字，还留有绘画的样子。可作为绘画来看的话，也看不懂画的是什么。既然高调地刻在这种地方，想必是很重要的内容。所以复杂字形的处理也毫不马虎，细节部分都是精心雕琢。

象形文字在古希腊语中直译为"神圣文字"。当年希腊人看到古埃及的象形文字，认为这是用于宗教目的的文字。由于这种文字记录了神的事迹，自然含有宗教意味。与之相对应，如果记载的是帝王的事迹，则属于世俗文字。而实际上，这两者并没有多大差别吧。毕竟，帝王和神的关系总是很近，帝王常常会借助神的权威。

看着象形文字，男人发出了感慨：文字可真是不可思议的东西。如果写字者和阅读者不能共享同一种知识的话，文字就不能发挥作用。这与在石头上打洞的技术不同。石头上打个洞装上门，任何人都可以开关和进出这扇门。屋顶可以让所有人在下面躲避日晒雨淋。弓箭能够射穿任何敌人的胸膛，但文字却要选择对象。

男人坐在阴凉处，翻开了导游书。太阳高悬在空中，阴凉处的面积很小。男人只好尽量蜷着身体，这时他想起了刚才从"斯芬克斯门"处看到的羊群。羊群在大岩石下一个劲儿地挤啊挤，就像是石头下面的西瓜虫一样。它们身上都是毛，相互挤贴在一起，一定很热。尽管如此，对它们来说更重要的还是要躲避日晒。

导游书上对这里的象形文字作了大致翻译。首先，这是赫梯人使用的三种语言中的一种，被称为卢维语。阅读顺序是从石壁的右上方向左读，到头后转下一行，接着从左向右读。这样一来，左右不对称的文字就会换个方向写。这种写法像是牛耕田时的动作，被称为牛耕式转行书写法。虽然这样难以快速阅读，效率低下，但给人以庄重威严之感。反正也没有人会着急忙慌地去阅读碑文。

至于其内容写的是——"伟大的国王苏庇路里乌玛承蒙诸神祝福，征服了达尔浑塔沙等诸多土地，建立了许多崭新城市，在各地为诸神献上祭品。"

不出所料，果然是在宣扬国王的功绩，当然也借助了神的权威。为了将文字永久保存下来，刻在了石板上。实际上，这个目的也达到了。三千多年后，男人造访这里看到了这些文字。刻在石头上的文字总是带有永恒的意味。可以说，这些文字从一开始就被赋予了神圣的性质。

破译这些文字依靠的是现代文化的力量，依托于现代文明的支撑。但古代人将文字刻在石头上的方法，也确实起到了永久保存的作用。而如今的文字三千年后还能留存下来吗？数字技术恐怕够呛，十年后都很难说。一旦硬件和软件出现更新换代，过去的东西很可能就读不了了，现代人多少都有过这样的心酸体验吧。

那么写在纸上的文字和印刷品又如何呢？尼罗河畔的纸莎草纸流传了下来，现在的纸得到妥善保管的话也能长久留存。当然还有石头可用。人类至今仍有将文字刻在石头上的做法，世界各地有无数的石碑（虽然多数所刻内容都无关紧要）。通过它们，未来的考古学家可以了解到我们所处的这个时代。

当然前提是，三千年后人类依然存在，文明也保存了下来，而且那时候还有考古学家这个职业。然而未来很难预测，而且无法去验证，所以这种推测并无意义。

无论如何，苏庇路里乌玛王啊，你的名字流传下来了，你希望自己的功绩流芳百世的愿望也实现了。在诸多有过同样事迹的君王中，碰巧你的名字幸运地为后人所知（虽然并非只有你才是伟大的君王）。对于后人来说，哪个君王的名字能够流芳百世并不重要。在你的时代，君王们忙于以神的名义征战四方。为了得到神的支持，恭敬地向神献上祭祀。石头上的文字告诉了后人这些信息。

神的支持和献祭，这一点亘古未变。唯一的愿望是，希望向神奉上的是家畜，而不是敌国无辜的民众。谁都不希望看到，三千年来人类长进的只是屠杀普通人的技术。

出了象形文字洞，继续向下走。这处遗址中最大规模的当属神庙遗迹。里面有不少能吸引游客的有意思的东西。比如通向中庭的玄关一侧有一个一米见方的空间，像是卫兵的哨所。还有一个像是大浴盆的石头水槽，应该是仪式时用的，四侧各有一个狮子头，长相跟猫一样可爱。

此外还有绿色的石头。很显眼的绿色鼓状石头，直径达数十公分。有人说是来自埃及，后来发现不对，这种石头好像就采自于不远处。也许也是用于宗教仪式，但具体用途并不清楚。有可能是雕像的底座。

最里面有两间供奉着神像的屋子。神像有两尊，气候神赫梯[1]和太阳神阿丽娜。神像分别在两间屋子的最里面，当年都是在黑暗中举行仪式。如今两间屋子都没了屋顶，烈日当空照着。

这片神庙区域的规模很大，除了神殿和附属的书库，还有宽敞的厨房和两百多间仓库。厨房旁边，跟人差不多高的大壶半埋在土中留存了下来。据推测，这种大壶曾用来储存油、水、葡萄酒、谷物、豆类等食物。每个壶身上都刻有记号，以显示其中所装之物。

这么多储备物品是如何管理的呢？没有账本的话是不可能的。这座城市的运转应该是以文字的存在为前提的。与刚才所见的象形文字的用途不同，应该还有日常生活中所使用的文字。如果要将日常消耗的食用油、葡萄酒的运送数量一一刻在石头上，则过于麻烦，无法实现。

实际上，神庙旁边有一处像是书库的建筑，那里发现了数千枚刻有楔形文字的泥板。这是当时的文书的基本形态。此外，当时还用涂有蜡

---

1 赫梯文化里的气候神也是风暴神应为特舒卜（Teshub），此处疑为作者笔误。

的木板来记事。

　　这种楔形文字的文书是写在黏土板上的，很重，使用很不方便。日本作家中岛敦写过一个短篇小说《文字祸》，说的就是一个亚述学者被地震塌下来的泥板文书压死的故事。但是，泥板虽然不如纸轻便，楔形文字也并非现代人想象的那样原始。只要熟练掌握，就可以迅速刻写出大量文字。如果刻字时出现错误，只要用黏土抹平错误部分，重刻即可。

　　在遗址附近的博阿兹考伊村的博物馆里，男人注意到泥板文书上的文字很小。凑近了一数，相当于杂志大小的页面上竟然横向刻着八十行文字。如此小而密的文字，恐怕用一般纸笔是难以完成的。泥板的缺点是搬运不便，所以为了弥补这个缺点，只有尽可能在上面刻出更多的字。这也反映出，当时楔形文字已经达到相当高的水平。

　　男人想起了在大英博物馆里见过的泥板文书。应该是出土于安纳托利亚某地，其内容属于某种借据，上面写着约定借 1 迈纳 6.5 谢克尔，到收获季节返还。这份文书装在同为泥板制作的信封中，信封以借款人、债主以及证人三方的印来封口。信封正中央部分刻着文字，其上下方刻画着用吸管从壶中饮用啤酒的人像等图案。上方主要是安纳托利亚风格的动物图案，下方的人像则是亚述风格。这些图案大概是用大的印章，趁着泥板还没干的时候印上去的。

这件藏品让男人深为感慨。看来那个时候，这个地方已经是应有尽有了。契约书、盖有当事人和证人印章的信封，以及上面的装饰图案。如果借款人未能按时还款，想必可以将这个借据提交法院吧。也许借款人会因此面临扣押财产、禁止处置资产、宣布破产、沦为奴隶等一系列严重后果。

1 迈纳 6.5 谢克尔大约是 600 克，按现在的银价也不过 12 000 日元左右。但在当时大概是笔不小的金额，所以才会专门制作这样一份考究的借据。而规定在收获期还款，也反映了农耕时代的背景。哈图沙的神庙是当时社会经济活动的中心，里面应该保存着不少这样的借据文书。

有学者认为文字的出现最早是源于巫术，这

不无道理。汉字更是如此。东亚民众至今仍相信汉字所具有的魔力。所以亚洲城市中各种招牌泛滥成灾，令人视觉疲劳。

另一方面，文字从一开始不也具备了用于记账一类的实用功能吗？男人看着厨房旁的大壶，这样想到。在这个壶上刻下其中所放物品的记号那一刻起，文字就诞生了。

在文字出现前，先有的是图画。同样的图案反复出现后，就会逐渐简化，演变成一种记号。或者，有人发明了只有自己懂的记号，然后告诉他人，逐渐普及开来成为一般化的符号。

最早，文字和所代表的意思是一一对应的，所以文字的数量和现在的汉字一样，非常多。据说楔形文字最早有几千个，后来和发音相关联后，数量就减少到只有数百个。

现在人类对于拥有文字这件事颇为得意，仿佛文字的发明是一种历史的必然，人类史也被划分为文字出现前和出现后。而事实上，由于文字的出现，人类失去的东西也不少。文字虽然是一种准确的记事方式，但人类依赖于文字后记忆力就衰退了。古希腊的荷马，或者说是被称为荷马的吟游诗人团体，能够记住一万五千行的《伊利亚特》。就在几十年前，非洲的原始部落居民还能记住数十代国王的故事。这就是历史。

随着文字的普及，人类较之实物，开始更喜欢摆弄概念。大自然也随之离人类越来越远，"人"这种生物逐渐活得越来越封闭，可以说世界观也变得虚幻了。正如中岛敦的《文字祸》中所讲述的故事，发现文字会带来灾祸的学者遭到了文字的报复。

尽管如此，我们仍不难想象人类最初发明文字时的兴奋之情。孩子在学会认字后，会感动于自己眼前的世界豁然开朗。最终，人类只能继续和文字共存下去。这是人类早在几千年前就做出的命运抉择。

想到这里，男人站起身来，看着被夕阳染红的遗址，开始朝写着"出口"这两个字的方向走去。

新罗时代的石佛。用一整块花岗岩雕刻而成。
由于风化作用，轮廓线条显得更加圆润柔和。

韩国篇 [I]
韩式的童颜石佛
韓の、童のような石仏

博物馆能够反映一个国家。

尤其大英博物馆这样广聚天下珍品的博物馆，直观地反映出这个国家的人们曾经到过哪里，做过什么。称这样的博物馆为帝国主义的产物，并不为过。

随着第二次世界大战的结束，帝国主义的时代也走向终结。由于殖民地纷纷独立，宗主国将殖民地的文物运回本国展示的做法已经难以为继。大英博物馆也不得已开始考虑别的文物搜集方式。于是，作为世界文化的展示窗口，博物馆开始为各国文物提供展示场所。与过去被指为掠夺的帝国主义做法相比，这种更为稳妥的方式显然更理想，但这种情况下展品得由对方决定，总是得不到最好的东西。毕竟任何国家总想把最好的东西留在自己国内。

正因为此，男人对于大英博物馆中第92到94展厅的日本文物的评价并不高。其展品比较偏重近代以来的生活文化，对于古代以来的日本美术史整体未能予以均衡地展现（最近似乎正在努力通过开展企划展来弥补这一缺陷，但这是另一回事了）。

相比之下，第67展厅的Korea部分则很出色，网罗了从古至今的文物，构成了该地区文化的一幅历史全景图。想到这，男人产生了疑惑：提到古代，这个半岛到底该如何称呼呢？"朝鲜"是《史记》里记载的名字，作为该地区的名称之一，其广为人知是从14世纪建立的王朝——"李氏朝鲜"开始的。如今该半岛南部叫作韩国，即大韩民国。但在欧美通用的Korea的词源是"高丽"，也就是李氏朝鲜之前的统一王朝的名称。

大概像日本这样国名一以贯之的地方才比较罕见吧，从世界史上看的确是很少见的。那么，那片地区到底该怎么称呼呢？男人决定到了当地再考虑这个问题。

之所以考虑这个问题，是因为男人又动了旅行的心思。在第 67 展厅看到那尊可爱的石佛，男人被深深吸引住了。石佛只有几十厘米高，花岗岩材质。底座和光环都是和身体一起整体雕刻而成的。虽然历经岁月洗礼风化严重，但看上去并没有任何缺损。因为这尊雕像从一开始整体就非常柔和，风化只是让它显得更加圆润了而已。

佛像衣服的褶皱感也很高雅，解说词说是受到犍陀罗美术风格的影响。追根溯源的话，可以追溯到古典时期的希腊雕刻。这种艺术样式从欧亚大陆的西部一直传到了最东端。也就是说，通过衣服的褶皱来展现肉体美的技巧，曾经风靡了整个欧亚大陆。

这座雕像吸引男人之处在于其质朴感和幼稚的造型。雕刻技术虽然出色，但所用并非珍贵的高档石材，像是村里的石匠受信徒所托，素食净身后雕刻出来的。这绝非供奉在王侯家的菩提寺里、高高在上让人拜祀的佛像。而且，其体型如同孩子一般，头大、脸圆，好像一个孩子直接化身成了佛。表情也很柔和，像是在微笑着点头，抚慰前来祈求的信徒。

日本也有这种儿童样子的佛像。最接近的应该就是路边的地藏菩萨。但是，这尊石佛最令男人感到惊讶的是，竟然出自 7 世纪上半叶！那时候法隆寺才刚刚在日本建成，而在一海之隔的国度，佛教竟然已经普及到了普通民众生活中了吗？这一定要去看看了。

虽然已经决定要去，可具体去哪里好呢？大英博物馆里的解说词是英语，上面写着石佛来自位于 Kyongju 的 Inwang-dong 寺址，得从韩国找出这个用英文字母拼出的地方。"Silla Kingdom"查字典就可得知是新罗王国。那么在半岛的东南方向，应该是庆尚南道或是庆尚北道。

然后，通过一一对照日语导游书上韩国地名的英文拼法，发现"庆州"正是 Kyongju。解说牌上又说石佛正是从当地的博物馆借来的，那么首先要去的就是国立庆州博物馆了。去了之后，应该能知道 Inwang-dong 是何处。就这样，男人确定了基本方针。

庆州距离釜山机场约有一小时车程。大巴行驶在高速公路上，男人透过车窗看着外面的景色，不自觉地与日本进行着对比。韩国人到了日本肯定也会这样做吧。毕竟这两个国家存在诸多相似之处。首先都地处东亚季风区，气候风土相近。如果半岛没有南北分裂，两国面积也相当。无论是群岛还是半岛，都有着漫长的海岸线。就经济发展水平而言，两国在当今世界经济中也属于同一阵营。

但往往越是这样，人们在内心更愿意去寻找不同之处。而男人却不想这样做，他认为只有先找出两者究竟有多相似，才能去讨论不同。

两国相似点很多的最大原因在于，两国都位于中国这个文明大国的周边，是依靠其卫星文化而发展起来的，都是仰仗着中华文明发展出了各自的文化。此外，越南也是如此，或许蒙古也差不多。历史上，虽然中国时而由于内政赢弱而遭受外族入侵，但在文明上始终是整个东亚的领头羊。从这个意义上讲，韩国、朝鲜和日本是一种类似兄弟的关系（不分长幼）。

提到"韩国·朝鲜"，又回到了称谓的问题。

就文化层面而言，整个半岛作为一个文化圈到底该如何称呼呢？

如今庆州属于韩国，整个地区直接叫"韩国"也可以，但男人对于"国"这个字总有些抵触。毕竟这个地方在"大韩民国"或是"韩国"出现前很久就存在了。这本是文化范畴的问题，与国家无关。

如此想着，大巴抵达了终点站庆州。换乘出租车到了旅馆后，男人发觉已到晚餐时间。这一整天都在赶路，博物馆只能明天再去了，先去吃饭吧。

随意进了一家餐馆，发现菜单上有"韩定食"，就点了这个，结果被陆续端上来的无数小碟给感动了。在自斟自饮"百岁酒"的过程中，这里称呼的问题也自动解决了。其实这里叫"韩"就好，不按日语汉字的音读念作"kan"，按训读念"kara"也好。

"kara"还可以对应汉字"唐"，进而可延伸为对外国的一般性称呼。但其词源来自古代日本列岛居民最为熟悉的外国"加罗"也就是"伽耶"的发音，指的是如今位于釜山的金海国际机场一带的金官国。《魏志·倭人传》中的"狗邪韩国"的"狗邪"发音也类似，只是标注的汉字不同。

　　当时日本的称呼还是"倭"，对于居住在日本列岛上的居民来说，拥有更高文化发展水平的半岛入口就是"Kara"。那么姑且就称这片地区为"韩"，去探寻他们先人的足迹吧。

　　庆州是个古都，如今也是安静而有品位的旅游胜地。博物馆很气派，藏品数量众多，尤其是布展很精美，每件展品都有单独照明，颇为观众着想。

　　这里有许多与大英博物馆里一样的花岗岩或是砂岩材质的石佛，风化程度各不相同。这种石材即使细节变得含混不清，依然不失温度，适合用来表现佛像。这里也有不少儿童身型的佛像，其形态和石头的肌理以及风化的程度相得益彰。这种佛像所具备的儿童特征很明显，出口处购买的画册（日语版）里面也写道："因其嘴角天真烂漫的微笑，被称为童佛"，有着"儿童般天真无邪的姿态"。既然这里有这么多童佛，看来大英博物馆里那尊也并非罕见，只是反映了某种典型的样式。

　　男人向博物馆工作人员提出有问题想请教研究

员，接着就被热情地带到了里面的房间，一名K姓先生接待了他。男人将大英博物馆里的石佛照片拿给他看，询问讲解牌上的地名"Inwang-dong"到底在哪里。

K先生说，Inwang-dong用汉字写作"仁旺洞"，是包括这个博物馆在内这一带广大区域的名字。

"这一带有很多寺庙，这尊石佛到底出自哪座寺庙并不清楚。本来这一带佛教遗迹就很多，虽然不能锁定具体是哪座寺庙，但您应该也能感受到这里的氛围吧。仁旺洞指的就是这一整片地区。"

"明白了。"

"既然您来到这里，建议可去佛国寺看看。寺院始建于6世纪上半叶，到8世纪中期成为新罗最大的寺院。后来在文禄之役中被烧毁，规模缩小到原来的十分之一，但依然值得一看。"

提到文禄之役，男人想了下，明白了那是什么。在日本史中，"文禄之役"与"庆长之役"并称为"丰臣秀吉的朝鲜征伐"。原来是征伐战争啊。

在日韩两国交往史中，除了近代以来的负债外，还有过日本对朝鲜半岛单方面的侵略。当时的日本军队烧毁了许多寺庙。织田信长火烧比叡山之举背后尚有战略考量（站在其立场上而言），而丰臣秀吉出兵朝鲜完全是痴心妄想之举。不知为何身边的人未能阻止他。曾吕利新左卫门曾在狂歌中委婉地批评丰臣秀吉："太阁（指丰臣秀吉）没能买到一石米，于是今天买五斗，明天买五斗。"这里所说的"买五斗米"意为"渡海征战"。看来周围的人都已经厌倦了丰臣秀吉异常的征服欲望。后来江户儒学家藤原惺窝曾写道："无辜朝鲜民众之凄惨，日本生民之憔悴，此役至极。"

朝鲜半岛对于一海之隔的日本列岛从未心怀领土野心，而列岛一方在 16 世纪末和 20 世纪上半叶却两度入侵半岛，给半岛带来深重灾难。

也不知 K 先生是否看透了男人的心思，继续说："如果您喜欢这种质朴风格的石佛，应该去南山看看。山里有很多石佛和摩崖佛。它们既是历史文物，至今也还是被祭拜的对象。如今韩国有三成国民是基督教徒，但有四成民众同时信奉佛教和儒教。他们将灵魂托付给佛，生活以儒教来自律。这种对佛的虔诚与一千四百年前也许并无二致。"

　　第二天，男人去了佛国寺。寺院不仅规模大，色彩之鲜艳也令人称奇。日本的寺庙通常缺乏色彩，当然不至于是按字面意思诠释了"色即是空"的含义，但的确很少在寺院建筑上看见炫目的色彩。京都的金阁寺和日光的东照宫是两个例外，但这两者往往被视为低品位的典型。

　　韩的寺院是有色彩的。无论是守护山门的众神像，还是支撑屋檐的木构件，都涂有鲜艳的色彩，连大鼓也不例外。男人意识到，这种对色彩的态度也许是区分群岛文化和半岛文化的标准之一吧。就人们的穿着而言，也是半岛的色彩更加明艳，几乎没有中间色，全是对比鲜明的原色，连老人也是如此。

　　无论在何处，宗教总是通过感官上的魅力来吸引信徒。天主教的弥撒仪式中，有人气的教士无一例外相貌端正，声音纯美。唱诗班的歌声宛如天籁之音。而宗教场所往往喜欢焚香，也会让善男信女们产生置身仙境的感官体验。在这方面，佛教也不例外。僧侣们理应清楚，感官要比理性更加接近人的灵魂。印度教中，女神们都挺着浑圆的乳房彰显肉体的魅力，早期印度的佛教也借用了这一表现形式。从这个意义上讲，佛教建筑和佛像色彩鲜艳也在情理之中。

至于日本的寺庙缺乏色彩，可以用时代不同和宗派区别来解释吗？侘寂和枯山水为何会成为日本主流的审美观念呢？这个问题太大了，恐怕难以马上给出回答。

至于佛国寺，正如其名，这是一座由国家和官府护持的寺院。今天我们所知道的佛教，在漫长的历史进程中已经失去了早期的发展势头和影响力。无论对信徒还是非信徒而言，佛教都是生活中一个安静的存在。因此，对于佛教首次传入古代各国时人们的兴奋之情，现代人恐怕难以想象。在当时，那可是东亚各地文化中的一件大事，就如同一场有关信仰的海啸。

各国宫廷中，支持这种新生救世思想的势力和希望维持既有信仰的势力出现严重对立，进而发展为政权之争，但最终信奉佛教的势力 都占据了上风。在日本列岛，这种斗争以苏我氏和物部氏之争的形式表现出来。对于外来的新鲜事物，是坦然接受，还是拒之门外，文化总是在这种艰难选择中一步步向前发展。

佛教传入新罗是在公元 6 世纪上半叶，想必在此过程中也经历了一番争斗。最终当时的政权全面接纳了佛教，举国之力兴建了佛国寺。经过两百年的不断扩建，其宏大规模一直维持了八百年之久，直到如前所述被日本军队焚毁。

对于新罗国王和大和国王来说，佛教到底在多大程度上切实成为自己的信仰呢？这当然因人而异，不少人也只是在形式上皈依佛教。但至少佛教使整个城市的氛围为之一变，这在日本历史上有迹可循。所不同的是，较之半岛，佛教信仰在日本列岛面向大众的普及要晚得多。

第二天，男人去了南山。从旅馆坐车 20 分钟到达山脚，然后需要自己爬上去。南山是座名副其实的山。虽然并非严格意义上的登山，一路也颇费体力。时值天气晴朗爽快的周日，沿途有不少拖家带口的游客。

一路上不断遇到石佛。有的是岩石表面的线

刻图像，有的是深刻浮雕。不少游客对佛像兴致盎然，还有身穿僧侣服装的导游，带领一群游客一路挨个详细讲解摩崖佛像。

这些佛像是如何被雕刻在这里的呢？时间要回溯到 8 世纪中叶，此时新罗刚统一半岛南部不过数十年，这时社会已经安定下来，人们能够专心投身佛教信仰之中了吗？值得关注的是兴建的规模。这里与佛国寺不同，这些石佛和摩崖佛并非在王室的主持下修建。

如果是王室主持兴建的寺院，一般都更加庄严肃穆，佛像神情也很庄重。佛国寺的后山上有一尊名为石窟庵的大型石佛，那是在山上凿出一个巨大的空洞，在里面安放了一尊一丈多高的释迦如来坐像。其四周的墙壁上也刻满了如来弟子的浮雕像。同样是石佛，南山和佛国寺的规模不可同日而语。说得更清楚一点，是资金预算不可同日而语。

因此，南山可以说是一处与国家政权无关，而与个人信仰有关的代表性场所。当然，即使是制作一尊普通的石佛，在当时恐怕也要富人倾尽家财。这至少说明，当时佛教信仰已经渗透到了一般富裕阶层。能够参拜佛国寺的恐怕仅限于王公贵族和高官，而南山则是任何人都可以来，这样的地方有着几十尊石佛和摩崖佛。由此可见，早在 8 世纪，佛教已经在韩的普通民众中普及开了。

男人不知不觉间已经走了三个小时的山路，下山后又乘车转到山背面去看另一处石佛。穿行在山岩间，发现了一尊名为"佛谷龛室石佛坐像"的童颜佛，与伦敦看到的属于同一种类型。其长相更具女性特征，感觉像是大英博物馆里那尊石佛的姐姐。

据一旁的介绍牌上说，这尊石佛建造于公元 7 世纪上半叶。佛教在日本普及到一般民众中可是那之后几百年的事。在那么早的时期，这里就有了如此充满慈悲、面向普罗大众的佛像，着实让人感动。

一直到晚餐时男人还在思考。佛教很早就在朝鲜半岛传播开来，而在日本列岛则要晚很多。如果说佛教真正在日本民间兴起要从亲鸾和日莲算起的话，那已是 13 世纪的事。男人用力搅拌着石锅拌饭，继续思考。为什么佛教没能在日本迅速而又广泛深入地普及开来呢？是因为较之朝鲜半岛，日本列岛更加信奉万物有灵论的缘故吗？

　　当然朝鲜半岛也流行过万物有灵论。根据百济前身扶余国的创世神话，名唤柳花的高丽公主怀了天帝之孙，生出一只大蛋，在阳光照射下孵化出一名出色的男孩，日后创建了扶余国。此外，庆州博物馆中最有代表性的藏品是一种金冠，其形状代表的是圣树。

　　也许仅仅就是因为历史的偶然。日本列岛上之所以没有出现南山那样贴近民众的佛教场所，只是因为事情没有朝那个方向发展而已。这么解释虽然有些不负责任，但也只能这么想了吧。本来两者就无法进行比较，如果非要比个高低的话，反而会陷入迷宫。毕竟是两个不同的地方，历史的发展自然也有所不同。

　　这种想法在第二天得到了印证。一大早，男人前往金鳌山三佛寺，寺如其名，山中有三尊石佛，寺庙在其一旁。男人刚到庆州第二天时已经去了看过一眼，当时人烟稀少。为了防止风吹雨淋，前些年当地给三尊石佛修建了顶棚。这三尊石佛同样保留着孩童的样貌。

时隔几天再次来到这座寺庙，正值旧历三月初一，寺庙中在举行重要法会。早上 10 点抵达时，善男信女们络绎不绝地前来参拜。先从寺庙往上去三佛处拜谒，再下山回到庙里似乎是参拜的正确顺序。

男人站在一旁看了一会儿法事，信徒们的虔诚令人惊叹。虽然任何宗教信仰都需要虔诚之心，可男人在这里看到的参拜方式却不同寻常。这样的参拜方式从佛教的发源地辗转传到朝鲜半岛，就停止了步伐。来这里的信徒多为上了年纪的女性，她们先是站在佛像前虔诚拜谒，然后跪下叩拜，进而全身匍地，以表达全身心皈依的方式磕头拜谒。

这正是所谓的五体投地，原本是藏族人为了表达对佛敬意的朝圣方式。过去男人在藏传佛教地区见过。这种方式最终只传了朝鲜半岛，却没有渡过海峡传到日本列岛。就这一点而言，与朝鲜半岛相比，一海之隔的日本列岛上的居民对信仰显得不够虔诚。这也是一个不得不承认的历史事实，男人感叹着离开了三佛寺。

公元 5—6 世纪新罗王室的耳饰。庆州有许多王室古坟，
其中大多数都发现了作为陪葬品的金冠、耳饰等黄金饰品。

韩国篇 II
黄金耳饰的遥远起源
黄金の耳飾りの遠い起源

男人参观大英博物馆第 67 展厅——Korea 展厅时，在某件藏品前花费的时间要远远长于其他。那是一对闪闪发光的文物，到底是什么呢？

耳饰，一对黄金打造的硕大耳坠。男人被其硕大的尺寸和精美的造型所吸引，同时也有一种似曾相识的感觉。之前在哪儿见过，也是古代的文物，但不是出自韩国。男人所接触过的韩国的艺术作品都在这个展厅了，所以记忆中的东西不会是朝鲜半岛的。

好像是在日本，但感觉这对耳环与日本古代的艺术风格还是有些不同，给人以距离感，显得有些陌生。而展厅另一角的石佛则仿佛看着男人在微笑一般给人以亲近感，与之形成鲜明对照。介绍中说耳环出自公元5—6世纪的新罗，比石佛还要早一个世纪。

在日本美术史的某个章节里，男人似乎见过类似饰品。可仔细一想又产生了怀疑，日本真的有过饰品吗？别说黄金耳饰了，日本过去连项链和戒指都没有啊。

当然远古时代另当别论。日本列岛在古坟时代是有过饰品的。埴轮中就有佩戴耳饰和项链，手腕和脚腕还佩有叫作"玉缠"的手环和踝环的人偶存在。手环也叫作"钏"，其踪迹可以追溯到《万叶集》中。准确地说，是以"钏着"（戴在手关节上）这一固定搭配作为枕词[1]存在于和歌中，实物可能已经不复存在。

后来，这一类的装饰物在日本消失了。也就是说，以矿物和金属制作的手工艺饰品都没了。一直到江户末期打开国门，日本人身上的饰物仅限于发饰而已（武士的佩刀、腰带系扣和钱包

1　枕词：和歌术语，修辞法之一，放在特定的词语前面起修饰和调整语调的作用。

系带上的吊坠等这一类物品除外)。

就这样顺着文化史的记忆向前回溯,男人终于想起来了,是在正仓院。那是日本国内珍藏日本之外的宝物最多的地方,那里有对耳饰的式样与此几乎完全一样。

在人员往来频繁的古代朝鲜半岛和日本列岛,出现样式相同的饰物并不足为奇。如果是平民的物品姑且不论,正仓院中收藏的都是最上流阶层的物品,有共通的设计更是在情理之中。

这对黄金耳饰又是从何而来呢?是半岛制作的耳饰漂洋过海传到日本,还是韩国的工匠东渡扶桑呢?当然也可能是日本的工匠以半岛传来的耳饰为样板打造的。也可以反过来假设,是列岛的耳饰传到了半岛。这种例子并非没有。实际上,勾玉就是产于列岛的独特工艺品,后来漂洋过海到了半岛,半岛也模仿着学会了制作这种东西。男人曾经在书中读到过有关历史。

当然,仅从这两个国家(地区)来看此事是不够的。两者都是在中国的影响之下,受到南北朝到隋朝时期中华文明的影响。这对耳饰起源于中国某地，后来传到朝鲜半岛和日本列岛，这才是比较合理的解释吧。

男人为了追寻石佛来到韩国，也想趁机调查一下这对耳饰的来历。

在庆州博物馆里，男人细细欣赏完花岗岩童佛后，顺着玻璃展柜，就找到了那对耳饰。最上面是一个粗金环，下面垂挂着形状精美的吊坠。在向 K 先生了解石佛时，男人也问了有关饰品的问题。

这座博物馆的藏品中，与佛教有关的金属工艺品很多，做工都很精美。K 先生说，金属加工技术并非是与佛教一起传到朝鲜半岛的，庆州当地本来就有优秀的金属工匠，佛教美术和佛教一起传来时，工匠在这里复制了不少工艺品，后来又传播到整个半岛。其中还有一些渡海传到了日本列岛。如果是这样，那对耳饰（乍一看似乎与佛教无关）应该是根据西方传来的样式在本地制作的。在此延长线上，才有了正仓院所藏的那对耳饰。

令人好奇的是，耳饰到底与佛教有何关系呢？挂件装饰物有一个称呼叫作"璎珞"，据《广辞苑》

中解释，其意思是"印度的贵族男女将珠玉和贵金属穿上线做成的饰品。可挂在头、脖、胸前。也可用于佛像的装饰"。这个定义中虽然不包括耳饰，但耳环上的挂件也可称为"璎珞"。

"那么，耳饰在新罗之后的时代也有吗？"男人问道。

"有啊。金属饰物从新罗时期以来一直都有，只有李氏朝鲜时期没有耳饰。由于挂在脖子上的饰物会被衣服遮盖住，视服装式样不同，也有些时期没有使用。"

"原来如此。"

"现在也还有专门为博物馆修复制作这些东西的工匠，想见见吗？"

就这样，男人下一步行程确定了。

当地有个叫作庆州民俗工艺村的地方，里面有制作耳饰等金属工艺品的工匠作坊。不巧的是，男人去的当天是处理杂务的日子，并不制作工艺品。看来并不需要每天都做工。

所幸作坊里的人专门给男人展示了样品。与博物馆中同样造型简洁的耳饰，材质并非纯金，而是镀金的，售价 80 万韩元。还有焊接了 5 000 颗小金粒的大型耳饰，售价高达 800 万韩元。据介绍，小金粒是将金属熔化后从高处一点一点浇注到石头等材质表面，散落下来的颗粒自然凝固直接成形。

　　然而这个作坊最主要的产品是金冠。在薄延压金属片上切割下"出"字形状的圣树，再挂上璎珞和勾玉，十分华丽。这样的金冠在男人下榻酒店的大堂里也有装饰。作为庆州的象征，金冠显示了这里是新罗后裔的土地。美中不足的是，作坊中见到的用作金冠素材的延压金属片过于平滑，更像是工业产品，缺乏手工打造的韵味，这一点让男人略感失望。

　　这时男人突然产生了疑问，日本列岛有过金冠吗？从平安时期以后，日本朝廷要员在正式场合戴的是冠，日常所戴的是乌帽子，都是用黑色薄绢所制。圣德太子头上戴的也是冠，但并未使用黄金等金属材料。

　　由此自然会问，日本列岛古代的服饰文化中难道就没有金属饰物吗？可能是因为自己缺乏这方面的知识，男人怎么也想不出实例。看来日本列岛上的居民始终没有使用金银来装饰身体的意识。是因为相比半岛，古代日本列岛上金银产量太少吗？可近代佐渡等地发现金矿以后，为何也没有形成使用金属饰物的习惯呢？

这时男人想起，在西欧文明传入日本之前，日本使用金属饰物的唯一例子，就是琉球女子跳舞时戴在手指上的指环串。但在当时，琉球并不属于日本，而应归属于中华文化圈。至于这种指环的起源，与琉球王国的其他风俗习惯一样，应该是来自福建一带吧。

出了作坊，回到庆州民俗工艺村正门处，看到一幕令人愉快的场景——大巴停车场上，有一群人在跳舞。

这里是旅游胜地，来自韩国各地的游客很多，其中多半也会来庆州民俗工艺村，毕竟这里也带有土特产中心的性质。这群游客离开工艺村返回大巴的途中，不知道因何兴起，围成一圈开始起舞。他们看上去都过了 50 岁，属于不畏世俗眼光、充满不羁精神的一代人。看着他们半闭着眼睛边跳边大笑的样子，男人也跟着心情愉快了起来。

男人雇的翻译 Y 先生说："他们在那里跳舞没有问题，但上了观光大巴再跳舞的话可就违法了。"

"哦？还有禁止在大巴车里跳舞的法律？"

"有啊。观光大巴里本来就容易有气氛，随着车子颠簸跳舞应该很享受。但有一次一辆在高速公路上行驶的大巴遭遇车祸，由于乘客都在里面站着跳舞，死了很多人。可能是司机的注意力也被舞蹈吸引了吧。而且乘客如果都好好坐在座位上的话，也不会有那么大的伤亡。从那以后，就制定了不得在大巴中跳舞的法律。"

男人心想，这可真是一个有代表性的事例。朝鲜半岛的人们动不动就喜欢载歌载舞，而日本列岛的人则很少跳舞（这里冲绳也要除外）。除非有盂兰盆节那样的场合，否则日本人不会轻易起舞。

多亏了 Y 先生的这番话，男人来到庆州后几天里所见所闻中的疑惑终于得以解开。看来，朝鲜半岛和日本列岛的一大不同之处在于，两边民众对于人们的言行的克制程度不同。

比如，男人去市场吃午饭时又发现了一个佐

证。去市场是为了品尝著名的醒酒汤，吃完后心满意足地从店里出来，看到有一拨人围在一起赌博。当时正值客人稀少的时段，看样子是几个餐饮店主聚在一起消遣解闷，男女都有。他们扔出正反面分别涂成黑色和红色的小棒，根据颜色组合决定单双数，原理与掷骰子类似。在来自日本列岛的男人看来，他们这一投可是非同寻常，这些韩国人每次投出小棒时都像是押注了自己全部身家。透过窗玻璃，看到他们那种孤注一掷般的夸张神情和动作，男人不由得也为他们捏了一把汗。

还有一个例子。男人去看了当地正在举办的"年糕和饮料博览会"。宽敞的广场上支着帐篷等临时设施，展示和销售各种点心食品和酒类，游客熙熙攘攘。

作为助兴演出，来自日本的女子太鼓团体正在表演擂鼓。演出者约有 10 名，在合奏两种太鼓。表演水平马马虎虎，但引人注意的是她们都面无表情。音乐本应是带有感情的艺术，太鼓的咚咚声震耳欲聋，可演出者脸上却毫无表情，甚至显得为自己能抑制住感情而有些得意。

下一个节目是韩国的大鼓表演，演出者表情则极为丰富，让人感觉到他们从擂鼓中得到了无比的快乐，与之前的日本演奏者形成鲜明对照。

"刚才的日本大鼓，为什么演奏者都面无表情呢？"男人忍不住向一旁的 Y 先生说道。

"是啊，可日本人不都是这样吗？"Y 先生答道。

"我在日本留学时学到的是，无论是痛苦还是快乐，都不能表现在脸上，这就是日本的文化。"

也许是这样吧。从某个时候开始，忍耐和坚毅被视为日本人的美德。歌舞伎的世界里，也充满了有关苦难和坚忍的故事。

"所以没有日本人会在观光大巴上跳舞。"

"是啊。但正因为这种性格，日本人才会彬彬有礼和具有自制力。红灯时即使没有车辆驶过，日本人也会耐心等待。"

"的确如此。"

"韩国就在不久前，在大的十字路口还设有围栏，警察抓住不遵守交通信号灯的人，会把他们关进围栏里待上 15 分钟。"

"哈哈，这是世界上最短的刑罚了吧。"

"可不是嘛。"

男人心里还是惦记着那对耳饰的事，它们到底出自哪里呢？之前在博物馆里只顾打听石佛的事，对于耳饰，只问到有从事复制工作的工匠。

第二天，男人又去了庆州的博物馆，透过玻璃展柜认真欣赏了耳饰的黄金光泽。日本京都的正仓院里也有同样的藏品，但它们也就是在那里存在过，作为舶来的宝物由皇室所持有，但古代日本的贵族很可能并未实际佩戴过。

这一点可以从雅乐[2]中进行考证。雅乐最早来自中国，号称"会动的正仓院"，其乐曲、舞蹈以及服饰从古代一直流传至今。但从雅乐舞者的打扮来看，他们耳朵上并无配饰。男人认为耳饰的起源可能也是在中国，但不知道这一推测是否有根据。

为了了解耳饰的来历，男人又去拜访了 K 先生。不料 K 先生却说："这与我的专业领域相差太远，恐怕无法回答您的问题。"想了一会儿，他又说道："您可以找这位老师问问，我会

2　雅乐（ががく）：意指中文"雅正之乐"，是日本兴盛于平安时代的一种传统音乐。

先跟他打个电话。"K 先生递给男人一张写有名字和地址的便条，"他说考古学只是自己的兴趣爱好，但实际上十分精通，而且也擅长日语。"

庆州街道上成排的房屋十分漂亮。

屋顶是古朴厚重的黑瓦，白色墙壁微微泛黄。男人忍不住又要拿日本和这儿作比较了。日本北陆地区的瓦檐屋顶也很好看，但比庆州的有光泽。而且日本的白色墙壁是石灰的纯白色，色调不如庆州的柔和。

两者最大的不同在于屋顶的形状。庆州民居的房顶屋檐部分略微上翘，弧度优雅，而屋脊也是两头略微上翘，整个屋顶呈曲线轮廓，给人的观感与完全由直线构成的日本民居颇为不同。

但男人意识到，这仅仅是限于日韩两者间的比较，如果从世界范围来看，日韩这种白墙黑瓦的建筑风格已经十分接近了。如果再把视野放宽，与以胡同和四合院为代表的中国民居的建筑风格相比，又会得出不同的印象。再把视线放得更远的话，还能联想到有着红瓦屋顶和墙上残留着抹石灰的痕迹的南欧民居。这样下去，足以绘制出一幅世界民居地图了。世界虽大，但各地都是相互有关联的。

K 先生介绍的老师的家是一座高墙环绕的传统民居。房屋环绕着一片宽广的中庭，真是一座漂亮的建筑。外墙和建筑物构成一个"回"字。

敲门进去，一位颇有风度的白发老者迎了出来——他穿的衣服应该叫什么呢？——笑呵呵地领着男人到了正房檐廊下。

"我们在有阳光的地方谈吧。"老人的日语很流利。

"在下完全是个门外汉，悬请得到您的指教。"男人使用了最为正式的敬语。

"您太抬举我了，我也所知不多，只是凭着兴趣做了些研究。您也觉得韩国和日本有不少不同的地方，很有意思吧？"

"确实如此。刚才我就在感叹这个院子的外墙真高啊。日本的房子是不会有这么高的围墙的。"

"这是源自儒教。"老人眺望着自家围墙说道，"儒家教导说，私事不可为外人所见。"

"原来如此啊。"男人说道，"来这里几天，我虽然很在意韩国和日本的不同，但越是关注两者间

的差异，越是感到正是因为日韩本质上很相似，才
会凸显出不同之处。您是否认为日韩很相似呢？"

"确实很相似啊。"

"日语和朝鲜语从语系上看完全是不同的语言。
虽然用词上有相通之处，但语法结构不同。可我在
这里听几米开外的陌生人对话，总感觉是在说日
语。但竖起耳朵仔细听的话，又完全听不懂。"

"我也有这种感觉。虽然两种语言中都有对方
没有的辅音，但听起来很相像。这可能是因为身体
构造的缘故吧。"

"身体构造？"

"对，就是说身体的结构相似，也就是说从咽
部到喉部的骨骼相似，所以声音相近。性格也是，
一般认为日韩两国人的性格很不一样，但实际上相
似之处更多。说话反映的主要是性格和体格，所以
我们韩国人和你们日本人说话时的语音语调相近。"

"原来如此。"男人深深地点了点头。庭院里的
木莲花正在盛开，这里的景致与日本的东北地区很
像。男人已经习惯了到任何地方都要寻找同日本的
相似之处。

"我这次来拜访您是为了了解关于耳饰的事情。"男人终于回到正题。

"啊，对了。我听博物馆的 K 先生说了。在这方面，还是日本的专家更有研究。"

"这里的耳饰起源于中国吗？"男人直截了当地问道。

"不是，中国的耳饰无论是材质和形状都不同。耳饰又称为耳珰，珰本是冠上垂下来的挂件。因为耳饰是挂在耳朵上，所以叫作耳珰。从战国末期到后汉，也就是公元前 1 世纪左右吧，比较流行。"

"这么久远？"

"实际上要更为久远。亚述人和古埃及人都佩戴耳饰。古希腊和古罗马也有。"

"是因为耳朵上比较容易佩戴饰物吗？"

"正是如此。耳朵上容易打孔，对于想要装扮自己的人来说再适合不过。《孝经》里教导人们，身体发肤，受之父母，不敢毁伤。但这不妨碍在身上佩戴饰物。回到正题，中国的耳饰是玻璃制品，也有玉制的，呈蘑菇形或是鼓状，佩戴时是插在耳垂上打的孔里的，并不会再有垂下来的装饰。而庆州博物馆里的耳饰，以及贵国正仓院里的耳饰，都属于另一种类型。"

所谓门外汉，总是喜欢自以为是地进行推测，凭借一知半解的知识找到最省事的答案。而专家则不同，会依据具体的证据实物和史料来构建出立体直观的过去。

"您看到的耳饰来自更北边。"老者说道。

"更北边是指？"男人不由得探出身子。

"准确地说应该说是西方。不是经由汉、魏、隋、唐时期的中国，而是从西方经由北部路线传过来的。这种挂在耳朵上有垂下来的装饰的饰品起源于西亚以及古埃及和古希腊，这一点毋庸置疑。可能通过曾活跃于现俄罗斯南部的斯基泰人之手，经由西伯利亚和蒙古传到东方的。"

"原来世界都是连着的啊。"男人感叹道。

"都是相互连着的。我作为韩国人，有很多话想对日本说，其中最重要的一点就是世界是相连的。日本列岛的地形决定了你们可以自由取舍，而对朝鲜半岛来说，无论好恶，都必须接受外来的事物。"

"的确半岛和群岛与外族的接触多寡不在一个

层级上。"

"如果陆地相连的邻居非常强大，你是难以抗拒其影响的。因此朝鲜半岛的人正是通过高声表明自己是谁才能生存下来的。想说的话要大声说出来，想跳舞就要大胆起舞。"

老人仿佛看穿了男人这些天的疑惑。

男人边听老人说话，边想起了在大英博物馆见过的斯基泰人的黄金手工艺品。中亚优秀的手工艺文化统称为"Animal Style（动物风格）"，在其延长线的尽头，才有了如今保存在朝鲜半岛和日本列岛的黄金耳饰。

日本的正仓院的确是通过朝鲜半岛与欧亚大陆相连的啊。看着博物馆展柜里的耳饰，男人感觉自己一下被带到了广阔的草原上。这种令人眩晕的体验，也许正是博物馆带给人们的乐趣之一吧。

玄武岩上雕刻的"火蛇"，呈现闪电从天而降的动感造型。

墨西哥篇 [I]
阿兹特克之谜、天主教之谜
アステカの謎、カトリックの謎

在大英博物馆里，墨西哥的展厅也属极具冲击力的。第 27 展厅的气氛与其他展厅完全不同。踏入展厅内，就感觉到这里的气压似乎尤其高。

例如，这里有阿兹特克的"火蛇"石刻，它用粗直线和大胆的曲线来表现从天而降、锯齿状的闪电。自上而下的造型刻意摒弃了一般雕刻所追求的稳定感，反而给人以充满力量的动感印象，像是要从上面扑下来袭击观众。

仔细观察，发现这尊雕刻有着与旧大陆完全不同的精神风貌。文化多样的亚洲各地也好，欧洲各地也罢，都没有产生过类似作品。仿佛这件雕刻属于从根上就与其他文明分道扬镳，按照自己的路径伸枝散叶、开花结果的文明果实。

但反过来想，男人又觉得差别不过如此吗？原本它可以是一种旧大陆的人完全不能理解的东西，但并没走到那么远。

中南美文明和亚洲、欧洲文明之间没有交集。几万年前，只有很少的人跨过当时还是陆地的白令峡谷，来到美洲大陆。沿途不断有人留在当地定居，其他人继续南下，最终这群人分布到了整个南北美洲大陆上。这批最早的美洲人模糊的记忆成为美洲新大陆与旧大陆间的唯一联系，而这片新天地上的一切都是他们创造的。

所以男人才会认为，他们本应能创造出更为不同的东西。而实际上又是怎样？墨西哥与旧大陆有多大不同？最早来到这片土地的是亚洲人，其后代成为墨西哥的原住民。从这个角度讲，应该要拿墨西哥跟亚洲做比较。数百年前，西班牙人又来到了墨西哥，原住民文明与欧洲文明又是如何碰撞、争斗和融合的呢？

墨西哥城海拔达 2240 米，而且很热。北纬 20 度的位置相当于中国海南岛的位置。这是一个巨大、嘈杂而又充满魅力的城市。

墨西哥人长得很有特点。多数人身材不高，但身板颇为宽厚，体形圆乎乎的。换句话说，这里有很多壮实的胖子。他们肤色偏黑，一举一动能同时让人感受到力量和克制。

就长相而言，既不像欧洲人，也不完全像亚洲人。不过，还是更像亚洲人，而且在某种程度上更像南部亚洲人的长相。这些人的故乡在亚洲某地，他们的祖先在远古时代走出故乡，经历漫长旅途，来到这里。他们在这里经过一点一点的演变，才成了现在的样子吧。

亚洲特征构成了墨西哥人长相的基础，后来西班牙人、欧洲人的相貌特征也按不同比例混入进来。虽然混杂了不同人种的相貌，但看上去并未融为一体。感觉大家至今都没有相互妥协，都还在顽强地自我主张。男人到哪里都喜欢观察人的长相。站在墨西哥城的街头，看着行人的相貌，几乎忘记了时间的流逝。这种体验是前所未有的。

已经在这个城市居住了二十年的熟人 T 君，向男人讲述了当地人的贫穷。农村的主要作物是玉米，因为雨季时间有限，一年只有一次收成。五月雨季来临前种下去，九月份收获，其他季节无活可干。这里的农业成本竞争不过发达国家的机械化作业，在美国主导的贸易自由化浪潮中，墨西哥也难以保护本国农业。这样下去，农民只会越来越贫穷。

无奈之下，不少人离开农村来到城市。但在这座大都会里，外来者只能在远离闹市的地方才能找到居所。沿着山丘，可见密密麻麻的简易板屋，很多人只能栖居于此。

他们即使幸运地找到了工作，也不得不辗转换乘公交列车才能到达工作地点，交通费占到了收入的三分之一。家中不通水电，生活用水需要从流动摊贩处购买，没有电则只能忍受。这样的生活过了二十年，最近刚刚才通了水电。这座城市原本就无法承受如此大量的人口。

从某种意义上而言，墨西哥城是现代首都的一个典型形象。雅加达、马尼拉、新德里、内罗毕等等，其实都是这样。农村凋敝后，大量为生计所迫的人口盲目流向首都，居住在城市周边。墨西哥不过是其中一例罢了。在这方面，东京又有多大不同呢？

炎热的大街上，人们带着大件行李在公交车站前排队。男人一边擦掉毒辣的日头下头上的汗，一边看着这情景，心想这里的人们谋生真是不容易。

那么，古代的墨西哥又在哪里呢？欧洲人到来之前的文明遗址是否还能见到呢？墨西哥城是面向外国的称呼，当地管首都叫 DF（Distrito Federal，联邦区）。DF 与古代阿兹特克王国的首都特诺奇提特兰的地理位置是完全一致的，可特诺奇提特兰遗址在这里已经几乎不见踪影。

T 先生领着男人去了一处名叫皮诺·斯阿雷斯的地铁车站，据说那里有阿兹特克时代的建筑基石。实际上只是一块圆形石头，没有任何介绍。单看这个，很难想象原来建筑的全貌。此外，在面向中央广场的大教堂旁边，有一处 1978 年发现的神庙遗址，但也看不出神庙以往的样子。总之，"火蛇"那样具有动感的文物完全无迹可寻。

　　在 DF 中漫无目的地游走时，男人有一瞬间产生了自己身在欧洲的错觉。感觉像是行走在马德里的街巷里。这座城市的建筑完完全全模仿了大西洋彼岸的样式。

　　"阿兹特克帝国就没留下大一点的遗迹吗？"男人问 T 君。

　　"都被西班牙人彻底摧毁了。"T 君答道，"特诺奇提特兰本来是一座建在湖中岛屿上的城市。美丽的想象图流传了下来，但西班牙人将这一切都摧毁了，他们填平了湖泊，没有留下任何古城的遗迹。1985 年地震时，由于地基不牢，很多建在湖泊遗址上的建筑都倒塌了。有人说这是历史的报复。"

　　"原来是这样，所以阿兹特克什么也没能留下。"

　　"是的。去特奥蒂华坎看看吧。那是比阿兹特克帝国还要早上千年的古城，与阿兹特克的建筑样式很像，但并非阿兹特克的遗址。那儿规模很大，保存状况也不错。"

　　于是，男人和 T 君动身前往这个位于墨西哥城东北方向 50 公里处的遗址。

特奥蒂华坎果然很大，有两座巨大的石头金字塔。整个遗址南北长 2.5 公里，东西宽 1.5 公里。公元纪年前后，中美洲曾经兴盛过好几个文明，特奥蒂华坎只是其中之一。

站在遗址入口处，"啊，又是金字塔。"男人不禁发出了感慨。在埃及见过，在美索不达米亚见过，到这里又见到了。与角锥形的埃及金字塔不同，这里的金字塔呈阶梯状，与美索不达米亚的梯形塔更接近。塔身有几处平台，顺着台阶能一直爬到顶部。高的一座叫"太阳金字塔"，有 70 米高，比埃及的吉萨金字塔要矮，但比美索不达米亚各地的都要高。

男人想要登上塔看看。手里的导游书上说，台阶共有 248 级。一口气登上去有些困难，需要中途停下来歇口气。海拔超过两千米后空气变得稀薄，对人体毕竟还是有些影响。

从塔顶上看，坐落在南边数百米之遥的"月亮金字塔"清晰可见，明显比这座金字塔要矮，但形状是典型的金字塔。在古代，世界各地的人们互相不知道对方存在的情况下，却在各地都造出形状相似的巨大建筑，足以证明人类的想法不管到哪儿都没有太大区别。投入巨大劳力建造巨型建筑，这似乎就是人类文明的基本形态。

走下金字塔，一个小贩凑近了过来，手上满是各种小纪念品。他根据不同对象选择搭话方式，也许从男人长相上看出是日本人，用日语吆喝道——"便宜啊，便宜啊！"

会说这句话倒不让人意外，但下一句着实让男人哑然失笑——"几乎不要钱呀！"

这到底是跟谁学来的啊。

墨西哥中部的高原上有过很多民族建立过文明，其中之一就是阿兹特克族，也就是大英博物馆中男人钟爱的雕刻"火蛇"的创作者。

他们继承了很多先驱性的文明遗产。与特奥蒂华坎人一样，阿兹特克人也建造了金字塔。他们还创作了绘画、壁画和雕刻作品，书写图形文字，身上戴着用宝石和鸟的羽毛制作的饰物。他们还不会使用金属，没有车辆也没有牲畜，但也完成了很多大工程。

值得关注的是他们的宗教信仰。阿兹特克人的神话中有许多神，其中尤为尊崇羽蛇神。阿兹特克人由此而形成的宇宙观能说是奇怪吗？男人看着金字塔陷入了迷思。

在这座金字塔上，很多阿兹特克人向神灵献出了生命。也就是说，在这里繁盛过的阿兹特克文明的一大特征就是活人祭祀。每次祭礼要杀掉数十人乃至数百人。大型祭祀活动中，献祭者甚至多达数千人。这些成为祭品的人躺在金字塔顶，被黑曜石刀剖开胸膛取出心脏。

这种习俗从特奥蒂华坎人一直延续到图拉人和阿兹特克人。对于这段令人咋舌的历史，该如何看待呢。

活人献祭在世界各地都有过。像古希腊神话中用公主安德罗美达献祭一类的故事并不少见。君王驾崩后活人陪葬的风俗在世界各地也都有过。比如，男人去过的遗址中，苏美尔的王陵中就发现过陪葬的侍女。

但这种风俗后来都被废止了。在日本，有学者认为将埴轮埋入墓中正是陪葬的替代做法。同样，在中国，这种替代品叫作"俑"，秦始皇陵中逼真的兵马俑就是一例。

而在古代中美洲，用活人献祭的风俗却没有停止。那时的金字塔满是血污，是块飘荡着尸臭的圣地。对于这种做法，不能单纯从表象出发只是厌恶，而需要认真思考背后的缘由，它与那时当地人特殊的宇宙观有关。

我们都相信宇宙是永恒的。人类早晚会灭绝，而宇宙和诸神则永恒不灭，这才是宇宙和神灵的本质。现在人类通过科学知道宇宙和太阳也是有寿命的，但这是以数十亿年为计的无尽岁月，现在的人类根本无须为此感到焦虑。

但在古代中美洲，人们信仰的众神并非长生不老，他们认为连宇宙都是容易灭亡的。虽然不知道这种想法从何而来，但这确是支撑当地人生存的根本思想。他们认为，如果人类不将自己供奉给众神的话，神会饿死，宇宙也会灭亡。

末日学说在一段时期内风靡全球的事也不算少见，但将世界观建立在末日论基础之上的社会仅此一处。而这正是以阿兹特克为代表的古代中美洲文

明的重要特征。男人认为，在追问活人献祭习俗的
缘由之前，首先要接受这一事实。

当时的人们认为，如果不在祭坛上杀人献祭，
天公就不会降雨，作物就不会生长，人类社会就将
灭亡。就像如今我们给农田施肥一样，当时的神官
向众神不断献上血与肉的供品。听起来虽然恐怖，
但人类的精神世界也可以来源于这样的思想。

那么，这种危险的世界观又是从何而来的呢？
有人认为是因为当地主要作物玉米比小麦等农作物
生产性更低，但这只是种植小麦的人一厢情愿的偏
见。毕竟，当时的人们既然能建造出如此宏伟的金
字塔，说明玉米的产量是有保证的。

历史之谜可能无解。古代发生在中美洲的大
规模屠杀不是出于憎恨，相反正是来自对生存的执
着，是哲学层面上的确信犯[1]。

然而，当时被杀了献祭的人多为战争俘虏。为
了保证俘虏的供应，当时不断发动被称作"花之
战"的战争。从某种意义上讲，在小规模战争、内
战和民族冲突不断的今天，世界也是通过

1　确信犯（又名信仰犯）：指基于道德、
宗教、政治上的信仰而实行的犯罪。

这种变相的"活人献祭"而维持运转的。诸神至今依然饥渴于鲜血。

因为活人献祭而讨厌阿兹特克虽然容易,但要真正理解他们却非常难。为此需要我们跳出当今人类所信奉的人道主义观点,这才是最难的,而做到这一点,也不过是刚刚迈出了第一步。

在归途中,男人问 T 君:

"为什么阿兹特克人轻而易举地就被很少的西班牙人征服了呢?"

"是啊,埃尔南·科尔特斯率领的军队不过数百人,却征服了拥有数百万壮年男子的王国。听起来不可思议是吧。我认为根本原因在于阿兹特克人的世界观是建立在末日学说基础之上的。"

"原来如此。"

"阿兹特克人十分胆小。除了活人献祭外,他们还相信世界以五十二年为一个周期轮回,担心每次轮回结束之时世界是否就会迎来末日。为此,他们会紧张地举办宗教仪式,在'星之丘'上的神殿点上新火。如果点火失败的话,世界就会毁灭。"

"他们认为世界不会永远存在?"

"是的。另外还有一点，1519 年科尔特斯到来时，当时的国王蒙特苏马二世从种种迹象中已预感到自己的统治即将结束，所以对科尔特斯不知道是应该当作神明来尊崇还是当作敌人去歼灭。阿兹特克并非大帝国，与其他邻国关系也不融洽，几个邻邦都与科尔特斯联手。从结果来说，科尔特斯是抓住了最好的时机乘虚而入，击败了阿兹特克。"

"可是，这次失利与一般意义上的战败有着不同含义吧？"

"确实如此。那次战败意味着整个中美洲文明败给了西班牙，或者说是欧洲文明。此后，各种外来因素强行混合进了原住民文明中，其成果就是如今我们所见的墨西哥这个国家。"

"在我这个游客看来，这里充满不解之谜，而且整个国家极具魅力。"

"住上二十年后你依然会这么认为的。"T 君笑着说。

第二天男人去了马利纳尔科。一处幸存于西班牙人之手的小型阿兹特克遗迹，位于墨西哥城西南

70 公里处。从海拔 2400 米高的墨西哥城出发，路上要翻越 3000 多米高的山峰，再往下走。实际上沿途树木葱郁，完全没有高山的感觉，不知情的话根本感觉不到。

在快要抵达马利纳尔科时，T 君突然想起一件重要的事。

"今天是查尔马的圣十字架日啊。"

"是节日吗？"

"对，人们会聚到一起，很热闹，去看看吧。"

路上听 T 君介绍了这个节日的情况。信徒会拿着十字架到教会接受祝福，不少信徒还会从很远的地方专程前来朝圣。

在这里，男人发现了墨西哥之谜中的又一个要素——天主教信仰。西班牙人抹杀了阿兹特克的传统宗教信仰，在这里普及了天主教。但是，本具有普世性的天主教在这里却被染上了浓厚的墨西哥当地色彩。正统天主教中名为五旬节（圣灵降临节）的节日在这里成了"圣十字架日"。

查尔马的教堂之所以有名，是因为相传 1533 年耶稣基督曾在此显灵。基督赶走了印加传统的神灵，带来了新的信仰。

其实这是有先例的。墨西哥天主教的核心内容是对瓜达卢佩圣母的信仰，这也是源于同样的背景。1531 年 12 月 9 日，圣母玛利亚出现在了皈依天主教的青年胡安·迭埃戈的面前，地点就在墨西哥城以北的瓜达卢佩。这个奇迹发生后，墨西哥的守护神就成了瓜达卢佩圣母。这个日子也就成了全国性的节日。

查尔马的教堂位于深谷底部，下车后要下很长的台阶才能到达。一路上看到很多人扛着十字架。

"其实今天还是泥瓦匠的节日。"T 君说，"家里要建房子的人也会将在这里接受了祝福的十字架带回去交给泥瓦匠。泥瓦匠会将十字架供奉起来祈愿，所以家里在修缮的人特别热衷于此。"

教堂的前院里停着许多自行车，车上都装饰着鲜花。年轻人骑车远道而来，他们的自行车也在这里接受祝福。住得近的人步行而来。住得远的也有一路露营换乘大巴等交通工具前来的。

"这也是一种朝圣之旅吧。"男人问道。

"是的。"T 君说，"在欧洲，通向西班牙圣地亚哥·德·孔波斯特拉的朝圣之路很有名吧。墨西哥也形成了一条类似的朝圣之路。"

节日当天，教堂里会举行多次弥撒。看到里面过于拥挤，男人只好放弃入内。教堂入口处甚至写着"注意小偷"的提示。在教堂中盗窃钱包的行为应该比在外面行窃罪行更重吧。

教堂旁边有条河，人们在河边戏水，在临时开设的餐饮店里吃喝，购买纪念品和土特产。节日到哪里都是一样的氛围。

马利纳尔科距离教堂约20分钟车程，是一座安静怡人的城市。城东有座山丘，沿着齐整的步道登上山丘，看到一座阿兹特克神庙。神庙看上去不太齐整，但并非是人为损毁，而是修建过程中半途而废了。阿兹特克王国从邻国夺取了这片土地，修建神庙过程中西班牙人又来了。由于神庙位于山中深处，没有被西班牙人发现，才能幸免于难。

说是神庙，其实不过是依山挖掘的一个洞穴，入口处模仿张开大嘴的蛇，连牙都有。据说这里是为贵族出身的年轻人成为战士而举行仪式的场所。

遗址的说明除了西班牙语和英语外，还有当地原住民的纳瓦特尔语。

回到城里，在餐厅用餐。一边享用在啤酒里加入橙汁和香辛料的米谢拉达鸡尾酒，一边思考墨西哥这个国家。

这真是一个难懂的国家。两种迥异的文化在这里碰撞，迸出激烈的火花，经过漫长岁月，总算形成现在的样子。可虽然交合在了一起，却并未融为一体。就好像红线和白线缠绕在一起，远看是粉色，近看还是红白分明。

正因为充满谜一般的色彩，这里才让人着迷。这种诱惑让人想要一直待在这里观察那些复杂的纹样，想要进一步深入了解这个国度。这种诱惑也让男人不希望墨西哥之旅结束。如果输给这种诱惑，可能就会像 T 君一样，在这里一待就是二十年吧。

墨西哥人到底是谁？这个国家最著名的诗人奥克塔维奥·帕斯写道——"墨西哥人既不愿意当印第安人，也不愿意当西班牙人，同样也不愿意当他们的后代，而是否定他们。他只是断定自己是一种

混血的抽象，是一个人。他重新回到了无忧。他要从自身开始。"（《孤独的迷宫》段若川译）

这下越来越看不懂了。男人心想。

从玛雅王国亚斯奇兰遗址运来的楣石，
石板上刻着国王和王妃。

墨西哥篇 II
通往亚斯奇兰的漫长旅程
ヤシュチランへの遠い道

西班牙人到来之前，墨西哥的古代文明并非只有阿兹特克王国。

通览中美洲的城邦文明发展史，成为最初模本的是特奥蒂华坎。人们对于这个拥有太阳金字塔和月亮金字塔的城市充满向往。

当时的人们都认为，必须要建造起城市来。

因此，来自北方的强大民族侵入墨西哥中部高原后，在征服城市的同时也爱上了城市，进而被城市所同化，自己也开始建造同样的城市（这一点与推崇古希腊文化的古罗马帝国相似）。而阿兹特克只不过是当地曾经兴盛的几个文明中的最后一个。

后来，在南部地区也出现了同样的现象。与在干燥凉爽的高原地区一样，在酷热潮湿的丛林中，人们也建造了城市。他们砍掉树木，堆砌石头建造起房屋，其中之一就是玛雅文明。

大英博物馆的墨西哥展厅中，陈列着被称为"亚斯奇兰楣石"的一系列浮雕。雕刻在平坦的大石板上的图案都很奇幻，仿佛用咒语束缚住了观众。这种楣石本来是放在门框上沿的横梁，在这里只是一块块石板。

其中让人尤为印象深刻的是国王和王妃的雕像。国王手握长祭具站立，王妃跪在国王身前。王妃张开嘴吐出舌头，舌头上有孔，穿着一条有刺的绳子。总之看上去就很疼。

与阿兹特克的活人献祭不同，这里显示的是当权者敢于主动承受痛苦。虽然表现形式不同，实质内涵是一样的，在这种执着于肉体痛苦的背后，表现出来的是对世界存续的危机感。为什么他们对于活在现世这个事实不愿坦然接受呢？玛雅人到底建立了怎样的城市，留下了什么样的遗迹呢？

男人决定前往玛雅文明的一处遗址亚斯奇兰。

该遗址位于墨西哥最南端的恰帕斯州。男人首先从墨西哥城乘飞机来到恰帕斯州首府图斯特拉－古铁雷斯。

这座城市并无可看之处，男人决定略过，直接坐上大巴前往 50 公里以东的城市圣克里斯多瓦尔·德·拉斯·卡萨斯。50 公里虽然不远，但目的地位于海拔 2000 米的高原，大巴一路沿着长长的山路往上攀登。随着海拔升高，湿度下降，风也变凉了，从车窗能看到沿途植被的变化。

这座城市中并无玛雅遗迹。只有翻过这座高原城市后，在低处的平原上才散布着玛雅遗址。游览这些遗址时，以这座凉爽的城市为据点最为方便。

圣克里斯多瓦尔（后面那一长串的名字就省去了）是一座有品位的美丽旅游城市。20 世纪 60 年代后半期，嬉皮士们探寻世界各地的乐园时，这里就成了与巴厘岛、果阿和加德满都齐名的嬉皮文化圣地之一。城市当年的风貌至今犹存。

男人坐在位于市中心的索卡洛广场的咖啡馆里喝着啤酒，这时一名七八岁的小男孩有些害羞地凑了过来。头发是黑色，皮肤浅黑，长相属于印第安人种。

他从手上的篮子里掏出小动物泥偶摆在了男人面前的桌上。原来是个卖纪念品的小商贩。

男人指着其中一个身背甲壳的长鼻子动物问道："这是什么？"

"Armadillo。"犰狳啊。那么，那只长着斑纹的瘦瘦的动物呢。

"这只呢？"

"Jaguar。"美洲豹。

"那这只呢？"

"Puerco。"猪。

男孩的声音和语调都很可爱，居然使从来不买纪念品的男人产生了购买的冲动。实际上这些小动物的造型和着色都很不错。

恰帕斯州的印第安人口比率很高。尽管资源丰富，却一直比较贫穷，所以听说这里政治上并不稳定。后来随着政权更迭，2000 年新总统上任后，恰帕斯州的面貌也有了很大改观。一度占领圣克里斯多瓦尔市的反政府势力也消停了，国家向这个地区投入的经费也在增加。

走在城里，可以发现当地人的表情与墨西哥城颇为不同。这里的人们更为悠闲自在，但同时又显出一丝精悍，这给人的印象有些矛盾。他们的体格也比首都人要瘦些。待了两三天后，男人已经很喜欢这座城市了。

巡游玛雅遗址的日子终于到了。

公交车可以通到半路上的帕伦克，但因为到帕伦克之前还有想看的遗址，同时也考虑到从帕伦克再往前走也只能参加团体游或者自己雇车，所以男人决定索性奢侈一把，从圣克里斯多瓦尔开始就雇辆车。

通过酒店安排，名叫阿隆的司机开着一辆尼桑车过来了。阿隆车开得很稳，作为导游也是知识丰富，是个机灵的男人。

出了圣克里斯多瓦尔城，车子就开上了漫长的下坡路。途中经过村庄附近时，路上设有好些减速带，强制车辆通过时减速。减速带高度不会超过十公分，但如果不注意高速驶过的话会产生强烈震动，必须要减速慢慢通过才行。这在其他国家虽然也有，但一般是设在酒店出入口等地，在公路上还是第一次见到。阿隆说，从墨西哥开始往南的国家都是这样。

究其原因，可能是因为拉美人醉心于汽车的威力，开车时往往会将路边减速标识抛在脑后，飞速前进。所以在行人较多的路段，有必要设置减速带。这种基于国民性格的解释似乎有些过于简单。阿隆每次经过减速带时，都会提前减速缓慢通过。

三个小时后达到托尼纳，这是男人见到的第一处玛雅遗址。入口处虽然有很完善的博物馆，但男人的心已经飞到了遗址里面。

博物馆里看到一件不可思议的藏品：一个变形的头盖骨。这是一个通过给发育期的人头戴框架，强制改变过形状的头颅。人类经常喜欢人为改造自己的身体，比如说打耳洞、文身，但改变头颅形状的做法可是闻所未闻。恐怕只有缠足能与之类比了。回想大英博物馆里的亚斯奇兰浮雕，画面中也是舌头上穿过带刺绳索的痛苦主题。难道这里曾经盛行精神支配肉体的思想？能够承受肉体的痛苦，就是精神胜利的佐证。如今要是让孩子的头颅变形，父母可是要被诉以伤害罪的。

男人边想边走出博物馆，前往遗址。似乎离得不近，看路上有马粪，应该是有马匹穿行。道路有些上坡，湿度很高，空气闷热。这里海拔虽然有 900 米，却依然炎热。不同于地处高原的阿兹特克，玛雅遗址都在热带雨林之中，走在其中，汗流浃背。

穿过茂密的丛林，眼前出现一片广场，有一座大型石材建筑，颇为壮观。建筑正面从顶端到底部全部呈阶梯状。这样的建筑在广场周围有好几座。走进建筑内部，发现里面并没有多宽敞的空间。屋顶是由石材从墙壁两侧伸出构成，呈三角形的近似拱顶的结构，室内宽度不过两米。也就是说这不是厅堂，只是小屋和通道。

这座建筑是神庙，广场相当于前院。宗教仪式应该是在室外举行，建筑只是起到大型碑石的作用。

从建筑角度看，大型石块堆砌形成的整体结构威严而又不失美观。这里位于山腰上，周围的参天大树对这个人造物体形成威压。无论是埃及还是美索不达米亚，金字塔和塔庙都建造在平坦的沙漠中央，从很远处就能观瞻。而这里的建筑以丛林为背景，则别有一番美感。

可是，为什么如此偏爱台阶这一建筑要素呢？台阶虽然很有戏剧性，可架不住全是台阶。既没有平滑的斜面，也没有曲线，所有部分都呈台阶状。连接建筑两端的无数水平线，以及与之交叉成直角的垂直线，与织物的美感有些相像。织物也是由经线和纬线垂直交叉构成的。

也许，设计者想要的是与周围的树木迥异的构造。它所呈现出的是同样形状同样尺寸线条机械性重复出现的几何学美感，与呈不规则碎片状的树木形成鲜明对照。在丛林中，简单的直线造型更能强化人造物体的印象。虽然历经岁月洗刷，建筑多已风化坍塌，但还是相当吸引眼球。

离开托尼纳，为了用午餐，车子停靠在了阿瓜阿苏（Agua azul）村。这个地名是"蓝色的水"的意思。能感觉这个名字是为了观光而起的，缺乏生活感，不会有很长的历史。

来村子的路上遇到了比减速带还要厉害的限速

装置。路中间竟然横拉着绳子，原住民女子在路两边候着，向途经车辆兜售土特产。

在其他村庄，小贩们会候在减速带旁，等车辆减速后凑近车窗兜售物品。这里似乎是在没有减速带的地方她们又拉起绳子自制了减速带。阿隆慢慢停下车，对凑过来的小贩们耐心解释自己不打算买东西，请她们将绳子松开。真是个好脾气的男人。

下午很晚才到帕伦克。这处遗址规模很大，也靠近城镇（也许城镇就是因其而建），游客很多。汽车一直能开到高处的入口，进入遗址后就是一路下坡了。这里海拔比托尼纳要低，因而更热，但这也有好处。一般游客看了这里就止步不前了。从这里再前往亚斯奇兰需要相当的热情才行。

帕伦克的建筑式样和格局与托尼纳相似。看着这些宗教色彩浓厚的建筑，男人一直在思考，在丛林中修建如此大规模的建筑需要动用多少劳力，而驱使人们采取这一行动的恐惧又具有多大的能量。玛雅文明中，这种小规模的王国有不少，兴衰更替，相互争夺，互有胜负。而被俘的士兵就被用来献祭。

与阿兹特克人一样，玛雅人对于自己民族的命运也深怀不安。他们认为世界随时可能灭亡，没有余力去追求个人的幸福。国王的任务也不是君临于人民，而是要率先展示自己对于神灵的畏惧。王妃舌头上的孔和带刺的绳索就是一个象征。他们通过向神灵们敬献自己的痛苦来赢得赦免，千辛万苦地避免掉世界末日的命运。其他臣民也纷纷会承受与其身份相符的痛楚。也就是说，玛雅人的个体是服从于集体的，集体主义的做法得到了人们的支持。但专横的并非国王，而是人类普遍的命运。国王只不过是残酷命运的缓冲装置。

不能说是因为贫穷，社会才会变成这样。拥有这种宏伟建筑的国家谈不上贫穷。他们相信只有将人的生命奉献给神灵，安抚住神灵，才能换来自己明日的存续。通过死亡换来生存，这种思想寄居于玛雅人的精神中，又反映为社会形态。尽管这种充满血腥和痛苦的社会让人感觉很不健全，但也不能不让人感叹人类社会的精神世界竟能如此富有弹性。玛雅文明真是让人欲罢不能啊。

当晚住在了帕伦克。第二天阿隆继续驱车前行。波拿蒙派克是 20 世纪 50 年代发现的一处比较新的遗址，因留下了珍贵壁画而闻名。留存下来的壁画虽然严重风化，仔细看还是很厉害。绘画主题是国王们的巡游。

男人想，是不是所有王朝都会有巡游呢？这是一种通过占用道路昭示王权的方式，巡游者和观众泾渭分明。日本古代也有大名行列，从彰显威仪的目的来看，规模算不上很夸张。朝鲜通信使和琉球使节的巡游才更接近游行的本来面目。那么幕府的将军和天皇为何没有进行巡游呢？

再往前就没有通车的道路了，只能乘船沿乌苏马辛塔河而下。这条河就是墨西哥的国界，对岸是危地马拉。在船上，男人看着对岸，发现了与玛雅建筑一致的特点——河岸的土堤也是阶梯状。水位可能定期变化，堤坝每一层都削刻得很细致，水平延展的线条很美观。这对玛雅建筑风格应该不至于有影响，但两者间似乎存在某种呼应。

船开了一段后，发现对面岸上有一棵挺拔的大树。这棵树可能有什么特殊含义，旁边竖着的牌子写着"黄金木棉树"。

阿隆告诉男人，木棉是玛雅人尊崇的树木。

"玛雅人认为，人类最早的食物来自这种树木，世界四个角落里各有一棵木棉树，每棵树顶上都站着鸟。"

危地马拉的这棵木棉树上虽然没有鸟，但其伸向天空的长长枝干十分壮观。

乘船顺流而下一个小时后抵达了亚斯奇兰。上岸后走了不久，就看到了遗址群。整个山丘就像一座城市，值得一看的东西不少。只是太热了。而且所有建筑都是台阶状的，上上下下颇为费劲。男人满身大汗地行走在遗址中，竟然逐渐产生了快感。想起一千几百年前在这里搬运石头的劳工，男人对他们的辛苦产生了共鸣。

男人来到大英博物馆里的楣石原来所在的地方，想象着国王和王妃的浮雕放在这里应该是什么样子。原本楣石上应该是着了色的，现在这里有些地方还可见颜料的痕迹。

这一系列浮雕描写的是凯旋和仪式的场景，这其中的几块被运到了伦敦。迄今男人从大英博物馆出发已经走过世界很多地方，能够如此明确地找到馆藏文物原本所在位置的还是第一次。

将文物从这里带走放到伦敦展示，也许违背道义，但在现场看到文物被风吹雨淋的样子，的确会认为不能任其留在当地。那放到本国首都的博物馆里可以吗？如果文物只是在本国内部移动，是否就容易让人接受了呢？对男人而言，文物如果不是在大英博物馆，自己可能就无缘得见了。所以这个问题还真是不好回答。

一块块楣石看过去，感觉相似的主题好像变奏曲一般循环往复。从中可以发现，其造型原理就是要填满画框的每一寸缝隙。也许当时的人们对于留下空白抱有恐惧心理，抑或想以这种方式来对抗丛林的密度。

看到这儿，男人想到了玛雅的文字。对于出生于东亚的人而言，说到象形文字头脑里就会浮现出汉字，玛雅文字与象形文字也比较相近。这里的文字同样给人以密密麻麻的感觉，画框里总是用文字填得满满当当。

古希腊和美索不达米亚就不是这样。比较接近的当数吴哥窟了。可能这就是沙漠文明与热带丛林文明的区别。这里的人们必须要通过自己的意志来对抗植物的力量。

第二天回到了凉爽的圣克里斯多瓦尔。

"去查姆拉看看吗？"阿隆提议道，"那是附近的一个村子，那里的教堂很有意思。说是天主教又不像天主教。神父只有在洗礼时才进入教堂。平时就是由印第安裔村民自主管理的教会。"

所谓墨西哥的魅力之源，不在于印第安裔原住民的要素与后来的殖民者西班牙人亦即天主教因素之间的融合，而是两者至今仍在正面冲突碰撞。因此，这里的天主教也很不同寻常。

查姆拉的教堂真是不拘一格。教堂里没有座椅，神坛用铁丝网隔开，地上铺满了松叶。两侧墙上画满圣徒的壁画。虽然是白天，教堂里很昏暗，信徒们各自在地上点了二三十根蜡烛，自己在蜡烛前祈祷。旁边的台子上也排满了装在杯中的蜡烛。整个场景就像星空一般美丽（但进教堂前就被告知这里绝对禁止摄像）。

教堂里还有人提着活鸡在走。走出教堂重见明亮的蓝天，男人问阿隆为什么会有活鸡。

"比如说有人生病了，为了治疗，首先会将活鸡放在病人身体上，让病转移到鸡身上。然后再把鸡带到教堂，在神坛前杀掉——当然会有鸡血滴在那儿——这样一来疾病和鸡就一起死亡了。最后会将死鸡拿回家跟家人一起吃掉。只是已经痊愈的病人不可以吃这只鸡，因为吃了疾病就会重新附体。"

这种信仰与天主教会居然可以共存，真是令人惊奇。

阿隆说，查姆拉人对于白人同时心怀敬意和嫉妒。天主教信仰也的确存在。白人肤白、有钱、还能旅行，而且最早把圣人们带到此地的也是白人，所以他们承认白人是更加优等的人种。与此同时，对于神没有像对白人一样平等对待他们，查姆拉人也是心态复杂。

男人甚至产生了怀疑，这里真是墨西哥吗？在这里，只要跟村里人结婚就能一直住下去，如果与外面的人通婚则必须离开村庄。现在村里人口大约有 6 万，在圣克里斯多瓦尔郊外，因为结婚等原因离开村子后聚居在一起的查姆拉人还有 2 万人。

　　玛雅到底是怎样一种文明呢?

　　对于我们平时深信不疑的常识，到底要颠覆到何种程度才能读懂玛雅人的精神世界? 自从在伦敦看到舌头穿过带刺绳索的王妃画像时起，男人就一直为这个疑问所困扰。对于那些我们认为荒诞不经、不健康、猥亵或是有悖民主主义的文化，我们会加以排挤。但我们应该认识到，如今我们所信奉的文化以及在此基础之上构筑的文明，只不过是人类这个物种的一种存在形态。

　　在远古时期，尽管与旧大陆远隔重洋，中美洲的文明与我们并没有太大不同。大西洋两侧的人们都建造了城市，醉心于城市这一创造性发明。

　　在欧亚大陆，认为历史会不断发展进步的思想占据主流，所以现在我们像中了咒语一样着迷于经济增长的数字。而在新大陆，人们则被历史总是循环往复的思想所束缚。循环的周期各有不同，玛雅人主要使用以 13 卡盾为一个循环的"短期计算法"。1 卡盾是 7 200 天，13 卡盾大约相当于 256 年。这在当时是人们世代相传的记忆所能达到的最大时间跨度（别忘了他们是有文字的）。他们认为过去发生过的坏事还会重现，所谓循环史观就是对这一点深信不疑。因此，当地人在生活中要始终面对灭绝的恐惧。

因此玛雅留下了很多预言。喜爱中美洲文明的法国作家勒·克莱齐奥曾经翻译过的预言中有一节——"届时五阿华乌之殿的燧石短刀、其性器将会从天而降。第十五年之时，网从天降，箭从天降。坐在'椅子'上之人、卖肉者、焚香者以及闻其味者的眼珠将被剜出。"

这一连串预言真是让人不寒而栗。我们的未来真是未知的吗？难道没有可能一切早已命中注定了吗？

想到这里，男人被真正的恐惧包围了，好像能感受到自己的舌头被穿孔、被带刺绳索穿过时的疼痛。

澳大利亚原住民的绘画。用丙烯颜料在帆布上绘制的"野土豆之梦（Bush Potato Dreaming）"。©Victor Jupurrula Ross/Warlukurlangu Aboriginal Association

澳大利亚篇 [I]
不依附于物质的幸福感

モノに依らぬ幸福感

这个故事要从英国作家布鲁斯·查特文说起。查特文虽是作家，但较之小说，更擅长写游记。他出生于 1940 年，与男人属于同代人。查特文是一个极富魅力的人物。1989 年死于艾滋病。时至今日，他仍受到很多人的喜爱。

19 世纪，游记中记录的多为前往边远地区的苦难之旅。人们通过书籍了解到斯坦利爵士前往非洲深处的探险之旅。进入 20 世纪后，英国人沙克尔顿率领的探险队从南极奇迹般生还的故事广为传播，长途旅行在当时给世人的印象还是非常危险，甚至会赔上性命的。

后来随着时间流逝，这个世界上值得前去探险的地方越来越少。几乎所有人迹未知的地区都被人涉足了。后来者只是踏着前人的足迹，拿着过去的探险记录，边走边进行核实确认而已。

在这种后来者的游记中，查特文的作品尤为出色。较之极地生存能力，将旅行体验以文学形式表现出来的才能更为重要。如今要想安排一场考验生存能力的旅行，反倒并非易事。

对男人来说，查特文的代表作《歌之版图》（*The Songlines*）是自己极为珍爱的一本书。查特文在书中记述了他漫游澳大利亚中部的经历，以探寻当地原住民文化为主题。"Songline"本意为歌之线路，指的似乎是对原住民来说既有神话意涵而又现实存在的旅行线路。神话和现实并非比喻，而是重合在了一起，这是怎么一回事呢？

查特文参加一个小范围的内部聚会，正在院子里喝着啤酒，有个人过来攀谈。明明是个白人，却一直在夸夸其谈一些老生常谈的澳大利亚原住民的文化权利。对这个名叫吉达的白人，查特文感到有些厌烦。这时对方突然问道："你知道 tjuringa 吗？"

"神圣之符。对澳大利亚土著居民来说最为神圣的东西。甚至可以说是他们的灵魂。"查特文答道。

"那你见过 tjuringa 吗？"

"见过啊。"

"在哪儿看见的？"

"大英博物馆。"

"你不觉得看这个东西本身就是违法的吗？"

"没听说过有这种傻规定。"查特文有些生气。

神圣之符（tjuringa）是一种 20~50 厘米长的椭圆形薄板，表面平滑，用石头或木头制成，表面刻有图案，用于记录其所有者的祖先的旅途历程。这也是澳大利亚原住民的家谱证明，精神层面的身份证明。可以说一枚符中包罗万象。

原本神圣之符只有经历过成人仪式的家族成员才能看。吉达说查特文在大英博物馆中看到它是违法的，就是这个意思。

但是，神圣之符既然已经放进了博物馆，应该是失去了主人，这种不再寄托有灵魂的文物自然是谁都可以看了。人们应该关注的是破坏了原住民社会结构的澳大利亚白人的政策，而不是讨论有没有资格去看一枚无主的神圣之符。所以对于这个名叫吉达的男人充满伪善的正义感，查特文感到生气。

但是，大英博物馆中真有神圣之符吗？

男人没能找到，去服务台询问也没有结果。现在大英博物馆中并没有专门陈列澳大利亚原住民文物的展厅，而并不是所有馆藏文物都会拿出来展示。就大英博物馆这类大型博物馆而言，展示的不过是其全部藏品的一部分。

男人只好去大英博物馆的官方网站（www.britishmuseum.org/）搜索"tjuringa"，还是没能找到，但却在网站里有关澳大利亚的介绍中发现一张画，被其深深吸引了。这张名为"野土豆之梦（Bush Potato Dreaming）"的画作既抽象又具体，乍一看像是生物学教科书上的插画，让人联想到将人体某一部分放大数百倍的显微镜照片。但在男人看来，这张画描绘的也许是经过放大的人的精神的一部分。这样的画要怎样才能画得出来呢？

查了一下才发现，原来澳大利亚原住民擅长视觉艺术，自古以来一直热爱绘画。在遭遇西方文明后的几十年里，他们作画的背景从岩石变成了画布，颜料从赤铁矿石变成了丙烯，技术也在不断进步，已经在现代绘画中占据了一席之地。他们中有不少人已经成名，在悉尼等地开了个人画廊。

澳大利亚原住民似乎具有绘画天赋。男人对太古以来这个时间点产生了兴趣。如果可能的话，希望能看到他们先祖的绘画作品，从中也许能发现"Bush Potato Dreaming"的渊源。"Bush potato"可能是一种野生的食物，那么"dreaming"又是什么呢？在探寻过程中，也许可以了解到神圣之符，说不定还能看到实物。

于是男人决定前往澳大利亚。一如既往，首先去寻找画的起源。

澳大利亚原住民以前是在岩石上作画，因此得以保存至今。据说在澳大利亚北部的阿纳姆地，可以看到这种岩石画。

计划行程时，从地图上发现阿纳姆地和新几内亚隔海相望。悉尼和墨尔本都在遥远的澳大利亚大陆南端，一般说起澳大利亚，人们先想到是这两个地方。可这个国家大得惊人，北半部分都属于热带地区了。

所以男人先飞到了巴厘岛，这样比先南下悉尼再北上要近得多。从巴厘岛飞到达尔文，然后转乘小型客机向东飞。

从飞机上看，地面是平坦干燥的热带草原（草原上有一些稀疏的林木），几条河流像蛇一样蜿蜒流淌。估计水量暴增的话，整个平原都会被淹没吧。从地图上看，飞过的几条河流中最后一条叫作东阿利盖特河。

从达尔文启程飞了两百公里后，远远看到大平原中间出现了一个简陋的机场，只有跑道没有建筑物。飞机在上空盘旋一周观察没有异常后，降落在了跑道上。地图上显示机场旁有条库伯斯溪，但从飞机上没能看见。

这个地方叫作博拉戴尔山（Mt. Borradaile），男人要在这里露营生活几天。附近有许多原住民的岩画（rock painting），住在这里是为了在周边巡游看画。这里除了露营地的管理运营人员外，没有其他居民。

来接机的是路虎越野车。不是如今经过更新换代变得考究多了的型号，还是以前军用车式的粗放外形，备用轮胎直接放在发动机罩上。三十年前男人在非洲时经常看到这车，一直心怀向往，如今总算坐上了。

然而五分钟就到了露营地。散落在树林中的小屋并非帆布帐篷，而是在简单框架上蒙上防虫网，是一种半永久性的简易房屋。此外还有一栋大房子是餐厅兼厨房。

自从白人登上澳大利亚大陆以来，当地原住民遭到虐待、驱逐甚至屠杀，土地被掠夺，境遇十分悲惨。这与以前发生在美洲大陆和日本虾夷地的情况并无不同。

到了 20 世纪下半叶，世界各地推动恢复原住民权利的运动风起云涌（除了日本），不少土地的所有权回到了原住民手上。尽管以前白人声称自己刚来澳大利亚大陆时这里是无主地，但规定土地归个人所有的法律也是白人带来的，所以这个主张从一开始就站不住脚。澳大利亚原住民也好，日本的阿伊努人也好，都不曾拥有土地。

后来，博拉戴尔山一带的土地被返还给了一个叫作查理·蒙格尔达的原住民后代。与其说是成为他个人的财产，不如说是他作为家族代表重新获得了这片土地的管理权。于是，他与名叫马克斯·戴维森的白人朋友一起开办了这家露营旅馆。感觉日常事务都是马克斯在操持，查理只是在一旁静静地看着。实际上，查理确实也是个安静的人。

露营地本身就属于旅游设施，但来这里的游客主要是为了看岩画，或是到库伯斯溪观赏水鸟和垂钓，都是比较休闲的旅游项目。

抵达后男人马上出发去看岩画。还是乘坐那辆路虎，大约开了30分钟。穿行在平坦的稀疏树林间，终于看到了岩丘。开到附近需要下车步行。

这里的地貌极为奇特，整个山丘是由三层楼高的岩石挤在一起形成的，而岩石下方竟然留出了一个水平空间，就像是吊脚楼一样的建筑。有的洞穴很浅、不过阳台般大小，但有的纵深足有几十米。

洞穴里面很凉快，既能躲避日晒，也能防雨，作为天然住房再想不到比这更好的了。一般的洞穴里面会嫌潮湿阴暗，但这里通风良好，阳光也能照进来。地面也十分平坦，顶很高，不用担心撞着脑袋。

在这个理想的空间里，石壁上有无数的壁画，以赤褐色和白色的颜料表现出各种主题。原来这就是传说中的澳大利亚岩画啊，男人看得入了神。

这些岩画中最简单的技法是手印画（hand print），也就是将手掌浸入溶化的颜料中，然后在石壁上留下掌印。但如果有很多掌印排列在一起，看上去也会有一种咒语般的魔力。与直接留下掌印相对应的技法是手模喷画（hand stencil），就是将手掌放在石壁上，将颜料含在嘴里，喷到手上，在石壁上留下一个空的掌印。回旋镖等物体也可以这么用。此外，还有将草浸染了颜料后印在石壁上留下形状的，称为草印（grass print）。

在赤褐色的手印上面，还能用白色颜料画上其他图案。看上去手上像是刻了刺青，进一步强化了咒语般的效果。

人的身体则用细线条来表现，既有正面站立的人像，也有运动中的人形。

动物主要是沙袋鼠和鳄鱼，也有鸭子等水鸟。鱼类主要是叫作盲曹的大型淡水鱼，游客到了澳大

利亚一般都会品尝一次，味道清淡但很好吃。生活
在内陆地区的人会觉得这鱼的味道非常亲切。由于
这里靠近海，岩画中还能见到鳐鱼和海龟等海洋
动物。

岩画中最吸引人的还是人体图案，其中女性
的身体尤为引人注目，身形像大力水手的女朋友奥
利佛一样苗条，多数是在活泼地跳跃。乳房在身体
外侧以突出的三角形来表现，脸庞都是千篇一律的
简单，性器不是长在下腹部，而是像一个器物般地
置于两腿之间。原来只要不拘泥于照片式的写实主
义，可以发现性器竟然具有如此独立而又强烈的存
在感。这里原住民的想象力真是令人叹服。

动物画中有不少采用的是 X 光技法。身体是透
明的，里面的骨骼甚至连胎儿都清晰可见。这应该
是站在熟悉动物的狩猎者的角度的主观性写实画。

来到博拉戴尔山后，男人摒弃了现代人生活中
所充斥的温暾的视觉信息。仅立足于这片土地，这
里所有的东西，这里的自然条件，将时间跨度放到
数万年之久（原住民来到澳大利亚大陆定居的时间

就有这么久远），想象曾在这里生活的人们的精神世界。男人逐渐理解了这些岩画产生的必然性。另一方面，也意识到要创造出这种画需要的敏锐的抽象思考能力。

澳大利亚原住民首先通过视觉来认识世界，并以此为基础建立起一套理论，依据此来生活。

在看岩画的过程中，男人一直在思考原住民们的精神世界，这时遇到了"虹蛇"。这幅画位于刚才提到的岩石下一个开放空间的顶壁，长度超过6米。白色的躯干上画着赤褐色花纹般的骨骼，张开的大嘴里排列着尖锐的牙齿。

据说，"虹蛇"是世界上最早的宗教主题画，最早的可追溯到六千多年前。其性格是报复和破坏，是一种恐怖的存在。根据某神话传说，这种蛇会袭击并吞食那些吵着要吃的或是哇哇大哭的孩子，并将孩子的亲属一并吃掉，再升上空中将这些人的骨头吐出来，撒落到地面。

"虹蛇"到来时会发出无数树枝折断的声音，无数蜜蜂扇动翅膀的声音，又或者是野火越烧越近的恐怖声音。澳大利亚现存的岩画中，博拉戴尔山岩洞里的这条"虹蛇"是最大的。

这天下午，男人去了河边。时值旱季，水量不大，蛇形的河道不时可见断流处，看着更像是一条长长的水池。这种断流的河川在澳大利亚被叫作"死河（billabong）"。

从露营地驱车不远就到了河边，然后换乘平底船，在盛开的睡莲中间缓慢穿行。河里有各种水鸟。男人向驾船的马克斯问了水鸟的名字，从头记了下来。数量最多的是一种鸭子，品种接近日本的琉球鸭。船靠近它们时会集体起飞，一下把天空光线都遮蔽了。这些鸭子聚集的地方充满了一股养鸡场的气味。

有趣的是一种属于鸻形目叫作 Jacana 的小鸟。它的脚趾很长，可以在睡莲叶上踱步。脚趾长可以分散身体重量，当所站立的叶子快要下沉时就会灵活地跳到另一片叶子上。它的外号是"耶稣鸟"，应该是源于耶稣基督在水上行走的传说吧。

此外有各种鹬科水鸟、白色的朱鹮，也可以见到鹈鹕类的大型水鸟。然后还有鹤、鸬鹚、鹦鹉、白鹭和秃鹫。秃鹫看上去虽然威风凛凛，实际上却很狡猾，主要靠夺取别的水鸟捕获的鱼来谋生。男人也目睹了这一幕，看见一只秃鹫为了抢夺食物穷追不舍，最后终于得手。真是具有教育意义的场景。

水里有鳄鱼，分为两种，一种是淡水鳄，叫"Freshwater Crocodile"，另一种在咸水中也能生存，叫"Saltwater Crocodile"。这里的鳄鱼一般都是静止不动的，船接近时也几乎不为所动。而一旦动起来可是相当敏捷。男人看到的只有一米多长，一般要更大些。特别是咸水鳄比较凶猛，还有吃过人的传说。

到这儿的几天里，真是看到了各种各样的动植物。动物这边，见过沙袋鼠从树林中穿过，考拉只见过脚印，还有一种介于大袋鼠和沙袋鼠之间的中等大小的袋鼠，只见过它的粪便。看来这里动物的密度并不高。

昆虫中比较有意思的是绿色的蚂蚁。澳大利亚有一种腹部能储存蜜汁的蜜蚁，但男人见到的蚂蚁腹部储存着带有酸味的树液。如果咬破这种蚂蚁腹部的话，能尝到酸味（并非蚁酸）。这种蚂蚁喜欢把树叶卷在一起做窝，将树叶带蚂蚁一起揪下来，在水中挤出汁，就做成了类似加了柠檬汁的清凉饮料。男人喝过各种各样的茶，但这种蚂蚁茶还是第一次听说。

"这就是野土豆（bush potato）。"马克斯指给男人看，这种植物长着小鳞茎般大小的根块。这就是大英博物馆里那幅画的主题啊，男人想道。

攀爬山丘的过程中要穿越草丛，一种黏糊糊的草粘在了男人脚上。这种草有特殊的气味，也会在衣服上留下印迹。它属于禾本科，名字叫鬣刺（spinifex），与桉树同为澳大利亚最具代表性的植物。男人也知道这个植物的名字，它在《歌之版图》中出现过。

澳大利亚原住民原本主要依靠狩猎和采集生存，并未从事农业。狩猎和采集的生活是需要不停迁移的，因为需要在广阔的区域内采集足够的食物。澳大利亚大陆大部分是沙漠和稀树平原，食物密度比热带雨林还要低，但好处是移动起来比较方便。

博拉戴尔山一带的几处岩丘是比较理想的居住

地，既可以躲避日晒雨淋，通风也不错。而且澳大利亚没有陆地生活的大型食肉野兽，所以也不用担心安全。

尽管如此，原住民们并未在此定居。因为如果不随着季节变化而迁移的话，终究会出现食物短缺的一天。这里不是某一氏族的居所，而是许多原住民的临时避难所，也是举办大型祭礼的神圣场所，是原住民信仰的中心。所以只有这里面画满了壁画。

以迁徙为基本的生活到底是怎样的呢？首先是行李要少。对于常在旅途的男人来说，对此有着切身体会。移动过程中只能携带最小限度的生活用品。蒙古人有马，可以驮着大帐篷移动，而澳大利亚并没有牲畜。

男人想起生活在南部沙漠地区的原住民女子的日常生活图景。将婴儿架在腰上，左手抱着孩子，右手拿着挖掘棒，头上顶着树皮做的容器，在宿营地附近转悠，看到能吃的根菜就用挖掘棒挖出，放进头上的容器里。这是一种简单又明快的工作。

原住民的这种游牧生活，促进男人开始思考文明的意义。以大英博物馆为起点的旅程已经遍及世界各地，男人一路看到了不同文明的遗迹。几乎所有文明最早都起源于狩猎和采集，后来农业兴起，生产效率提高，接着出现了工业，剩余财富集中到城市，诞生了文明。而如今人类就生活在这个历史进程的终端。

然后人们认为这个过程是一种进步。也就是说，人总是朝着自认为是更好的方向迈步前进，不断投入劳力和智力，看不起落于人后的人，一步步走到了今天。人类坚信这就是进步。然而事实果真如此吗？

文明在世界各地都体现为大型建筑物。金字塔、波斯波利斯、吴哥窟，都是对切割、搬运、堆砌巨大石块这一原理的实践。支撑这些巨大工程的是农业的生产效率和统治机构。

澳大利亚则没有这样的建筑。原住民没有创建一种文明。然而，正如岩画中可见，他们在精神层面的丰饶并不逊色于文明的产物。游牧生活并不允许他们依赖于物质。换而言之，正是因为游牧生活，才使他们从物质中解放出来，可以享受只有精神世界的生活。他们所拥有的全部财产就是自己日常可以背负着行动的。

　　"Bush Potato Dreaming" 就是他们的创造成果之一。文明是需要堆砌石材，建造金字塔，运营城市，经历漫长的道路后才能到达的彼岸，澳大利亚原住民早已抵达。他们仿佛笑呵呵地在说着："你来晚了。"

　　想想看与"working"相对应的"dreaming"，以梦来代替工作。梦里没有时间概念。这里的岩画究竟绘制于几千年前？这样的问题对于澳大利亚原住民来说没有意义。过去都是遥远的往昔，都是初始的时间。他们描绘着头脑中的原始，那是超越了年号的时间乃至于场所，那是"梦创时代（dream time）"。

　　岩画上的女人们看上去都很幸福，愉快地跳着舞。如果以幸福为生存目的的话，文明究竟又是什么？我们堆石头又是为了什么？

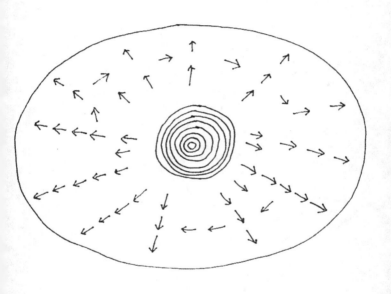

最长直径 20cm。

澳大利亚原住民在仪式上使用的神圣道具 tjuringa 的草图。

澳大利亚篇 II
原住民和神圣之物
アボリジニと聖なるもの

在阿纳姆地看了众多岩画后，男人对澳大利亚原住民的现代绘画又产生了兴趣。这趟旅行缘于大英博物馆网站上看到的绘画作品"Bush Potato Dreaming"。如果说人们心中所想能直接变成画的话那应该就是这样吧，那幅画就具有这样强大的魅力。男人想多看看这样的画。

在澳大利亚大陆的中央，有座名为爱丽丝泉（Alice Springs）的小城。听说那里有专门展示原住民绘画的画廊，于是男人从达尔文市乘坐一个小时的飞机专程来到这里。

在城中最热闹的街道上坐落着好几家画廊。虽然多数店里的画作也就是纪念品的水准，但也有陈列佳作的地方。站在画作前，会被画吸住，无法挪步，甚至感觉心都被吸入画中。站在那里的身体只剩一副空壳，魂魄已经飞入画里面。

虽然无意购买，男人还是打听了几幅画的作者名字。澳大利亚各地都有这种画，不同地域风格也不同。各地都有天才型的画家，忠实守护着自己的风格。绘画风格的存在，并非是为了限制绘画的自由，而是为了防止绘画内容过于发散，是为了提高画作密度的一种"容器"。

令人不解的是，澳大利亚原住民为什么要在绘画这种精神层面的活动上倾注如此大的精力呢。在其他文明中，为了表现不多的精神性内涵，往往会投入大量物力。金字塔具有完美的造型，但为了在陆地上展现出这种完美设计，不得不投入庞大的劳力。其结果是，较之金字塔的造型之美，后人将更多的赞誉献给了奴隶们的辛劳。文明所推崇的，并非是催生出金字塔造型的设计才能，而是这种奇迹得以实现的强制劳动体系。而我们今天过于物质化的文明就在其延长线上。

相比之下，在澳大利亚原住民的文化中，精神已经从物质中解放出来，能够独立存在。他们没有切割、搬运石块，而是自己到石头边作画。如今亦是同样，将心原本的样子用颜料画在画布上。他们使用现代绘画工具，也只为方便好用，并无其他深意。他们并不会对物质有过多要求。

在城里书店买了原住民画的书，发现他们叙述事情经过采用的是连环画的手法。这也是自古就有的，例如谁和谁在饮水地碰面，讨论了一些事又分开了，这一过程都用绘画记录下来。在这里的文化中，"记录"和"记忆"几乎没有区别。他们拥有主客观一致的、幸福的世界观。

当天晚上，男人去欣赏了迪吉里杜管演奏。

迪吉里杜管是澳大利亚原住民使用的木管乐器，又长又粗又重，听过一次就不会忘记。男人迄今还没有现场听过迪吉里杜管的演奏。

在夜晚的室外会场，一名男性演奏者坐在地上，面前是一根长长的木管，一端衔在口中，另一端放在地上。这就是迪吉里杜管。

演奏开始了。音乐如同在地面爬行一般，发出单调的旋律，持续一阵后加入了别的声音，像是在呻吟，在呐喊，在低语，时而又像在歌唱，朝向着黑暗的夜色而歌。

通奏低音[1]应该是发自乐器，而另外的声音明显是人声。可是演奏者只有一人，而且迪吉里杜管的演奏过程中没有换气。吹奏者仿佛拥有巨大的肺活量，使乐器之声绵延不绝。实际上，他采用的是循环呼吸这一特殊方法，口中呼气的同时用鼻子吸气。这样使通奏低音得以维持的同时，还能发出声音。所以使用迪吉里杜管，一个人就能完成合奏甚至带伴奏的独唱。

男人意识到，自己还是第一次听到如此接近大自然的音乐。这既是风的声音，也是鸟兽的声音，抑或是从人的灵魂深处发出的呼喊，而这些不同声音之间完全不存在界

[1] 通奏低音 (basso continuo) 贯穿了欧洲古典音乐的一个重要时期——巴洛克 (Baroque) 时期。它是巴洛克音乐最重要的特征之一，是主调和声织体。基本上是由旋律加和声伴奏构成的，它强调的是高低两端的声部旋律线条。即低音部和高音部这两个基本的旋律线条。它有一个独立的低音声部持续在整个作品中，所以被称为通奏低音。

限。精神世界与现实世界之间实现了无缝融合。

男人最终还是没能抵抗住想要拥有这种乐器、学会吹奏的强烈欲望，第二天去买了根画有漂亮图案的迪吉里杜管。

看着迪吉里杜管身上的漂亮图案，男人又想起了布鲁斯·查特文。有关 tjuringa 的疑问还没有解决。查特文说大英博物馆里有这种澳大利亚原住民的"神圣之符"，可男人没能找到。尽管查特文在书中提到了世人是否有资格观看 tjuringa 的争议，如果这里的博物馆里能够看到，男人当然还是想要一睹真容。

对此，男人还是抱有期待的。导游书上介绍说，这个城市里有一座"澳大利亚中部博物馆"，博物馆楼上是"斯特雷罗研究中心"，里面保管着阿兰恩特族的"神圣之符"。当年阿兰恩特人因白人压迫而担心祖传的生存方式无法传承下去，于是交给他们信任的学者泰德·斯特雷罗保管，但据说"女人和未经成人仪式的男人是不允许看的"。

所谓成人仪式，是阿兰恩特族青年被认可长大成人的仪式，自然与部族以外的人无关。在很多澳大利亚原住民部落中，男女是分开生活的，孩子由女人抚养，男孩长到一定年龄就会交给男人的部落，经过严苛的成人仪式才能正式成人。

博物馆距离城中心有点远，自然科学有关的展品很丰富，尤其是陨石藏品很不错，让人兴致盎然。男人来到楼上的研究中心，遗憾地得知"神圣之符"果然是不能公开展示的。

从博物馆的手册上，了解到了这个研究中心名字的来源——学者泰德·斯特雷罗的生平。他于1908年出生于爱丽斯泉以西100公里处的赫曼斯堡，父亲是德国裔的传教士，通晓语言学和文化人类学，开启了包括阿兰恩特族在内的使用阿兰达语的原住民文化研究的先河。

泰德从小从奶妈处学会了阿兰达语，长大后与使用这种语言的原住民亲密相处，获得了他们的信任。作为外族人，他得以目睹原住民部族的秘密仪式，后来甚至还被允许记录下来。

他曾担任当地巡视官，负责处理白人与原住民之间的纠纷，在此过程中与原住民的关系越来越密切。行走在广阔的澳大利亚大地上，他接触到了很多原住民，将他们的仪式等系统地记录了下来。作为学者，无疑他享有得天独厚的条件。

因此，在泰德晚年时，有原住民请求他帮助保管"神圣之符"，也并不让人感到意外。他接受了这个请求，也明白无论何种条件下这件物品都不能对外公开。于是后来原住民的神圣遗物就被妥善保管在了研究中心里。因此，男人随随便便来到这里就想看到这件神圣之物，当然绝无可能。

幸运的是，工作人员虽然表示"这里的 tjuringa 不能给您看"，同时又告诉男人，"在 Panorama Gut 有公开展示的。"Panorama Gut 好像是市中心的另一座博物馆，男人马上朝那儿赶去。

这座私人博物馆的创办者叫汉克·哥特，本来是个画家。他主要画通俗的风景和人物，作品属于被暴发户挂在客厅里炫耀的那种类型。在澳大利亚经济泡沫期，这种画似乎很有市场。所以这位画家成名了，但他真正具备的并非绘画天赋，而是经商才能。总之他的作品档次算不上很高。

除了绘画外，博物馆有一角专门陈列原住民的器物，其中有十几件"神圣之符"，这种椭圆形薄石板最长直径为 20~30 厘米，其中有的比较圆，有的比较细长。石板表面经过打磨，刻有图案。准确地说不是图案，而是记号。同心圆、流线以及箭头的排列各有不同含义，能够读懂的人应该就能看出石板讲述的故事吧。

站在这些原本不能轻易示人的"神圣之符"面前，男人突然觉得有些不知所措。本来自己是没有资格看的，但现在只要交 5 澳元门票就能看到。男人在这里做到了查特文在大英博物馆里做的事。但男人却感到有些不自在，做不到像查特文那般洒脱。想到这些东西为了不让没有资格的人看到，已经被隐藏了那么久，现在却呈现在世人面前任由赏玩，男人感到有些怅然若失。从玻璃展柜中，男人好像听到有叹息声传出来。

走在爱丽斯泉的街道上，不时可以遇见原住民。他们在这座城市里过着普通人的生活，但这不是他们原来的生活方式。祖先的游牧生活已经成为历史，他们已经回不去了。所以，他们也不再需要"神圣之符"了。

男人在手头的记事本上画下了好几个"神圣之

符"。与大英博物馆不同，这座博物馆不让拍照，但男人无论如何也想把自己看见的东西记录下来。感到自己难得地竟有了占有欲，男人悄悄苦笑了一下。

下一站是艾尔斯巨石。

那是沙漠中孤耸的一座岩石山，就单块岩石而言，据说是世界上最大的。虽然每年有 40 万游客来这里旅游，但对澳大利亚原住民来说这里却是圣地。顺带一提，这座山现在的正式名字似乎用了原住民的叫法——"乌鲁鲁"。

乌鲁鲁虽然是圣地，但男人读了有关原住民精神世界的书后，得出的结论是对他们来说所有土地都是圣地。他们的土地概念在英语中经常被译作"country"。但这并非私有地或是公有地的概念，而要更为广泛和深刻，表现的是人类和世界关系的基本形态。

他们认为土地是有人性的，所以会与土地对话，向土地唱歌，拜访土地。土地是他们所思所想的对象。而土地也了解人类，会倾听人类的诉说，悲喜与共。可以说，人与土地是并肩共存的。从这个意义上讲，将土地进行划分、私有化和买卖就如同奴隶制一样，是不道德的。毕竟人是不能被占有的。

男人一边思考着这些事情，一边登上了飞机。虽说爱丽斯泉是去乌鲁鲁观光最近的城市了，但乌鲁鲁离此地仍有 300 公里以上的距离。

都说澳大利亚很大，此言不假。从达尔文市到爱丽斯泉有 1 300 公里，这在日本相当于从最北端的稚内到大阪的距离。从爱丽斯泉到悉尼则有 2 000 公里，在日本，相当于从稚内到最南端的种子岛的距离。就整个澳大利亚大陆而言，南北两端的跨度相当于从日本本州到越南间的距离。

所以不管去哪儿都需要坐飞机，而从飞机窗户看出去什么都没有。这天正好赶上沙尘暴，强风将红色沙土卷上高空，机窗外的景色只能说是一片红色虚空。飞机似乎连着陆也很困难，在空中盘旋了很长时间，终于落地。也许是从早晨开始就有很多航班取消或是延迟，航站楼里滞留了很多待归的游客。

这里没有城镇，只有"乌鲁鲁卡它久它国家公园"，住宿设施集中在距离乌鲁鲁 13 公里外的"艾尔斯巨石度假村"。四周只有长有稀疏灌木的沙漠。

在酒店放下行李，男人想马上就去乌鲁鲁。酒店前台的女服务员一脸遗憾地说不巧现在有沙尘暴，可男人就是想趁这种时候去看看，于是坐上了酒店的穿梭巴士。车上除了男人还有另外两名乘客。

在车上读了读国家公园入口处拿到的导游手册，里面有原住民写的短文。这里既是国家公园，同时也是原住民的私有领地。这片土地的一名领主说道，来这里请扔掉照相机。别通过相机镜头，而是通过自己的眼睛来看。这样你才能明白这里不是单纯的岩石，而是自古以来栖居着灵魂的场所。拍了照片又能怎样呢？他这番话很有说服力。

实际上，允许拍照的区域受到严格限制。如今全世界的人都知道乌鲁鲁的样子，恐怕没有人没见过这座红色岩山的照片。可是这些照片都是从同一位置同一角度拍的，原因就在于这里拍照严格受限。于是，男人决定这次放弃一切拍摄计划，全部通过自己的眼睛来观察。

风卷起了大量沙土，空气中一片红色。

也正因如此，当乌鲁鲁从远处逐渐显露出模糊的轮廓时，男人感受到了内心的悸动。真是很大啊。这种体量是照片无法传递的。听到高度348米，根据数字来想象和自己伸长脖子仰头观瞻的感受是完全不同的。风很强，天空被染成朱红色，岩山仿佛要融化在其中，但仍显得巨大无比。男人立即走到山脚下观望，这种印象更加强烈了。

对于富士山和珠穆朗玛峰，谁都不会简单地用巨大这个词来形容。因为那些山已经超出了日常意义中大这个概念。但乌鲁鲁在伸手可及的存在中，在人能认知其大小的具体物体中，其规模已经达到最大限度。古埃及人想要最大的地标性建筑，所以建造了金字塔。而澳大利亚原住民则根本不需要去建造，因为这里天然就存在金字塔式的东西。

而且从大小来看，乌鲁鲁远大于金字塔。绕胡夫金字塔一周不过1公里，而绕乌鲁鲁一周有10公里，高度也是胡夫金字塔的三倍。

乌鲁鲁并非人类所建造，因而比金字塔具有更强的神圣感。站在其跟前，仿佛能感受到所有人类的灵魂都栖息于此，它给人的安心感是金字塔所不

具备的。人们会承认这里存在着绝对不可动摇的东
西，深怀敬畏之念。

也就是说，金字塔只是仿制品。古埃及人对于
没有见过的乌鲁鲁心怀憧憬，因为甚至无法一睹真
容，所以建造了金字塔——也就是仿制的乌鲁鲁。
世界上所有的遗迹都是乌鲁鲁的仿制品。男人花费
多年时间走遍了人类古代文明的重要遗址，感觉它
们在乌鲁鲁面前都失去了绝对意义上的价值。是时
候该结束旅程了，男人心想。

此后的几天里，男人每天往返于酒店和乌鲁鲁
之间，看遍了早晨旭日东升时的乌鲁鲁、午间烈日
当空下的乌鲁鲁、傍晚落日染红的乌鲁鲁。不是简
单的观看，而是瞻仰。

男人明白了原住民为何不在此处居住的原因。
圣地是用来朝拜的，并不适合居住。这就像住在伊
势神宫里的只有管理人员一样。而自然界中天然存
在的乌鲁鲁则不需要人来管理。同样，攀登乌鲁
鲁也不是原住民的目的，他们从遥远的地方跋涉而
来，在沙漠那头远眺乌鲁鲁的轮廓，走到近前领受

巨大的恩典，这就足够了。这就与没人想要登上奈良大佛的头顶是一个道理。

现在，这个问题和旅游牵扯在了一起。实际上不少游客来这里都会登山，对此原住民委婉地建议最好不要攀登。尽管如此，山上还是建有登山设施，标明登山路线，在陡峭路段还安装了扶手。在登山口旁边，有一块牌子上很客气地写着"请尽量不要登山"，人们对此却视而不见。很多人登山是为了看日出，远看这些登山者的行列就像蚂蚁一样（据说原住民私底下正是管登山者叫"蚁人"）。

在法律上，乌鲁鲁如今属于原住民所有，管理委员会中原住民也多于白人。估计围绕在保证旅游收入和维护圣山属性之间如何取得平衡，委员会内也有过讨论，最终采纳了默认登山的折中方案吧。

所谓圣山，有可以攀登的，也有只能在山脚下瞻仰的。日本的修行者会攀登富士山、白山、羽黑山和御岳山。而藏传佛教密宗信徒不会攀爬冈仁波齐山。朝拜者会以这座圣山为中心，在其周围转山一圈，然后心满意足地踏上归途。前些年，当地人曾允许欧美登山家支付一定费用后攀登冈仁波齐，结果遭到全世界很多人的反对。

　　男人决定不拍照的同时，也以同样理由决定放弃登山。登山这一行为往往带有征服的意涵。不少人看到树木、山丘，就会产生攀爬的冲动。有人问某个登山家为什么要去登山，他回答说因为山就在那里。可是，山在跟前而不去攀登也是一个选项。男人选择了后者，改为绕山步行。

　　环绕乌鲁鲁山脚一圈十公里的路程被称为"base walk"。顺时针行走的话，乌鲁鲁巨岩始终在身体右侧，给人的感觉是一边行走一边在同它对话。

　　这座巨石是沉积岩，形成于远古时期，一度埋入地下，后来由于地壳活动改变朝向重新露出地面，所以其表面能看见纵向的地层。这里虽然是沙漠地带，每年也有 250 毫米左右的降水量，而岩石几乎不吸收水分，下雨时雨水流下来会形成瀑布，其冲刷的痕迹清晰可见。

　　男人边走边思考澳大利亚原住民文化中最重要的概念"Tjukurpa"，英语中一般译作"dream time"或"dreaming"（吸引男人来这里的正是那幅题为"Bush Potato Dreaming"的画），而实际上与梦并无关系。

Tjukurpa 是解释人和世界的存在的一套神话体系，但它既不是某种遥远而模糊的东西，也不是抽象的概念，而是实实在在的存在。Tjukurpa 是造物主，这个造物主也是旅行者。"Bush potato"这种有用的植物中有着造物主的存在，所以变成了"Bush Potato Dreaming"。这既是一种叙事，也是历史。他们把世界初创的时期称为"梦创时代（dream time）"，但他们的创造不只停留在过去，而是延续至今。在某种意义上说，这也是他们的律法。

这样，创造、律法、土地和人类浑然一体形成的就是 Tjukurpa——这种解释是否正确，男人也没有把握。毕竟我们一般人并不习惯这种思考方式，不会将所有实际存在的事物都从精神层面来解释。男人看着右侧的乌鲁鲁边走边思考。所谓实际存在到底是什么，我们连这本身都没有弄清楚。

走路是件很重要的事——这是从天突降的臆想。澳大利亚原住民没有住在乌鲁鲁，他们没有停留在任何地方，而是选择了短期居留和迁移相互交替的生活方式。连造物主们都是诞生后一直在移动，途中进行创造，赐物予人，又突然消失。至今他们仍不时出现，不时赐予，不时消失。其路径，就是令查特文着迷的"歌之路线（songline）"。

男人前几天去听了原住民文化的露天讲座，女讲师介绍了原住民女子出门时的基本装束，她们将婴儿放在左腰上，用左手抱着，右手拿挖掘棍，用于挖取可食用的根菜和小动物，头顶树皮做的大容器。游牧生活使他们不能携带更多的东西。

在另一场讲座中，男讲师则介绍了树皮容器的制作方法、一些生活技巧以及原住民的传说。比如，猎人厚头啸鹟们与长着蓝色舌头的蜥蜴（实际上也栖息在这一带）在乌鲁鲁附近相遇的故事。还有雌蟒蛇库尼亚和外甥与毒蛇利鲁家族在乌鲁鲁附近遭遇而发生争斗的故事。

如今，库尼亚和利鲁的搏斗痕迹依然留在乌鲁鲁表面。男人清晰地看见了那痕迹，却把它们当作岩石的裂缝或变色。

总之，这些传说中的重要元素都与迁移和相遇有关。乌鲁鲁是道路纵横交错之地，人、动物和造物主、灵魂都在这里相遇和离别。不停移动的人们在短暂相遇中诞生了各种故事。

因此澳大利亚原住民将一切都以神话的形式储存在头脑中，于是诞生了如今我们所见的丰富的精神文化。他们没有强烈的占有意识，不会为了守住自己的所有物与他人为敌，人与大自然之间也不存在任何界限。

从这个意义上讲，农业的发明也许是个错误。男人手里的书上写道，澳大利亚原住民也会爱惜和保护有用的植物。如果人类就此止步的话，人与自然之间，人类不同族群之间也许能够维持更加和谐的关系，人类的内心世界也会更加平和吧。

男人觉得，在澳大利亚，自己遇到了与大英博物馆相距最远的思想。

英国 / 伦敦篇 [I]
回到伦敦
ロンドンに帰る

回想起来，男人发现自己真是去了很多地方。

一切都源于伦敦，徜徉在大英博物馆里，为其展品所陶醉。为了寻访这些诞生于数百年乃至数千年前的文物的故乡，展开了一趟趟旅行。

这些年来，男人不断重复着这种毫无实用目的的旅行。若以国家来计算旅行目的地的话，去了希腊、埃及、印度、伊朗、加拿大、英国、柬埔寨、越南、伊拉克、土耳其、韩国、墨西哥和澳大利亚，一共 13 个国家。

人生中能有某个阶段奉献给这样心血来潮的旅行，男人感到心满意足。一路上的所见所闻，各地的风景和遗迹、文物、地方上的小博物馆都历历在目，尤其是各地人们的脸庞都能详细回想起来，感到十分亲切。

人类竟然创造了那么多东西。人类也就创造了这么些东西。人类栽培谷物，饲养家畜，建造城市，文明由此诞生。男人旅途中所见到的多是都市和文明的产物。虽然围绕文明这个概念思考了很久，但感觉脑子中还是一片混乱。记忆和思索混杂在了一起。

男人意识到，差不多该结束旅行了。通过这一系列旅行收获的不仅仅是回忆。在男人面前，旅行中收获的素材已经堆成小山，需要用它们来认真思考问题了。如果素材继续增加的话，恐怕就整理不过来了。

于是男人决定返回伦敦，重访大英博物馆，在欣赏那一件件精美藏品的同时，认真思考这些旅行的意义。

仔细想来，大英博物馆到底是个什么样的存在呢？任何时候去都会受到欢迎，有无数的藏品可供欣赏，参观免费，可以自由拍照。迄今男人沉醉于它带给人的精神享受之中，却并不了解下这座博物馆的历史，到底是谁经过怎样的过程开办了这个令人感激不尽的机构呢？说到底，这种面向公众开放的博物馆到底是如何诞生的呢？

事情要追溯到 18 世纪中叶，有一位很有经商才能的医生，名叫汉斯·斯隆。他研修了医学后，到西印度群岛搜集了很多博物学的标本。回国后在伦敦市中心布鲁姆伯利开诊所执业，同时通过贩卖巧克力牛奶和奎宁水致了富。

斯隆是个狂热的收藏家，一生收集了各种各样的东西。但他没有儿子来继承他的藏品，于是他决定身故后将 71 000 件物品、50 000 册书籍、手稿、版画、线描本，以及 337 卷植物标本，一并以两万英镑的价格转让给国家（准确地说，他的要求是将所有藏品无偿捐赠给国家，但希望国家能赠予他的女儿们两万英镑）。

1753 年 6 月 7 日，斯隆以 92 岁的高龄去世。半年后，英国通过法律将他的藏品对外开放，这为大英博物馆奠定了基础。

值得注意的是，当时处于启蒙主义兴起的时

代。大航海时代之后，人类所了解的世界版图不断扩大，来自未知土地的奇珍异品不断呈现在欧洲人面前。不仅是收藏家和冒险家，一般大众对新世界也产生了兴趣，求知欲旺盛。收藏本来只是王公或是异人的兴趣爱好，但从那时起开始受到整个社会的关注。在王室的支持下，面向公众开放的设施应运而生。

说到启蒙运动，同一时期法国的狄德罗和达朗贝尔主编的《百科全书》17卷（另有插图版11卷、补遗5卷）出版发行。顺便提一句，卢浮宫博物馆于1793年开馆，比大英博物馆晚了四十年。

如今世界上哪个国家都有博物馆，人们已经习以为常。要知道当初将私人藏品对外开放可是具有革新意义的举动。虽然欧洲王室一直以来都有收藏的嗜好，但将藏品对公众开放则是另一回事。

收藏家的心理都是矛盾的。一方面想要将自己的藏品向外人炫耀，同时又舍不得给别人看，总是在两者间纠结。如此想来，当年斯隆的决定和英国王室的做法，真是值得称赞。

此外还有一个因素，就是收藏会不断吸引来新的收藏。喜欢收集东西的癖好并不稀奇，人们总是喜欢收集各种物品。有财力的成年人一旦下决心去做的话，可以形成有相当规模的收藏。但这些藏品未必一定会让下一代继承。如果孩子对父母收集的各种玩意儿不感兴趣的话，可能会拿去变卖，无法容忍这一点的人于是想到了不如直接捐赠或转让给合适的公共机构。

从这个意义上来说，斯隆的藏品非常宝贵。他的藏品数量庞大，质量很高，还有国家权威的背书，放在这里很安心，所以吸引了不少别人的藏品汇合过来。从埃及运到英国的大量木乃伊，最后也落脚在了大英博物馆。19 世纪初，额尔金伯爵从希腊带回来的帕提农神庙的雕刻，也只能放在大英博物馆里。

在英国，大英博物馆的性质介于官和民之间，或者说是两者兼具，男人认为可以使用"公"这个概念。官也是"公"的一部分。不会因为是"国立博物馆"，就一切都由"官"来大包大揽，而又不会仅有"民"的营利这一单一属性。总之，整个英国社会建造了大英博物馆，并进行运营维护，最终享受它的也是社会整体。大英博物馆不仅接受文物捐赠，也不停地收到捐款用于日常运营维护。

与建设运营一道，在享受博物馆的方面英国社会也为大英博物馆提供着支撑。有很多人去博物馆。对大众来说，这里是提高文化修养的娱乐场所。早在一百年前的1906年，大英博物馆的参观人数已经达到一年69万人（如今每年约400万人）。而在此前半个世纪举行的伦敦世博会总共吸引了600万观众，大英博物馆的参观人数与之相比也并不算少。毕竟大英博物馆是日常固定存在的设施。

大英博物馆的一个重要方针是免费参观。如果收费的话，3英镑、5英镑或是10英镑，门票金额就要根据对博物馆的收支计算来设定（卢浮宫门票是7.5欧元）。但是，免费并不是算的经济账，而是思想理念。好的教育应该免费提供——对这个主张，男人想要拍手称赞。依靠并不富余的国家拨款和社会捐赠来运营维护博物馆，而且还要不断收纳新的文物，以图丰富展品，这些工作到底有多困难，作为外人也不难想象。对于免费参观的决定，送上任何赞辞都不为过。

因此男人走到博物馆入口处，向捐款箱里郑重其事地投入 1 英镑硬币，就当博物馆是供奉教养之神的教堂，投钱就是一种捐善款的行为。

实际上，往这里投钱的参观者并不多，所以这种做法有点伪善的味道。男人感觉有些不好意思，但想到参观中得到的愉悦，投多少钱都值得（反过来讲，不投钱的行为反而是"伪恶"吧）。按道理讲，5 英镑也不嫌多。

进入博物馆，抬头看到大厅天井，男人真切地感到自己又回来了。总感觉这个大厅的构造容易让参观者产生混乱。男人每次来到这里都这么觉得。

大英博物馆的正门面朝大拉塞尔街，进入正门之后，隔着前院就能看到宏伟的建筑物，仰望着建筑壮丽的外墙拾级而上，进入大厅后却迷了路。按说该继续直行才是，可博物馆的主要部分都在左侧，需要左拐经过衣帽间等设施，顺着一条不起眼的狭窄通道行进数十米后才算来到展区。或者是在通道入口处直接走旁边的楼梯上二楼。总之，进入大厅后需要左转一次。

但从建筑的构造来看，怎么都觉得进入大厅后直行前往中庭才更自然。这座建筑呈口字形本身就是个问题。进入大厅后如果不左转或右转的话，参观者根本无法算作进入了建筑内部。可能是习惯的问题吧，男人心想。在没有电灯的时代，考虑到采光问题，大到一定程度的建筑可能都需要有个中庭。而且博物馆基本上都是细长形的展厅，展品往往沿着墙壁布置。从这个意义上讲，有着长长回廊的口字形建筑反而比较合适。

建筑环绕的中庭本来是个名副其实的庭院，但19世纪中叶这里建了个圆形的图书阅览室，提供馆藏书籍和桌椅供有资格的读者在这里阅读。众所周知，马克思曾在这里坐了三十年，完成了《资本论》。

几年前，男人刚开始这一系列旅行的时候，大英博物馆在改建之中。这次改建是为了纪念建馆二百五十周年，中庭盖上了玻璃屋顶，使图书阅览室的面貌焕然一新。如今改建工程主要部分已经结束，只剩下东翼的"18世纪启蒙运动"和北翼中央的民族学部分展区还没完工。

改建后最引人注目的变化就是覆盖中庭的玻璃屋顶。长方形的建筑和圆形图书阅览室之间的空间，就好比是日本国旗中的白色部分，被铁骨框架的无数块三角形玻璃所覆盖，经过精确计算的曲面构造十分漂亮。

这个屋顶所用的材料与卢浮宫前广场的玻璃金字塔一样，但两者性质却大为不同。出现在古典风格的卢浮宫前的金字塔虽然有些出人意表，但与卢浮宫的理念是相通的。在玻璃金字塔的映衬下，卢浮宫也变得现代了。

而大英博物馆的玻璃屋顶并非为了体现某种理念，只是为了将四方形建筑和圆形建筑连接起来的实际需要，是为了以最小的成本使中庭的面貌焕然一新。是很现实的做法。在男人看来，卢浮宫的玻璃金字塔与大英博物馆的玻璃屋顶之间的不同，如实地体现了法国哲学思想与英国哲学思想间的差异，就如同笛卡尔的理论主义与孔德[1]和休谟的经验主义之间的区别。

欣赏了一会儿玻璃屋顶，男人回到大厅前往西翼。博物馆主建筑虽然呈口

1　奥古斯特·孔德（1798年1月19日—1857年9月5日），法国著名的哲学家、社会学和实证主义的创始人。开创了社会学这一学科，被尊称为"社会学之父"。此处孔德被作者与英国的哲学家休谟放在一起，与法国哲学家笛卡尔做对比，说明英法思想的不同，应是作者的误用。

字形，但并非左右对称。西侧部分（也就是正门进来之后的左边）要比东侧部分大很多。东翼只有一排展厅，西侧则有五排展厅并列延伸。古埃及、亚述、古希腊的大型雕刻展品填满了五排长长的展厅。要想一一认真欣赏，需要在里面不断穿梭往返。

在展厅间缓慢移动的过程中，男人想着自己到底多少次来过这里。眼前的所有展品都那么熟悉，甚至记得下个转角后有什么，旁边的玻璃展柜里放着什么，记忆比脚已经先行了一步。

如果是上午，博物馆里经常可见成群结队的小学生，都穿着统一的毛衣和罩衫，手拿记事本和铅笔。从背后偷偷看去，他们的素描稚嫩但也相当完整，男人很喜欢他们。最让小学生们兴奋的当属北翼二层，第 62 展厅和 63 展厅里陈列的古埃及的木乃伊。

在木乃伊面前，不仅仅是小学生，大人们也带着些兴奋的劲头。木乃伊为何如此吸引人？很多人的心理应该是既害怕又想看。孩子们激动的声音真实反映出了这种矛盾的心理。

对男人来说，哪个展厅才是最重要的呢？是包含从印度到东南亚的第 33 展厅？还是在旧大陆文物包围中依然大放异彩的墨西哥主题的第 27 展厅？还是完美展现人体美的古希腊帕提农神庙雕刻所在的第 18 展厅？

也许都不是，也许都是。在具有强烈造型魅力的高棉佛像旁，就是来自罗马帝国边境帕尔米拉的有着粗糙质感的肖像雕刻。苏美尔的山羊形状的乐器，又在男人脑中与最近地下刚刚开放的非洲展厅中的黄铜士兵像重合在一起。代表大英博物馆的不是一件或是某些藏品，而是所有展品构成的整体。

每个博物馆的藏品都是后天形成的。换句话说，就是有哪些算哪些，而不是先制订收藏计划，然后再去收集文物来填满空白。一般做法是先对入手的文物进行评估，决定是否要买下，有时也会主动搜寻文物来填补空缺。但等不来的终究不会来。在每次旅行中，男人都注意到一个现象，当地的文物搜寻总会有英国人插手。因此，大英帝国的影响所不及之处的文物是不能来到大英博物馆的。人们在这座博物馆里看不到南美洲的文物，可能就是这个缘故吧。

　　说到这儿，男人觉得自己不能不就此整理一下关于文物的"repatriation"的问题。这个词的本意是指将俘虏和逃犯遣送回国，最近越来越多地用于表示推动殖民地宗主国将博物馆中的藏品归还其祖国的运动。

　　最有名的例子就是第18展厅中的帕提农神庙的雕刻——额尔金大理石雕(Elgin Marbles)。希腊一直要求英国归还，1983年，在时任文化部部长的梅莲娜·梅尔库里的推动下，这件事开始被世人知晓。毕竟梅莲娜是主演过《痴汉艳娃》(Never on Sunday)等电影的著名女星。19世纪初，额尔金将帕提农神庙的雕刻拆下运回英国的过程中有些可疑之处，这一点已是尽人皆知。考虑到这一点，如今大英博物馆已经尽量避免将这批大理石雕称为"额尔金大理石"。

　　文物归还运动如今有扩散到全世界的倾向。以前，发达国家的学者和收藏家来到相对落后的国家和地区，"发现"有价值的文物后，设法获取并运回本国。而在他们到来之前，当地人并不了解这些文物的价值。

当年的"获取"手段是否合法，很难用现在的标准来评判，也没有形成大家都接受的结论。就额尔金大理石而言，额尔金当年曾获得了土耳其政府的允许，而希腊当时是奥斯曼土耳其帝国的一部分。只要伊斯坦布尔方面同意了，额尔金的做法自然就没问题了。

问题在于，额尔金将这些大理石雕运走三十年后，希腊从土耳其独立，成为一个近代化国家。独立后的希腊民众热切希望能够重振当年的文化雄风，甚至连语言都采用了古代风格的庄重书面文体。这既是一种民族主义，在某种意义上也是复古主义。在他们看来，额尔金当年的所作所为无异于强盗之举。

进入 20 世纪后，世界上许多地区都像希腊一样实现了民族独立，建立了近代化的国家。随着民族主义开始觉醒，各国纷纷要求当年的宗主国返还本国的文物。男人最清楚地听到这个要求是在加拿大西岸的阿勒特贝岛，是在参观一个展示当地原住民文化遗产的小型博物馆里。男人向服务台的女工作人员介绍说自己是看了大英博物馆的雷鸟雕像后慕名而来，记得她答道："伦敦的那个雷鸟雕像可是盗窃品，我们正在要求他们归还。"

想到这里，男人又来到了第 26 展厅，站在雷鸟雕像前。它依然美丽而又充满力量。也许它的确不应该在这里。也许当年英国人获得它的过程也并不光彩。

但从另一方面看，这只雷鸟置身于伦敦的建筑中，也有积极意义。毕竟男人是在这里同它相遇的，其他的藏品也都可以这么说。正因为有了大英博物馆，世界各地最具代表性的文化遗产才能汇聚一堂，人们只要来到这里就可以饱览全世界。如果这只雷鸟雕像一直待在加拿大偏远小岛的博物馆里，恐怕男人不会同它相遇，甚至一辈子与它无缘。问题并不在于它归谁所有，而在于它是否在人们更容易看见的地方。从这个意义上说，大英博物馆的免费参观政策和每年 400 万的参观人数具有很强的说服力。

世界上需要有这样的地方，一处能够集中展现全世界文化的地方。它应该是一个让人们能够大致了解全貌再向各地分散的枢纽，就好像各国都会向联合国派遣外交官一样，各种文化也需要有一个能够向全世界展示"样品"的场所。这个地方应该交通方便、人流集中、政治稳定，而且拥有良好保管条件。伦敦无疑充分满足这些条件。

的确，额尔金大理石已经超出了"样品"的范畴。毕竟它不仅是古希腊文化的"样品"，而算得上是孤品了。正因为此，据说将它们归还给希腊的谈判正在进行之中，估计早晚会回到希腊吧。但不能据此得出结论，大英博物馆中的其他藏品也都应该回到自己的祖国。

比如说，某个刚刚独立几十年的年轻国家向大英博物馆发函，要求归还藏品 A。可大英博物馆调查后发现，该国国内有无数类似 A 的文物，而且该国机构并未妥善保管好任何一件。这种趁着民族主义的东风、有勇无谋的做法并不少见。

除此之外，博物馆还始终肩负着同个人收藏做斗争的使命。博物馆是公共设施，其藏品任何人都可以观赏。而文物一旦成为个人藏品后，一般人就无缘得见。

　　例如，2003 年 4 月，美国攻击伊拉克的战争告一段落后，巴格达的国立博物馆遭到暴徒袭击，众多藏品被掠走。而前一年 11 月，男人刚刚去过这家博物馆，当时还为里面的藏品深受感动，听到这个消息很是难受。那些宝贝都没了。男人在日本的电视新闻中看见建筑物的一片狼藉里多尼·约翰教授悲叹的身影，回想起在巴格达听他介绍发掘工作和地下宝物时的情景。虽说在电视上与他重逢让人感到亲切，但说实话，真不希望他以这种方式出现在电视里。

　　当行政系统受到破坏，国家秩序陷入混乱时，掠夺行为的发生也在所难免。但是博物馆的藏品被窃，一般是为了运出去换钱，是有组织的行为。伊拉克曾严格限制将文物带出国外。伊拉克战争开始前，新闻曾报道说，美国的古董商团体要求美国政府放宽限制。不是要求伊拉克方面，而是要求美国政府。

　　也就是说，美国的古董商们早就谋划着要从倒卖伊拉克文物中牟利。他们计划尾随着美国军队进入伊拉克，将能运出来的文物都带走。记得阿富汗战争后，当地的许多佛教文物也曾流入日本。这次也是同一种情形。

大英博物馆中可能也有同样途径来到伦敦的藏品，可至少它们的所在已为世人所知，也面向公众开放，成为全世界人民的共同财产。只是不知道有朝一日美国军队是否会入侵英国，攻陷伦敦，额尔金大理石也被瓜分得七零八落流入黑市。

博物馆的使命是保存和展示，通过保全文物来保存历史，或者可以说是保存文物所附带的历史记忆。

过去二十年里，记忆这个词的含义发生了变化。现在记忆代表的是记忆存储，也就是计算机的功能之一。记忆开始可以用"Gigabyte"这样的单位来计算。

但是从性质来讲，计算机只是为了短期使用而生产出来的。如果更换了应用软件，文件里的信息可能就无法读取。操作系统变了，旧的软件也就失去了存在意义。计算机中既有用于长期储存文件的硬盘，也有为了满足短期存储需要的闪存。

男人认为，对于整个社会来说，计算机系统归根到底发挥的不过是个闪存的作用。虽然处理速度不断提高，但忘得也快了。十年前用文字处理机打的文件如今已不能阅读。而平城京出土的木简虽然历经上千年岁月，至今仍清晰可读。只有实体物品才能对抗岁月的作用。

所以男人决心以古代狂（pareo mania）自居，今后也要不断地造访大英博物馆。走出大门，转身抬头可以看见建筑正面的山墙上有智慧女神雅典娜的雕像。我是你的信徒，男人在心中喃喃自语。

女神的脚下是航海用的日晷。当年带着日晷走遍世界各地的英国人收集的文物都集中到了这座博物馆里。如此一想，男人终于深深认同了大英博物馆的存在。

英国 / 伦敦篇 ^{II}

人在大都会

メトロポリスにて

大英博物馆并非孤立存在的设施。它的建造、长期以来的运营维护，以及声名远扬，都有赖于英国人对海外文化的巨大热情。男人为了感受这种热情，走遍了伦敦的大街小巷。这座都市的空气里似乎混杂着一种其他地方没有的成分。到底是什么呢？男人一直在思索。

与巴黎相比，伦敦显得有些杂乱。巴黎整座城市贯穿了建筑美学，而且通风透气。柏林给人的印象总有些散漫。至于欧洲其他国家的首都，奥斯陆、哥本哈根、布鲁塞尔和雅典，都要小上一圈（说到这，男人想起自己还不了解罗马）。

与这些欧洲大陆的城市相比，伦敦处于退后一步的位置。也缘于此，伦敦拥有更多欧洲以外的要素。法国和德国已经完全埋进了欧洲，而英国则不同，半个身子还朝向海外。

男人想去水边看看，于是在剑桥圆场（Cambridge Circus）拦了辆出租车，隔着车窗对司机说"去维多利亚堤街（Victoria Embankment）"，打开车门坐了进去。一个人坐在偌大的车厢里显得有些浪费，但这就是伦敦。伦敦的出租车有着特有的便利性，宽敞的车内空间容得下很多人和行李，狭窄的小路上一把就能掉头，司机熟悉所有的大街小巷。而且车子数量众多，随时可以叫到空车。简直无可挑剔。世界上恐怕没有其他城市具有如此完善的出租车系统。

男人乘坐的是被称为"Black Cab"的复古外形的出租车，实际上它并不是黑色的，而是鲜艳的粉色，车身上印着某个网站的广告。这种看似极端的组合也许才是伦敦的特色——在保守的外表下，对于新奇事物时刻保持开放态度。

从 18 世纪到 19 世纪，各种各样的舶来品被带到了这个国家。红茶最早引进是在 17 世纪，广泛普及则是 17 世纪以后的事了。据说，针对如何消除这种珍奇饮品中的特殊气味，英国学者们聚在一起反复研究，最后得出可以加入牛奶的结论。这个故事虽有玩笑的成分，但也有事实的依据。

英国人喜欢上红茶后，从中国的进口量大增，形成很大经济压力。为了消除贸易赤字，开始将印度产的鸦片销往中国。这就是世界史上恶名昭著的鸦片战争的起源。这也从一个侧面反映了英国人对红茶的热爱。据说在此之前，美国宣布独立，也是因为英国人强行要将红茶卖给这块殖民地。可见红茶真是改写了世界历史。

出租车停在了泰晤士河左岸，下车后男人付了车费。隔着道路就是高耸的方尖碑，再往前就是泰晤士河。男人趁着车流间隙穿过了马路。

方尖碑是古埃及常见的一种尖塔，是太阳神的象征。泰晤士河畔的这座方尖碑名叫"克里奥帕特拉尖碑（Cleopatra's Needle）"，但它与托勒密王朝的女法老克里奥帕特拉之间并无直接关系。只是英国人看惯了莎士比亚的《安东尼奥与克里奥帕特拉》，提到古埃及，首先想到的就是这位女法老。

当然这个结论可能太过武断。泰晤士河畔的这座方尖碑修建于公元前 15 世纪，直到公元前 4 世纪时还伫立在亚历山大城。克里奥帕特拉曾经见过它也不一定。两者之间或许并非毫无关联。

拿破仑战争后，这座方尖碑被奥斯曼帝国的埃及总督赠送给了英国。由于石碑全长 20 米、重达 186 吨，实在太大难以运输，一直到六十年后才运抵伦敦。

时隔很久又站在方尖碑下，男人开始思考方尖碑来到伦敦的意义。每当有文物从海外运到伦敦，都会引起伦敦市民的狂热追捧。随着文物的不断到来，人们真切地感受到这个世界之大，文物之丰富。

"海外（oversea）"这个词对于英国来说，就如同"舶来"对于明治时期的日本一样。"舶来"意为"船舶运来之物"，顾名思义就是指来自海外的物品。对当时的日本来说，来自文明更为先进的欧洲的物产属于"舶来品"。而对英国来说，他们珍视的却是来自偏远地区的平民物品。他们似乎认为，能够收集到来自边远地区的文物，恰恰证明了自己的文明的力量。

方尖碑上镌刻的象形文字虽然经历数千年岁月，依然清晰可辨，引人好奇。一旦知道是文字，人就会产生阅读的欲望。怪不得大英博物馆中最有人气的展品是罗塞塔石碑。

为了让民众了解这个来自异国的文物，伦敦方尖碑的周围有好几处说明。碑身底部有四块铭牌，其中一块上面写道："公元前 15 世纪由图特摩斯三世所建，约两个世纪后由拉美西斯大帝镌刻碑文，托勒密王朝时期被移至亚历山大城。"

那个时代距离现在太遥远了。另一块铭牌上写道："皇家学会成员埃拉斯莫斯·威尔逊在爱国热情的驱使下，将这座方尖碑装在圆铁桶中，从亚历山大城运来。中途遇到暴风雨，一度弃置于比斯开湾，后来又被找到，最终在维多利亚女王治下第四十二年的 1878 年，约翰·迪克逊将其树立于此。"看来，较之遥远的异国君主，身边的爱国人士更受重视。

导游书上说，这座方尖碑的地底下埋有"时

光胶囊"，里面装有当时的铁道线路图和美女海报。男人突然想起，维多利亚王朝评判美女的标准可比现在胖多了。也许是将海报上的美女比作当代的克利奥特帕拉，这么做也太迎合大众了。

方尖碑的旁边有两座斯芬克斯像，纯粹是英国产的仿制品。甚至连河岸边的长椅脚也做成了斯芬克斯状，看到这男人不禁哑然失笑。海外文化在英国竟然能变得如此通俗化。

无疑，这一切都是殖民主义的产物。殖民主义早已是过时的思想，现在甚至没有必要专门跳出来表示反对。通过政治手段来统治他国的时代已经终结，取而代之的是经济层面的控制。现在商人取代了官员，赴任地也由"殖民地"变成了"发展中国家"。当然以军事为后盾这一点，从古至今都没有变化。

总之，世界史上有过这么一段时期，率先发展起来的国家将落后地区作为殖民地，掠夺其财富。对于这种现象，姑且不论伦理上的对错，首先带来的是两种文化的相遇。英国通过殖民了解了埃及、

英国 / 伦敦篇 II

中东和印度（埃及和中东虽然不像印度那样彻底殖
民化，但也被纳入了英国势力体系）。而这些地方
的人们也因此知道了奇妙的英国人。

　　站在克里奥帕特拉尖碑旁眺望泰晤士河，能看
到对岸右侧有一个巨大的摩天轮——"伦敦眼"，这
是 2000 年 2 月开业的新景点。男人还没去坐过。

　　早在修建的时候，男人就听说过它的新闻。现
在它虽然耸立在泰晤士河右岸，建造时可是在泰晤
士河面上搭起巨大的脚手架，将摩天轮平铺在上面
进行组装，完成后再整体竖立起来的。"伦敦眼"
直径达到 135 米，相当大。零部件来自欧洲各地，
都是用船运来的。男人记得有一次，在希思罗机场
着陆前的飞机上，隔着机窗看见过刚刚立起一半还
斜着身的"伦敦眼"。总是想着要去乘坐一次，可
每次去都排着长长的队。

　　漫步在河畔，男人突然意识到，之所以海外的
奇珍异宝源源不断地来到英国，是因为众多英国人
走向了海外。只有勇敢地跨越重洋，才有可能满载
而归。在英国人看来，美国人、加拿大人和澳大利
亚人只不过是拒绝回国的顽固英国人的后代。

再从儿童的视角来看英国文学。《金银岛》讲的是少年吉姆·霍金斯为了找寻海盗藏匿的宝藏而出海探险的故事。《彼得·潘》是讲神奇的男孩彼得·潘带领女孩温蒂·达令和她的弟弟飞往永无岛的冒险故事。《鲁滨孙漂流记》则是根据真实故事撰写，主人公落难到荒岛上还在一本正经地经营殖民地。其后七年出版的《格列佛游记》讲的则是在海外遇到各式各样奇怪的人，表现人与人之间失去互信的讽刺风格的游记。

总之，都是讲"少小离家"的主人公的"归去来兮"物语。孩子们从小听着这样的故事长大，自然梦想着自己有朝一日也能乘船出海。这些孩子长大后奔向世界各地，建立起庞大的大英帝国，并将所到之处的文物带回英国。

实事求是地讲，这就是掠夺。无论是从印度、中东，还是澳大利亚，英国人带回来的东西要比带去的多，所以英国殖民者至今仍受到憎恨。掠夺给英国带来繁荣，今天的伦敦自然也在当年殖民主义的延长线上。从道义上，可以对掠夺行为予以否定和批判，但殖民主义作为人类历史发展进程中的一环，不能完全无视其发展路径，指望回到殖民主义时代之前。

我们否定掠夺行为，是为了防止历史重演。同时也要考虑：过去掠夺造成的结果该怎么办？人与人相遇会产生复杂多样的结果。如果这个结果已成往事，那么一味批评和否定也无济于事。随着时间的流逝，人们在内心深处虽然还会记得被掠夺一方的痛楚，但最终也不得不接受这个既成事实。

这就是时间的作用。时间的流逝会逐渐磨平坏事的棱角，并将其中隐含的意义传递给下一代。时效这一基于现实主义的法律制度就是由此而来。对于过去的罪恶，可以调查求证，努力防止重演，但追究责任和要求赎罪终有一定时限，人类终究还是要向前看。

为大英博物馆打下基础的汉斯·斯隆医生与植物学颇有渊源。他修完医学后，前往西印度群岛收集植物标本，回国后通过贩卖巧克力牛奶和奎宁水而发家致富。

巧克力牛奶和奎宁水——两者都与植物有关。

巧克力的主要原料是可可树的果实。奎宁又叫金鸡纳霜，采自金鸡纳树的树皮，是治疗疟疾的特效药。这两种植物都产自热带，所以斯隆来到西印度群岛，就像进入了宝库。

如果想要了解英国和海外植物的关系，可以去英国皇家植物园邱园 (Kew Garden) 看看。那里既是植物园，也是科研机构，研究成果也会付诸应用。其位置在伦敦市中心与希思罗机场的正中间，泰晤士河南岸。如果从诺丁山附近乘地铁的话，约 30 分钟能抵达。

邱园面积巨大，种植着各种各样的植物，单在园内散步就令人心旷神怡。公园入口处发放的导游册上，印有每个月向游客推荐的花和植物。这里作为英国园艺事业的大本营，总是游人如织。

园内也不乏异国情趣。在西南角有一座中国风格的十层高的宝塔，附近还有日式庭园和大门。据介绍，1910 年伦敦举办了日英博览会，当时仿造京都西本愿寺的唐门建造了一扇大门，博览会结束后被移至邱园。由于年久失修，20 世纪 90 年代专门请来日本工匠进行了修复。在日本庭院的枯山水前，标牌上写着"请勿走上砂石"，显得有些奇怪。如果没有解说的话，人们不会知道地上铺满的白色砂石和非对称摆放的岩石就是这座庭园的主角吧。

邱园中最值得一看的是三大温室。其中最大的是棕榈室，建筑本身就值得关注。它的钢架玻璃结构开创了大型温室建筑的先河。类似的建筑还有为1851年伦敦世博会建造的水晶宫（Crystal Palace），但棕榈室要更早些，并且水晶宫的骨架是铸铁，而棕榈室是熟铁，能使屋顶呈现弧形，技术上要领先一步。

在男人看来，这座温室的最大意义在于重现了热带雨林。19世纪的普通英国人虽然听惯了热带国家的故事，实际了解并不多。进入这座温室后，就能实际体验到热带的真实感受，包括雨林的温度和湿度，尤其是植物的气息。来到这里会让你亲身体会到，原来世界上还有如此终年高温湿潮的地方。

再来说说亨利·魏克汉（Henry Wickham）的故事。众所周知，马铃薯、玉米、番茄、烟草等都是旧大陆以前没有的植物，而橡胶也是来自新大陆的植物之一。

橡胶树的树液凝固后就成为富有弹性的物质。这种植物原来只有亚马孙河流域出产，为了维护自身利益，巴西政府一直禁止携带橡胶树种和苗木出境。在巨大利益诱惑下，英国通过殖民地事务部印度局秘密筹划偷运橡胶树，但两次行动均告失败，并非是由于被巴西海关发现，而是带出去的两千颗橡胶树种虽然发芽了但没能长大。

后来，魏克汉成功携带六万颗橡胶树种子回到英国。印度局本打算将这些树种拿到位于热带的英国殖民地栽种，但后来并未直接运到印度和马来群岛，因为当时只有邱园才有促使植物发芽的技术。

由于树种寿命短暂，据说为了缩短运输时间，树种运抵利物浦港后，英国政府专门安排了直达伦敦的专列。1876 年 6 月 14 日，树种终于运到邱园，第二天就种进了土里。幸运的是，最后有 4% 的种子发了芽。同年 8 月，1900 株橡胶树苗被装进有玻璃盖子的特殊箱子运往斯里兰卡，后来其中一部分被转运到新加坡等地。最终，这些来自南美洲的橡胶树种存活了下来。

　　魏克汉本是商人，在中美洲各地捕捉珍稀鸟类贩卖鲜艳羽毛，在美洲各地辗转后来到巴西落脚，在当地种植咖啡树时听说了印度局的偷运计划。在他留下的文字记录中，有关于他在偷运橡胶树种出境时如何瞒过巴西当局的检查，甚至成功躲避炮舰追击的惊险过程，但这些说法过于夸张，很可能并非真事。

　　关于这种偷运天然资源的行为是否违背道义，长期以来都存在争议。而作为受害一方的巴西，19世纪初也从法属圭亚那偷运过咖啡树种。这种围绕栽培植物专利权的争论一直持续到了现在。

　　在英国人偷运热带植物的历史上，最有名的当数邦蒂号事件。18世纪末，为了向西印度群岛英国领地的劳工提供廉价而又有营养的粮食，当时有人提议可以种植面包树。面包树是生长在太平洋岛屿上的一种植物，果实虽然叫面包，口味更像芋类。这种植物比较容易种植，果实也的确美味且有营养。

　　于是，英国海军的邦蒂号受命承担了运输面包树苗的任务。负责指挥的是船长威廉·布莱，由于他对船员过于严苛，并不受部下的信任，导致船员间的矛盾越来越大。邦蒂号在塔希提岛装上树苗起航后不久，大副弗来彻·克里斯琴率领部分船员发动叛变，夺取了船只，将船长布莱和几名部下放在救生艇上赶走了。

克里斯琴驾船回到了塔希提，为了躲避英国海军追捕，又驾船向东驶至孤悬海中的皮特凯恩岛，在岛上定居了下来。直到二十年后，他们的后代才被发现。而船长布莱驾驶小小的救生艇经过几十天的艰难漂泊，终于抵达澳大利亚东岸，奇迹般地得以生还。后来他又受命指挥普罗维登斯号再次承担运输面包树的任务，这次顺利完成了任务。

最终，面包树没能在西印度群岛扎根存活下来。1793 年 8 月，岛上剩余的 800 株树苗被送到了邱园。

第二天正值周末，天气晴朗，男人去了波托贝洛的露天集市。狭长道路的两边排列着无数的摊位，主要卖古董和旧货。过去一百年来，英国中产阶级用来装饰客厅的饰物、版画、纪念品、玩具、武器、装饰品等等应有尽有，其中也有不少来自海外的物品。

几年前，男人在这里见过一个用黑檀木雕刻、镶嵌着少许象牙的非洲少女雕像，当时非常心动。问了价钱，也并非买不起。可男人早就给自己定下一律不买纪念品的规定。毕竟不管买到什么，都不可能比得上大英博物馆里的。

真正好的东西都在大英博物馆里，想看的话随时都能去看。也可以一厢情愿地认为那都是属于自己的东西，只是暂时寄存在那里。大英博物馆就是这样一个好地方。

波托贝洛并非只是没有生命的历史文物的交易场所。经由这里的物品如今装饰着伦敦的千家万户。男人住宿的彭布里奇的小旅馆是由一所旧公馆改建而成的，客房和走廊墙壁上挂着装有旧时中国儿童服装的相框。曾经，有个专门收集这些东西的人，后来旅馆打包买下了他的所有藏品，用来装饰旅馆。英国的传统就以这种方式得到了存续。

当然伦敦不光有古董。如今的伦敦集诸多才能于一身，成为不断诞生最新潮艺术的摩登都市。人们为了一展才华从世界各地来到伦敦，使这座城市焕发出新的活力和魅力。果然这是一座让人充满期待的城市。

英语中有个单词叫"Metropolis"，如今用来指大都会和首都，其词源来自希腊语，是"母亲之都"的意思。古希腊人也曾在地中海沿岸建了不少殖民地，对远赴边远地区的希腊人来说，眺望远方的故乡"Polis（城邦）"时呼喊的就是"Metropolis"。

大航海时代结束后，从哥伦布到科尔特斯、皮萨罗，再之后西班牙人、法国人、荷兰人和葡萄牙人相继来到新大陆，英国人也加入其中。这些国家间展开激烈的殖民地争夺，最终遭殃的却是沦为殖民地的地区，英国人则成为获得殖民地最多的国家。

英国人将从殖民地搜罗的各种物品带回了他们的"Metropolis"——伦敦。植物爱好者带回的是植物种子，考古学家带回的是出土文物。

通过这些来自世界各地的物品，英国人发现了具有普世性的"世界"这个概念。如果说古希腊人通过在地中海沿岸的殖民扩张实践，拓展了自己的世界观，那么英国人则将之进一步扩展到了全世界，达到了前无古人后无来者的境界。

身处现代社会的我们，实际上也是沿袭了英国人建立的世界观。英国哲学家弗朗西斯·培根的名言"知识就是力量"，实际上是作为呼吁人类相互理解的口号而提出的。承认他人的存在，通过互相帮助来运营人类社会。这是一种理想境界。虽然现实社会中充斥着征服和掠夺，但理想始终存在，它为人类指引着前进的方向。

作为知识的据点，大英博物馆正是这样一个稀有的设施。经过无数次的参观，经历漫长的旅程，男人终于得出了这一结论。

作者的后记

作者のあとがき

真是旅行了很多地方啊，男人感叹道。

不对，真正旅行的是我，池泽夏树。书中的男人只是我的分身。旅行的主人公一直在第一人称和第三人称之间游移不定。到底是他还是我，感觉至今我都还拿不准。

之所以会这样，是因为这一系列旅行都是建立在现实和非现实的分界线之上。以大英博物馆里的展品为线索，重新思考文明——这个主意虽然很了不起，但执行起来并不容易。因为命题太大，反而显得有些空洞。结果这些旅行还是成了不务正业、门外汉的行为。如果是专家，肯定会在一件事上精益求精，而不会像我这样贪大求全，蜻蜓点水。但回想起来，像我这种广泛涉猎、浅尝辄止的做法，也会看到别样的风景，得到相应的收获，而我的旅行想要达到的正是这样的目的。

仔细想来，大英博物馆中的藏品多数是由非专业人士发现和收集的。在伊拉克篇里出场的伦纳德·伍莱是专家，但他这样的人反而少见。正是有了将帕提农神庙的雕刻运回英国的额尔金伯爵这样充满好奇心的收藏家，才有了今天的大英博物馆。对于不了解价值的东西也充满热情的，往往都是门外汉。

那个时代就是这样。如今，任何事情都有专家存在，他们能以最高效率精准地开展研究。而在19世纪之前，门外汉们都是凭着一腔热情挑战未知世界。所谓文化人类学，最早起源于奔赴边远地区的传教士发放的问卷。传教士们在所到之处会向当地人询问亲属称呼和风俗习惯之类的问题，再将报告送回国内，从而奠定了这门学问的基础。（文化人类学的经典著作《金枝》的作者弗雷泽一生几乎没有离开书房，仅凭来自边远地区的报告就完成了这部著作。但据说有人问他"您从不去现场调查吗"的时候，他矢口否认了。)

本书主人公与当年的传教士有些相似。就像一个忙于在全世界巡游的传教士。但他在所到之处不是传教说法，而是忙于东张西望、左右打听，像是个忙碌的神学院的落第生。

总之，专家往往聚焦细节，追求成果，而书中男人的视角则要退后几步，尽可能去观察更为广阔的画面。反正是个外行，也只能做到这个份上。

男人的旅行虽然属于观光，但比一般意义上的观光要更为深入。作为一名喜欢预习、热爱思考的旅行者，在与众多游客擦肩而过的同时，在所到之处也会比普通游客更深入一步。他对自己的定位就是落后于专家，但领先于游客。在这方面，他将自己比作两个世纪前的收藏家，到每个地方都认真求教当地专家，努力做个好学的门外汉。

正是本着这样的自我定位，主人公完成了一趟趟旅行。所幸也恰逢其时。伊拉克虽然战火阴云密布，但尚未对游客关上大门。去的其他地方也都平安无事。但这并不意味着战火并不存在。从某一天开始，旅行中就带上了"9·11"的烙印。很多时候，人行走在远古文明的世界里，思考的却是今日世界文明面临的危机。

旅行的意义也正在于此。看过越来越多的遗址后，主人公对文明这个词的内涵产生了疑问。文明是区分发达国家与发展中国家的一个标准，但这个尺度不免过于物质化。对都市、文明以及自然之间的关系，也许人类需要重新思考。看过那么多消亡的文明遗址，男人不禁产生了这样的想法。不，是我产生了这样的想法。

看了那么多废墟之后，遇到澳大利亚原住民在圣灵庇佑下的生活方式，不能不引起我的共鸣。如今在大英博物馆里，没有任何关于澳大利亚原住民的展品，这似乎是某种暗示。他们已经超越了大英博物馆。经历漫长旅程，我终于意识到了这一点。而且，需要我继续思考的事情还有很多。

二〇〇四年四月一日（愚人节）

池泽夏树　于冲绳

解说
鹤见俊辅
解说　鹤見俊輔

这部大作完成于愚人节，并非偶然。

　　站在愚者的立场上，重新审视文明为何物，这一出发点始终贯穿全书。

　　一百五十年前在斯芬克斯像前拍摄合影的日本武士们，或许与本书作者一样，头脑中也掠过类似的空想。

　　他们是一群掌握了先进文化的人。与日本相比，留下巨大历史遗迹的古埃及文明，到底起到了怎样的作用？

　　这本书的作者，采取了与同时代人不同的方法，穿越了此后一百五十年的日本近代史。他不像同时代的日本人那样焦虑，是非常少见的一种人。因此，他去了大英博物馆后，决定以后要每隔几年去一次，欣赏馆藏文物，然后启程去寻访那些令他怦然心动的文物的诞生之地。他把这一想法付诸了实践。

在一系列旅行结束前，他遇到了澳大利亚的原住民。

英国作家布鲁斯·查特文生于 1940 年，1989年死于艾滋病。在其代表作《歌之版图》中，有一段描写了在某次聚会上与一个名叫吉达的白人间的对话。

"您见过'神圣之符'吗？"他问查特文。

"见过啊。"查特文答道。

"在哪儿？"

"大英博物馆。"

这时对方发出了质疑："您不认为看它本身就是违法的吗？"

真是岂有此理，查特文感到愤怒。但此后很长时间里，这句让他感到无理的问话却一直沉淀在了他的内心深处。在一个创造了宝物的民族的土地上，数千年后建立了一个新的国家，将其宝物带出去，陈列在了大英博物馆里。这比起将"神圣之符"这样属于过去的家庭的宝物运到别的国家进行展示的行为，是否更算得上是违法呢？关于是否违法，人的标准是否敌得过国家的标准呢？

这个质问，始终贯穿于本书之中，构成了全文的主旋律。

"神圣之符"是一种20~50厘米长的椭圆形薄板，用石材或木材制成，表面刻有图案，记载了所有者先祖的旅程。这是一种家谱，也是精神层面的身份证明，是一本包罗万象的宇宙志。

原本，它只有经过成人仪式的家族成员才能看到。

作者在大英博物馆中未能目睹"神圣之符"。作为与之相近的刺激想象力的藏品，作者只看到了题为"Bush Potato Dreaming"的原住民绘画。

"查了一下才发现，原来澳大利亚原住民擅长视觉艺术，远古以来一直热爱绘画。在遭遇西方文明后的几十年里，他们作画的背景从岩石变成了画布，颜料从赤铁矿石变成了丙烯，技术也在不断进步，已经在现代绘画中占据了一席之地。他们中间有不少人已经成名，在悉尼等地开了个人画廊。"

于是，作者前往澳大利亚，探寻了通往"Bush Potato Dreaming"之路。

在导游马克斯的指引下，短短几天里他见识了各种动物和植物。

马克斯教他认识的植物"bush potato"长着大大的块根。作者有些疑惑，难道这就是大英博物馆中吸引自己的那幅画的主题吗？

人类初始阶段先有狩猎，后来出现农业，然后诞生了工业，形成了城市生活。我们认为这就是人类的进步。但果真如此吗？

"文明在世界各地都体现为大型建筑物。金字塔、波斯波利斯、吴哥窟，都是对切割、搬运、堆砌巨大石块这一原理的实践。"

"澳大利亚则没有这样的建筑。原住民没有创建一种文明。然而，正如岩画中可见，他们在精神层面的丰饶并不逊色于文明的产物。游牧生活并不允许他们依赖于物质。换而言之，正是因为游牧生活，才使他们从物质中解放出来，可以享受只有精神世界的生活。他们的全部财产就是自己日常可以背负着行动的。"

"岩画上的女人们看上去都很幸福，愉快地跳着舞。如果以幸福为生存目的的话，文明究竟又是什么？我们堆石头又是为了什么？"

站在斯芬克斯像前的武士们也许不曾想到，从那之后不久的明治时代开始，这一百五十年里，日本的知识分子以古希腊为起点，开始学习欧洲文明。

如果要模仿这种学习方式，读者可以从希腊篇开始阅读本书。东京大学教授村川坚固博士就是从古希腊开始学习人类文明的。而其子村川坚太郎与父亲不同，先学习希腊语，再通过语言来了解古希腊文明。将这样的转变称为知识分子的进步，就是过去一百五十年来日本的写照。

但是，从最后开始往前看，会发现也还有另外的解读方式吧。

日本是在哪里走上歧途的呢？

人类又是在哪里走上歧途的呢？

图书在版编目（CIP）数据

古代狂想曲：始于大英博物馆的13段旅程 / （日）池泽夏树著；北吾译. —重庆：重庆大学出版社，2019.8

ISBN 978-7-5689-1541-0

Ⅰ.①古… Ⅱ.①池… ②北… Ⅲ.①博物馆–历史文物–介绍–英国 Ⅳ.①K885.61

中国版本图书馆CIP数据核字（2019）第078905号

古代狂想曲

始于大英博物馆的13段旅程

Gudai kuangxiangqu

[日]池泽夏树　著

北吾　译

责任编辑　王思楠
责任校对　邬小梅
责任印制　张　策
装帧设计　周安迪
内文制作　常　亭

重庆大学出版社出版发行

出版人　饶帮华

社址　（401331）重庆市沙坪坝区大学城西路 21 号

网址　http://www.cqup.com.cn

印刷　深圳当纳利印刷有限公司

开本：720mm×980mm　1/32　印张：17.875　字数：254千
2019年8月第1版　2019年8月第1次印刷
ISBN 978-7-5689-1541-0　定价：58.00元

版贸核渝字（2016）第240号